公文写作实践

胡海升——著

从入门到精通

清华大学出版社

北京

内 容 简 介

本书从公文的原理和概念讲起，逐步深入到公文写作的各方面内容，如公文原理介绍、公文处理通用知识，以及各类公文的写作要领及范文。

本书内容简明易懂，写作要领讲解到位，公文范例经典实用，旨在帮助读者迅速提升公文写作效率及行文质量，是文秘人员常备案头的优秀工具书。

本书特别适合公文写作的入门读者和进阶读者阅读，也适合党政机关、企事业单位行政人员和写作爱好者阅读。同时，本书也适合作为相关培训机构的教材使用。

本书封面贴有清华大学出版社防伪标签，无标签者不得销售。
版权所有，侵权必究。举报：010-62782989，beiqinquan@tup.tsinghua.edu.cn。

图书在版编目(CIP)数据

公文写作实践：从入门到精通/胡海升著.—北京：清华大学出版社，2021.1（2021.8重印）
ISBN 978-7-302-55837-8

Ⅰ.①公… Ⅱ.①胡… Ⅲ.①公文—写作 Ⅳ.①C931.46

中国版本图书馆CIP数据核字（2020）第107801号

责任编辑：陈立静
装帧设计：赵　鹏
责任校对：吴春华
责任印制：丛怀宇

出版发行：清华大学出版社
　　网　　址：http://www.tup.com.cn, http://www.wqbook.com
　　地　　址：北京清华大学学研大厦A座　　邮　编：100084
　　社 总 机：010-62770175　　邮　购：010-62786544
　　投稿与读者服务：010-62776969，c-service@tup.tsinghua.edu.cn
　　质量反馈：010-62772015，zhiliang@tup.tsinghua.edu.cn
印 装 者：三河市金元印装有限公司
经　　销：全国新华书店
开　　本：170mm×240mm　　印　张：17　　字　数：274千字
版　　次：2021年1月第1版　　印　次：2021年8月第3次印刷
定　　价：59.80元

产品编号：088115-01

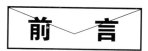

  一直以来，公文都是国家机关、社会团体等单位按照一定的程序与规范格式实现事务交流与推行的重要载体。在当今的环境下，任何职业或多或少都会接触到公文。

  公文是传达党和国家的方针政策、发布政令、执行行政管理、报告情况等办公活动中的一种重要工具。与一般的文学创作及学术写作不同，公文写作的针对性、目的性都很强，并且十分注重格式和成文规范，进而对其接受方产生指导或约束其行为的影响。公文需要严谨性和规范性，但并不是完全程式化的，撰写者应考虑到对方是否能够根据公文内容准确付诸行动并达到预期效果。也正因如此，写出一篇高质量的公文对撰写者而言是一项重大挑战。

  本书的编写以党和国家的公文行文规则为依据，在开篇部分通过介绍公文的概念、特点等方面，拉开了学习公文写作的序幕。通过对公文有一个初步了解后，本书进一步根据公文的不同类型，充分介绍了相对应的写作的基本技巧与起草格式，帮助读者在阅读过程中不断充实自己，促进高质量的公文的完成。具体来说，本书具备以下3个特点。

  1. 内容全面，详略得当

  本书从公文的总体介绍与具体介绍两大方面进行系统的讲解，全书结构层层递进，分析全面。与市面上一些书籍相比，本书舍弃了部分无实际应用意义的内容，重点讲解了针对各种类型的公文写作的相关知识，内容详略得当，更具有实用性。

2. 案例详细，图表完整

本书几乎每一章都采取了案例讲解的形式，而在讲述抽象性的专业术语、行业名词时，也同样加入了案例，讲述如何撰写优质公文，让公文内容更符合要求。与此同时，为了使本书更具易理解性与参考性，本书中还加入了大量的对比分析图、逻辑关系图，提高了全文的可读性。大量的案例分析、原因分析、内容分析等，都有助于读者花费最少的精力，全面地了解公文写作的精粹。

3. 实用性强，对公文写作人员有借鉴意义

本书针对各种类型的公文都进行了简明介绍，并且针对其特点、格式等予以介绍，既介绍了公文的基础知识，又叙述了具备针对性的写作技巧。书中所选取的案例大多数是实际生活中的常见公文，具备较强的实用性，能够有效对公文写作人员作出指导，提高其公文写作水平。

本书基于参考大量书刊和资料编写而成，其中引用了一些相关内容的经典范例，以便帮助广大读者更深入地掌握公文写作技巧。对于相关内容的经典范例的资料作者，我们表示衷心的感谢！

作　者

目 录

第 1 章 初识公文：公文的特点、功用与常见类型

1.1 正本清源：公文的定义与特点 ···002
1.2 特殊功用：独特属性与应用场景决定公文写作的特殊性 ············004
1.3 常见分类：公文最常见的 15 种类型 ·····································006
1.4 一般要素：公文写作涉及的 17 种要素及相应格式布局 ·············011
1.5 特定格式：公文写作中一般格式与特定格式的区别 ··················013
1.6 写作原则：写出好公文必须要秉持的 3 项写作原则 ··················021

第 2 章 行文规则：公文写作中的用词技巧与影响因素

2.1 公文用语：判断公文语言是否规范化的 4 个基本维度 ···············026
2.2 公文用字：字体、字号、序号、标点均有明确规定 ··················028
2.3 常用句式：公文写作中最常引用的 12 种句式 ·························031
2.4 用词技巧：公文中模态词与模糊语言的拿捏十分重要 ···············035
2.5 避免歧义：存在信息差的熟语与简称不能乱用 ························038
2.6 写作流程：拟稿→审核→核稿→发布→缮印→会签 ···················041
2.7 流转制度：公文签发、封发等流转形式对公文写作的影响 ·········043

第 3 章 机关类公文：成为机关笔杆子的实用写作干货

3.1 贴合场景：机关使用场景对公文写作的 6 点突出要求 ···············048

3.2 核心要素：机关名称、事由、文种 ·· 052

3.3 命令：命令公文的标准格式与 6 种常见应用类型 ······················· 054

3.4 议案：上行报送特点与案据、方案、结语突出方法 ······················· 058

3.5 纪要：会议纪要与会议记录的根本区别 ·· 063

3.6 公告：题材的重大性对公告撰写时的要求 ······································ 067

3.7 通告：一定范围内周知性公文如何写清缘由与事项 ····················· 070

3.8 通知：6 类广泛知照性公文的写作方法 ·· 073

3.9 通报：通报写作中怎样突出所传达精神或情况的典型性 ············ 080

3.10 报告：双向沟通性、场景属性对撰写报告的影响 ······················· 087

3.11 批复：审批事项批复、审批法规批复与阐述政策批复 ··············· 090

3.12 函：公文写作中唯一的平行文种的写作特点 ······························· 096

3.13 决定：决定的重大影响力与写作时的言辞肯定性 ······················· 102

3.14 决议：指导性决议与权威性决定的 4 点不同 ······························· 105

3.15 意见：意见公文的常见分类与结构模式 ······································· 108

第 4 章　行政类公文：传导工作信息与努力方向的重要文书

4.1 规划：更宏观、更具统筹性的规划如何掌握好措辞分寸 ············ 114

4.2 计划：计划的 4 个特点与多类要素前后排列顺序布局 ··············· 119

4.3 方案：一切围绕阶段性目标、步骤、措施开展 ····························· 124

4.4 安排：行政类公文中撰写时最确切、具体的一种文体 ··············· 128

4.5 要点：撰写要点时要注意与计划相区分 ··· 131

4.6 【案例】商业计划书怎样写更能吸引投资人 ································· 134

第 5 章　规范类公文：为具体工作提供标准、设定制度

5.1 文种特点：规范类公文 5 大特点在公文结构上的体现 ··············· 142

5.2 章程：组织章程与业务章程在撰写时的不同 ······························· 145

5.3 办法：实施文件办法与工作管理办法范例对比分析 ··················· 148

5.4 规定：结构与撰写时的注意事项 ·· 155

5.5 条例：如何以因由、条规、施行说明彰显条例的法律效力 ················ 158

5.6 细则：细则是为了对既有文件进行解释、补充与延伸 ····················· 161

5.7 【案例】××科技公司日常管理章程案例分析 ··························· 166

第6章 凭据类公文：促成双方达成共识之余严防出现漏洞

6.1 意向书：作为谈判依据的意向书如何建立承诺又留有余地 ················ 170

6.2 协议书：撰写协议书时应重点把握的6个核心要素 ······················· 173

6.3 合同：商业合同的基本格式与重点条款设置、审查技巧 ·················· 176

6.4 收条：收条等简短凭证如何做到不产生任何歧义、纠纷 ·················· 180

6.5 聘书：聘书与劳动合同的一体两面 ··· 183

6.6 【案例】劳动合同中怎样做好义务规定为竞业协议做铺垫 ··············· 186

第7章 会议类公文：彰显领导才华并传达领导讲话精神

7.1 文种特性：需领导宣读，主题、主线、主调应重点把握 ·················· 192

7.2 讲话稿：场合、篇幅、针对性、得体性为核心要素 ························ 195

7.3 演讲稿：演讲稿的撰写特征及其同讲话稿的区别 ·························· 198

7.4 开幕词：为会议阐明性质、定下基调、进行议程安排 ···················· 202

7.5 闭幕词：更侧重总结性与号召性的闭幕词写作技巧 ······················· 205

7.6 简报：简报的一般分类与相应写作原则 ····································· 208

7.7 【案例】某文化节启动仪式开幕词案例剖析 ······························ 212

第8章 礼仪类公文：作用于社会交往增强彼此联系

8.1 文书特点：礼仪类文书相较于其他公文类型的7个明显特征 ··············· 216

8.2 邀请文书：请柬的基本格式及其内容同个性化设计间的配合 ············· 218

8.3 迎送文书：欢迎词、欢送词、答谢词怎样热情又真挚 ···················· 222

8.4 喜庆文书：为单位或个人写贺信、贺电的文书有所不同 ·················· 225

8.5　慰唁文书：短小但用词更加讲究的讣告、悼词、唁电 ……………… 228

8.6　公关文书：完成对外发布真实消息的新闻通稿写作方法 …………… 232

8.7　【案例】怎样设计出自带传播特质的活动请柬 …………………………… 235

第9章　书信类公文：以真挚态度向外传递信息

9.1　感谢信：团体感谢信与个人感谢信在行文上的差异 …………………… 240

9.2　慰问信：写慰问信前一定要吃透具体内容不可套话连篇 ……………… 243

9.3　公开信：4类不同用途公开信在写作技巧上的差别 …………………… 246

9.4　证明信：证明信的一般格式与常见证明用语 …………………………… 249

9.5　推荐信：高教授对写好推荐信的10个建议 …………………………… 253

9.6　求职信：如何写出提高成功率的求职信 ………………………………… 256

9.7　【案例】小区物业倡导防诈骗致业主公开信范例解析 ………………… 259

第 1 章

初识公文：公文的特点、功用与常见类型

公文历来是国家机关、社会团体等单位进行行政事务、社会事务的交流与推行的重要载体，是特殊的公务活动形式。公文作为规范性尤其明显的一个特殊的文种，与其他文章的写作存在很多的不同之处。想要在公文写作方面有所作为，还需要从其特点、功用与常见类型等方面进行初步了解。

1.1　正本清源：公文的定义与特点

文书，是以文字形式为传递信息、处理事务、记录情况等目的而形成的材料。文书包含公务文书和私人文书。公务文书，是党政机关、企事业单位、社会团体及其他法定组织在实行管理及处理行政公共事务过程中，规范性使用已形成的惯用体式，而形成的具有实用价值及法定效用的各种文字信息，起到信息传递和记录作用，简称公文。具体来说，公文是传达党和国家的方针政策、发布党规政令、指导和商洽工作、请示和答复问题、报告情况、交流经验的一种重要文字工具。

公文的定义有广义和狭义之分，狭义上的公文特指国家行政机关的公文和中国共产党机关公文；而广义上的公文则是指除私人文书以外的一切文书材料，涉及的种类繁多。

公文从性质上来分类，可分为通用公文和专用公文。通用公文是指党政机关、人民团体、企事业单位及部队等通常所使用的公文，以及类似于计划、总结、调查报告、简报等事务文书。另外，通用公文按行文方向分为上行文、平行文和下行文；按流通来源分为收进公文、外发公文和内部公文；按作者性质分为党内公文、行政公文和社会团体公文；按发文性质分为问文和复文；按内容处理要求分为参阅性公文和承办性公文；按办理时间要求分为特急公文、紧急公文和常规公文；按机密程度分为绝密公文、机密公文、秘密公文和普通公文；按特点和作用分为规范类公文、指挥性公文、报请性公文、知照性公文和记录性公文。通用公文从文种上划分，可分为行政公文和事务公文。根据2000年8月24日颁布的《国家行政机关公文处理办法》规定，行政公文种类包括13种：命令、决定、公告、通告、通知、通报、议案、报告、请示、批复、意见、函、会议纪要。事务公文包括计划、总结、调查报告、领导讲话稿、典型材料等。

专用公文是具有专门职能的机关根据专门工作的特殊需要，而在一定的领域和范围内使用的，具有部门或行业特定内容和体式的书面材料，如司法公文（起诉书、判决书等）、外交公文（照会、国书、外交函件等）、经济公文、军事公文等。具体来说，公文具备以下 6 个特点，如图 1-1 所示。

图 1-1　公文的 6 个特点

1. 实用性

公文是一种典型的应用文体，是"办事之文"，以管理、行政工作为出发点，具有明确的写作目的，为解决某些实际问题、顺应某些需要而撰写。

2. 规范性

公文的格式要规范，需要遵循已固定下来的惯用体式。文体也应规范，与一般文学写作不同，文体以说明为主，可用一定的记叙、议论。除了一些特定类别的文书，如礼仪、公关、演讲稿等，一般不作原因分析、事实解释和议论。写作中表达必须明确，内容考虑周详，言简意赅，少用生僻表达，便于理解、记忆和执行。此外，公文内容必须与法律、法规，党的政策方针，各级机关单位行政规章等保持一致。公文的行文应有条理，标题表意明确，各部分排列合理，重点突出，上下文连贯，对同一概念的表述词语一致，用词严谨，尽量不用"大概""近似"等不确定的词汇，语气应坚决肯定。

3. 权威性

公文来自法定的制发组织，代表着该组织的意志而非撰写者的个人思想，制发流程规范。内容必须保证事实上的真实和方针政策上的真实，在一定的时间及空间内可以从法定的角度对于相关方产生一定程度的影响。

4. 时效性

公文是为解决实际问题或是应当前需求而存在，并关乎直接影响方的执行，因而具有很强的时效性，成稿、传达与反馈均应及时。公文具有现实效用，意为在规定的时间内起到规范、组织、调控等法定效力作用，没有发挥效用的公文本质上是不存在的。

5. 特定性

公文的撰写者是依法成立并能以自己的名义行使职权和承担一定义务的机关与组织。公文的受文方也是明确的，公文将对其行为产生一定的效力。

6. 程序性

公文的写作有其惯用的格式和行文规则，公文的制发也是具有程序性的。发文的机关须严格依照法定权限和职能制发公文。国家机关的公文一般要经过公文拟制、公文办理和公文管理三个程序。比如，发文须经过草拟、审核、定稿、签发、复核、用印等，收文须经过签收、登记、审核、拟办、批办、传阅等。

1.2　特殊功用：独特属性与应用场景决定公文写作的特殊性

公务文书是传达党和国家的方针政策，发布政令，执行行政管理，报告情况等办公活动进行中的一种重要工具。区别于一般的文学创作及学术写作，公文写作具有很强目的性，其所面对的受众也更加明确，针对性很强。尽管学术写作与公务文书一样都具有很强的规范性，注重格式和成文规范，但是公务文书会更加直接地对其接受方产生影响，进而指导或约束其行为。也正因如此，进一步增强了对公文写作的真实性、准确性和规范性的要求。公文自身所具备的特殊性，以及其应用于机关与法定组织办公活动的场景之中，因此公务文书的写作中存在很多需要特殊注意事项。独特属性与应用场景决定了公文写作的特殊性，具体来说体现在以下4个方面，如图1-2所示。

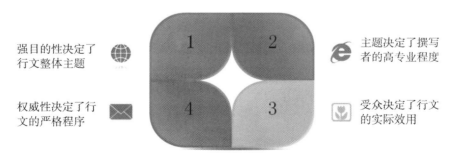

图1-2　独特属性与应用场景决定公文写作的特殊性的具体体现

1. 强目的性决定了行文整体主题

公务文书通常是应要求而撰写的，是为了使公文的受文方可据此采取一定的行动，进而达成一定的目的。比如，机关单位需要对下一年工作目标进行文字性计划。因此，在正式开始文字工作之前，撰写者首先要把握好该篇公文的意图和应该要起到的作用，不可产生偏差，这种偏差包括实际撰写者对组织意图理解的偏差及文字表达不清晰而可能造成的理解的偏差。公文类别也要根据目的要求进行合理选择，在公文的草拟阶段即需要首先选准文种。总而言之，整体的行文必须严格依据既定的目的、主题来完成。

2. 主题决定了撰写者的高专业程度

主题上，如前文所述，公文的撰写者是依法成立并能以自己的名义行使职权和承担一定义务的机关与组织，即便是同一家机关或组织，撰写者也不一定相同，但公文代表着同样的组织，因此行文风格需要保持一致。除此之外，需要进行公文撰写的相关人员在着手之前，必须通过看大量组织之前的公文进行学习。对于新手而言，只是基本了解一些公文写作的规范和要求，没有进行过太多实践检验，还有可能对于本单位行政管理情况没有全盘了解，业务上的细节也不够熟悉，这些都会影响公文成品的质量。比如，对于相应的业务情况没有及时更新，在进行工作总结报告时就可能出现事实错误，又或者说将已经不再开展的工作仍然加在了报告内，这就会是一个非常大的问题。

处于公文上手阶段的人首要任务是进行大量积累，广泛地搜集与本单位公务活动相关的政策、法规、管理办法等，了解学习本单位的相关业务和行政内容，搜集与业务相关的外部资料、数据等，如果能对这些资源了然于胸，在进行该组织任何公文写作时脑中自然会出现丰富素材，顺利做到公务文书所需要具备的固定的章法和必须遵守的规范要求。另外，为了写出符合要求的公文，初始阶段进行模仿学习是非常有必要的。撰写者可以参照之前别人所发布的范文，将前人的优质写作方式、语句等记录下来，但切记要更新细节内容，上手的模仿阶段也不可大段照抄。

3. 受众决定了行文的实际效用

写作均需要考虑到受众，公文写作的受文方相对于文学写作和学术论文等更加明确、针对性强，因而在进行写作的过程中就需要时刻将受文方的可读性放在心中。公文需要严谨性和规范性，但并不是完全程式化，不是按标准要求作出内容即可，撰写者应该考虑到对方是否能够根据公文内容准确作出行动并达成预期效果。如果是进行事前指导或管理性的，是否清晰描述了每个后续步骤，尽可能地包括了每个可能出现的情况并一一给予指示或说明？如果是事后××报告类的，是否将每个关心的问题都进行了充分合理的阐述与说明？这也关系着公文的实用性特点，公文也是应用文的一种，是使公务活动得到良好开展并且推进的工具，需要其发挥应有的作用，真正帮助到职权的行使及管理的实施才可以，这样公文才能发挥实际效用。

4. 权威性决定了行文的严格程序

公文具有权威性，这是因为它的制发机关是法定的机构组织。公文是以法定组织的名义，代表着机关的意志，由相关人员按照规范流程起草、核稿、签发出来的，并依法对相关受文方产生约束力。对这种权威性的保障，要求进行公文写作时注意内容范围要合乎相关机关组织的法定权限，要与机关组织的职能相匹配，并且不可越权发文。同时需要注意的是，公文的发布也需要按照一定的程序进行，不能写完就立刻发布，而是需要通过审核后再签发。

1.3 常见分类：公文最常见的15种类型

公务文书按性质可以分为通用公文和专用公文。通用公文和专用公文可以进一步根据不同的划分方式细分为更多的小类。接下来，我们先了解一下通用公文的分类。

（1）按形成及作用的公务活动领域，可分为行政公文和事务公文。

（2）按行文方向，可分为上行文、平行文和下行文。

（3）按特点和作用，可分为规范类公文、指挥性公文、报请性公文、知照性公文和记录性公文。

（4）按机密程度，可分为涉密公文和普通公文。

①涉密公文。

绝密公文：国家核心机密，特别重要。

机密公文：国家重要机密，很重要。

秘密公文：国家一般秘密，比较重要。

②普通公文。

内部文件：虽不涉及秘密，但不宜对社会公开，部门内部使用。

限国内公开文件：不涉及秘密，但不宜对国外公布。

对外公开文件。

（5）按发文性质，可分为问文和复文。

（6）按撰写者性质，可分为党内公文、行政公文和社会团体公文。

（7）按流通来源，可分为收进公文、外发公文和内部公文。

（8）按内容处理要求，可分为参阅性公文和承办性公文。

（9）按办理时间要求，可分为特急公文、紧急公文和常规公文。

以上9种分类方式均为对通用公文进行划分的常见分类。在工作中，要根据具体需要对公文进行分类，并运用该类别下所对应的适当的名称。另外，我国目前的专用公文，主要分为5种类型，如图1-3所示。

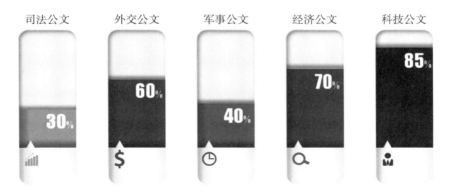

图1-3　我国目前的5类专用公文

通用公文相较于专用公文，在一般的法定职能行使及行政管理过程中应用更为普遍，在公务活动中更为常见。由中央办公厅、国务院办公厅于2012年4月16日印发的《党政机关公文处理工作条例》（中办发〔2012〕14号）自2012年7月1日起实施，同时规定1996年5月3日中共中央办公厅发布的《中国共产党机关公文处理条例》和2000年8月24日国务院发布的《国家行政机关公文处理办法》停止执行。《党政机关公文处理工作条例》总则指出为了适应中国共产党机关和国家行政机关工作需要，推进党政机关公文处理工作科学化、制度化、规范化而制定本条例，适用于各级党政机关公文处理工作。

《党政机关公文处理工作条例》第二章第八条规定了 15 种主要的公文种类，分别为决议、决定、命令（令）、公报、公告、通告、意见、通知、通报、报告、请示、批复、议案、函、纪要。下面将对这 15 种公文类型进行简要介绍，如表 1-1 所示。

表 1-1　公务文书最常见的 15 种类型

类型	简述	分类	特性
决议	决议的使用范围不仅仅包括党的领导机关，同时也适用于企业，通常表述的是针对某一重要事项开展会议讨论后的决策内容，发布的内容要求受文方贯彻执行。	（1）公布性决议 （2）批准性决议 （3）阐述性决议	（1）权威性 （2）指导性
决定	决策和部署某一重要事项、对相关单位或单位人员进行奖励或惩罚、对下级机关的某些不适当的决定事项予以变更甚至撤销，这些内容都可通过决定的形式予以描述。	（1）法规性决定 （2）指挥性决定 （3）奖惩性决定 （4）变更性决定	（1）全局性 （2）指令性 （3）规范性
命令（令）	命令适用于公布行政法规和规章、宣布施行重大强制性措施、批准授予和晋升衔级、嘉奖有关单位和人员。	（1）公布令 （2）嘉奖令 （3）任免令 （4）通缉令 （5）特赦令	（1）权威性 （2）强制性
公报	公报适用于对重要决定或者重大事项的描述与公布，也是党和国家经常使用的一种重要的报道性公文。	（1）会议公报 （2）事项公报 （3）联合公报	（1）权威性 （2）公开性
公告	公告主要是针对向国内外宣布重要事项或者法定事项予以描述的公文。具体来说，主要包括两方面的内容，一方面是向国内或国外宣布重大事项、公布依据政策或法令采取的重大行动等；另一方面是向国内或国外宣布法定事项，公布依据法律规定进而向国内或国外宣布相关的重要规定和重大行动等。	（1）重要性事项公告 （2）决定事项公告 （3）专业性公告	（1）规定性 （2）特定性 （3）广泛性 （4）新闻性
通告	通告是针对某范围而公布的事项，要求受文方了解内容或者遵守内容。	（1）周知性（事务性）通告 （2）规定性（制约性）通告	（1）告知性 （2）制约性 （3）专业性

第 1 章 初识公文：公文的特点、功用与常见类型

续表

类型	简述	分类	特性
意见	意见是针对重要事项提出相关见解或者处理办法的，既可以是上级部门对下级部门提出，也可以是下级部门对上级部门提出，甚至是平级部门之间相互提出。上级部门对下级部门提出的属于下行文，往往是针对某些事项而作出的措施指导，因此具备指示性；下级部门对上级部门、又或者是平级部门之间提出的属于上行文或平行文，往往是针对事项处理等方面的建议。		（1）灵活性 （2）广泛性 （3）参考性 （4）指示性
通知	通知适用于发布、传达要求下级机关执行和有关单位周知或者执行的事项，批转、转发公文。通知的应用极为广泛，从国家级的党政机关到基层的企事业单位都可以发布通知。大多数情况下属于下行文，上级机关用于对下级机关布置需要周知或者执行的事项、任免干部、决定具体问题，但平行机关之间有时也可以用通知。通知内容单一，行文简便。	（1）发布性通知 （2）批转性通知 （3）转发性通知 （4）指示性通知 （5）任免性通知 （6）事务性通知	（1）多样性 （2）指导性
通报	通报适用范围比较广，各级党政机关组织、企事业单位都适合用，属于一种下行文，主要用于表彰先进、批评错误、传达重要精神和告知重要情况等方面的描述。	（1）表彰通报 （2）批评通报 （3）情况通报	（1）真实性 （2）晓谕性 （3）教育性
报告	报告是一种陈述性公文，主要用于向上级部门汇报相关工作、反映相关情况或者是回复上级部门的询问，属于上行文。一般来说，报告不需要获得批复，但是上级部门可借此来对下级部门的相关情况进行了解与掌握，并且针对问题适当进行支持与指导。	（1）汇报性报告 （2）答复性报告 （3）呈报性报告 （4）例行工作报告	沟通性
请示	请示是指针对本机关无权或无力作出决定及处理的内容，通过向上级机关请求指示或者获得批准的上行文，适用范围不包括对同级或者下级使用。一般而言，请示事项往往都需要上级机关作出答复后才能付诸实施，很多时候是急需明确和解决的内容，所以请示上交后，上级机关应予以及时回复。请示内容一文一事，需要对问题原因、请求事项等作出详细说明。另外，请示一般是不能越级请示的，如果出于特殊原因而不得不越级请示，需要同时抄报直接上级部门。	（1）请求指示的请示 （2）请求批准的请示 （3）请求批转的请示	（1）时效性 （2）迫切性

009

续表

类型	简述	分类	特性
批复	批复是指通过明确简洁的语言针对下级所请事项予以明确答复的下行文,在某些层面上与请示相对应。批复内容应该和请示内容相关,不得提出无关话题,同时态度不可模棱两可。针对上级机关所作出的批复,下级机关必须认真贯彻执行。	(1)审批事项的批复 (2)审批法规的批复 (3)阐述政策的批复	权威性
议案	议案是指以各级人民政府为主体,依照法律程序向同级人民代表大会或者人民代表大会常务委员会提交对象职权范围内的有关事项并要求审议,包括了议案的主体、议案的内容及提出议案的时间三大要素,政府职能部门不具备提出议案的权力。根据规定,在同级人民代表大会或者人民代表大会常务委员会所规定的期限前提出的内容才能被视为"议案",超出时限的只能被视为"建议",或移交下次人民代表大会或者人民代表大会常务委员会处理。与此同时,提交同级人民代表大会或者人民代表大会常务委员会进行审议的议案,必须在规定期限内进行审议表决或提出处理意见。	(1)立法性议案 (2)重大事项的决策性议案 (3)任免性议案 (4)建议性议案	时效性
函	函是一种适用于不相隶属机关之间商洽工作、询问和答复问题、请求批准和答复审批事项的平行文,适用范围十分广泛,同时适用于向上级部门机关询问、请求答复,以及回复下级部门的请求与询问,催办事宜等。国家高级机关的主要函必须严格按照公文规范书写,其余的既可以按照公文的格式及行文要求,也可以进行灵活适当变通。一般来说,函的内容一文一事。	(1)商洽函 (2)问答函 (3)批答函	灵活性
纪要	纪要须如实地记载和反映会议主要情况和议定事项的内容,不能自行进行内容填补或主题深化,因此通常用"会议"作为表述主体,采用"会议认为""会议决定""会议要求"等句式。与会议记录相比,纪要内容是通过在一定范围内传达或传阅后,要求受文方贯彻执行的行政公文。纪要不需要详细记录会议所有内容,只要重点记录会议主旨及最终决策内容。	(1)纪要性 (2)备查性 (3)总结性	

第 1 章 初识公文：公文的特点、功用与常见类型

针对以上 15 种类型，我们需要对公告和通告的使用进行辨析。一般而言，公告是指只能由较高层级机关发布的、可向国内外进行公布的、用来宣布重大事项的行政公文，而通告是指可由各级机关、组织或企事业单位进行发布、只面向国内范围内的、用来宣布一般性事项的行政公文。

此外，还需要对通报和通告的使用进行辨析，简单概括就是"事前通知，事后通报"。也就是说，通报是对已经发生的事件进行描述及分析等，而通告则是在事件发生前对于要做什么、怎么做的告知。

1.4 一般要素：公文写作涉及的17种要素及相应格式布局

标准化历来是人们提升办事效率的最佳方式，公文写作同样如此。唯有通过大家彼此都遵循与理解的格式进行写作与展示，才能达到快速创作、传达与理解的效果。

公务文书（尤其是机关公务文书）写作，通常而言包含以下 17 种要素，再辅以内容填充与相应布局，便可以完成一篇符合标准的公务文件。

1. 份号

公文份号即公文进行印制时的顺序编号，如一份公文需要印发 1000 份，则份号便为 1～1000 号，一份公文对应一个具体编号，便于查对、清退，尤其涉及保密性质的公文，份号上更不可马虎。

份号通常印在公文文头的左上方，通行格式目前有两种，一为"编号：000××"，二为"N.000××"。

2. 密级与期限

此项内容虽只针对特殊应用场景，绝大部分读者可能一生都不会用到，但也应当加以了解。所谓密级便是该公文的保密级别，共有 4 个等级，分别为核心、绝密、机密与秘密。期限则是指该公文的保密期限，视具体情况而定。

3. 紧急程度

紧急程度即签发者对该公文传达及处理速度的要求，通常分为特急、紧急与常规 3 个等级。

4. 发文机关

公文写作中，发文机关名称一般不提倡使用可能会造成误会的简称，而应用全称（一些特殊公文采用规范后简称的情况除外）。格式布局上，发文机关名称要宋体、红字、居中排布。存在联合发文机关的，应主机关在前。

5. 发文字号

发文字号也称文号，是体现该公文在某机关某年度内所发公文顺序的编号，由发文机关统一安排，文号中包括机关代字、年份代码与发文顺序号。格式上，发文字号位于发文机关下第三行，宋体，并用六角括号〔〕标识出来。

上述所提到的份号、密级与期限、紧急程度、发文机关，以及发文字号5种要素的体现可参考图1-4。

图1-4 份号、密级与期限、紧急程度、发文机关，以及发文字号的具体体现

6. 签发人

签发人即决定文件最终是否被签发者的姓名，单个机关发文时，则是负责领导的名字；多个机关联合发文时，需要多个机关领导共同签署，称为会签。格式上，签发人的位置在发文字号的平行右侧，每个机关均独占一行。

7. 标题

公文标题由3个要素组成，即机关名称、事由及文种，条件规定很板正，完全不需要变化，典型例子如"××市人民政府办公室关于印发×××方案的通知"。

8. 主送机关、抄送机关

主送机关，顾名思义便是该公文的主要受理或答复机关，是相对于抄送机关而言的概念。格式上，主送机关与抄送机关在公文中首次提及时均应使用全称，进行规范提示后，才可在后续内容中使用简称。

9. 正文

此要素在本小节无须赘述，后续章节中将陆续为读者介绍不同类型公务文书

第 1 章　初识公文：公文的特点、功用与常见类型

的正文写作方法。

10. 附件说明

公文附件说明主要包含随文需要阐述清楚的规章制度、报表、统计数字、人员名单等内容。

11. 发文机关署名

同样应用发文机关全称进行署名。

12. 成文日期

公文成文日期并非指公文撰写完成的日期，而是指具体签发日期。存在会签情况的公文，以最后完成会签的日期为准。

13. 印章

公文签发时必须加盖同署名发文机关相一致的机关印章，以示同意，部分普发性公文可不加盖印章。

14. 附注

同正常撰文中的附注作用一致，公文中的附注通常用于解释文件印发范围等注意事项。

15. 附件

附注中不能简单说明的情况或其他对理解公文内容有帮助的参考资料，以附件形式存在。

16. 印发日期

公文送印的具体日期。

17. 页码

页码通常编排在公文版心下边缘之下，空白页和版记页不编排。

以上是一份公务文件尤其是政府机关公务文件所应包含的17个要素与相应格式布局，行文时，或全部包括，或兼而有之，视具体情况而定。

1.5　特定格式：公文写作中一般格式与特定格式的区别

公务文书具有权威性和规范性等特点，其写作格式具有固定的自身的规范性

要求，因此国家各级党政机关的公文格式是由中央办公厅和国务院办公厅联合制定标准进行规范化的，以保证公文的规范性与权威性。当前的公文格式标准根据《党政机关公文格式》（2012年最新修订版）的要求，其中不仅明确了纸张用纸与幅面要求、印制装订要求、一般公文格式的编排要求，还针对函、命令（令）、纪要三类公文明确了其特殊格式要求。下面将《党政机关公文格式》中对于公文写作的一般格式的要求细则收录在此，以供参考。

《党政机关公文格式》

2. 规范性引用文件

下列文件对于本标准的应用是必不可少的。凡是注日期的引用文件，仅所注日期的版本适用于本标准。凡是不注日期的引用文件，其最新版本（包括所有的修改单）适用于本标准。

GB/T148 印刷、书写和绘图纸幅面尺寸

GB3100 国际单位制及其应用

GB3101 有关量、单位和符号的一般原则

GB3102（所有部分）量和单位

GB/T15834 标点符号用法

GB/T15835 出版物上数字用法

3. 术语和定义

下列术语和定义适用于本标准。

3.1 字 word

标示公文中横向距离的长度单位。在本标准中，一字指一个汉字宽度的距离。

3.2 行 line

标示公文中纵向距离的长度单位。在本标准中，一行指一个汉字的高度加3号汉字高度的7/8的距离。

4. 公文用纸主要技术指标

公文用纸一般使用纸张定量为$60g/m^2$~$80g/m^2$的胶版印刷纸或复印纸。纸张白度为80%~90%，横向耐折度≥15次，不透明度≥85%，pH值为7.5~9.5。

5. 公文用纸幅面尺寸及版面要求

5.1 幅面尺寸

公文用纸采用 GB/T148 中规定的 A4 型纸，其成品幅面尺寸为 210mm×297mm。

5.2 版面

5.2.1 页边与版心尺寸

公文用纸天头（上白边）为 37mm±1mm，公文用纸订口（左白边）为 28mm±1mm，版心尺寸为 156mm×225mm。

5.2.2 字体和字号

如无特殊说明，公文格式各要素一般用 3 号仿宋体字。特定情况可以作适当调整。

5.2.3 行数和字数

一般每面排 22 行，每行排 28 个字，并撑满版心。特定情况可以作适当调整。

5.2.4 文字的颜色

如无特殊说明，公文中文字的颜色均为黑色。

6. 印制装订要求

6.1 制版要求

版面干净无底灰，字迹清楚无断划，尺寸标准，版心不斜，误差不超过 1mm。

6.2 印刷要求

双面印刷；页码套正，两面误差不超过 2mm。黑色油墨应当达到色谱所标 BL100%，红色油墨应当达到色谱所标 Y80%、M80%。印品着墨实、均匀；字面不花、不白、无断划。

6.3 装订要求

公文应当左侧装订，不掉页，两页页码之间误差不超过 4mm，裁切后的成品尺寸允许误差 ±2mm，四角成 90°，无毛茬或缺损。

骑马订或平订的公文应当：

a）订位为两钉外订眼距版面上下边缘各 70mm 处，允许误差 ±4mm；

b）无坏钉、漏钉、重钉，钉脚平伏牢固；

c）骑马订钉锯均订在折缝线上，平订钉锯与书脊间的距离为 3~5mm。

包本装订公文的封皮（封面、书脊、封底）与书芯应吻合、包紧、包平、不脱落。

7. 公文格式各要素编排规则

7.1 公文格式各要素的划分

本标准将版心内的公文格式各要素划分为版头、主体、版记三部分。公文首页红色分隔线以上的部分称为版头；公文首页红色分隔线（不含）以下、公文末页首条分隔线（不含）以上的部分称为主体；公文末页首条分隔线以下、末条分隔线以上的部分称为版记。

页码位于版心外。

7.2 版头

7.2.1 份号

如需标注份号，一般用 6 位 3 号阿拉伯数字，顶格编排在版心左上角第一行。

7.2.2 密级和保密期限

如需标注密级和保密期限，一般用 3 号黑体字，顶格编排在版心左上角第二行；保密期限中的数字用阿拉伯数字标注。

7.2.3 紧急程度

如需标注紧急程度，一般用 3 号黑体字，顶格编排在版心左上角；如需同时标注份号、密级和保密期限、紧急程度，按照份号、密级和保密期限、紧急程度的顺序自上而下分行排列。

7.2.4 发文机关标志

由发文机关全称或者规范化简称加"文件"二字组成，也可以使用发文机关全称或者规范化简称。

发文机关标志居中排布，上边缘至版心上边缘为 35mm，推荐使用小标宋体字，颜色为红色，以醒目、美观、庄重为原则。

联合行文时，如需同时标注联署发文机关名称，一般应当将主办机关名称排列在前；如有"文件"二字，应当置于发文机关名称右侧，以联署发文机关名称为准上下居中排布。

7.2.5 发文字号

编排在发文机关标志下空二行位置，居中排布。年份、发文顺序号用阿拉伯数字标注；年份应标全称，用六角括号"〔〕"括入；发文顺序号不加"第"字，不编虚位（即 1 不编为 01），在阿拉伯数字后加"号"字。

上行文的发文字号居左空一字编排，与最后一个签发人姓名处在同一行。

7.2.6 签发人

由"签发人"三字加全角冒号和签发人姓名组成,居右空一字,编排在发文机关标志下空二行位置。"签发人"三字用3号仿宋体字,签发人姓名用3号楷体字。

如有多个签发人,签发人姓名按照发文机关的排列顺序从左到右、自上而下依次均匀编排,一般每行排两个姓名,回行时与上一行第一个签发人姓名对齐。

7.2.7 版头中的分隔线

发文字号之下4mm处居中印一条与版心等宽的红色分隔线。

7.3 主体

7.3.1 标题

一般用2号小标宋体字,编排于红色分隔线下空二行位置,分一行或多行居中排布;回行时,要做到词意完整,排列对称,长短适宜,间距恰当,标题排列应当使用梯形或菱形。

7.3.2 主送机关

编排于标题下空一行位置,居左顶格,回行时仍顶格,最后一个机关名称后标全角冒号。如主送机关名称过多导致公文首页不能显示正文时,应当将主送机关名称移至版记,标注方法见7.4.2。

7.3.3 正文

公文首页必须显示正文。一般用3号仿宋体字,编排于主送机关名称下一行,每个自然段左空二字,回行顶格。文中结构层次序数依次可以用"一、""(一)""1.""(1)"标注;一般第一层用黑体字、第二层用楷体字、第三层和第四层用仿宋体字标注。

7.3.4 附件说明

如有附件,在正文下空一行左空二字编排"附件"二字,后标全角冒号和附件名称。如有多个附件,使用阿拉伯数字标注附件顺序号(如"附件:1.×××××");附件名称后不加标点符号。附件名称较长需回行时,应当与上一行附件名称的首字对齐。

7.3.5 发文机关署名、成文日期和印章

7.3.5.1 加盖印章的公文

成文日期一般右空四字编排,印章用红色,不得出现空白印章。

单一机关行文时，一般在成文日期之上、以成文日期为准居中编排发文机关署名，印章端正、居中下压发文机关署名和成文日期，使发文机关署名和成文日期居印章中心偏下位置，印章顶端应当上距正文（或附件说明）一行之内。

联合行文时，一般将各发文机关署名按照发文机关顺序整齐排列在相应位置，并将印章一一对应、端正、居中下压发文机关署名，最后一个印章端正、居中下压发文机关署名和成文日期，印章之间排列整齐、互不相交或相切，每排印章两端不得超出版心，首排印章顶端应当上距正文（或附件说明）一行之内。

7.3.5.2 不加盖印章的公文

单一机关行文时，在正文（或附件说明）下空一行右空二字编排发文机关署名，在发文机关署名下一行编排成文日期，首字比发文机关署名首字右移二字，如成文日期长于发文机关署名，应当使成文日期右空二字编排，并相应增加发文机关署名右空字数。

联合行文时，应当先编排主办机关署名，其余发文机关署名依次向下编排。

7.3.5.3 加盖签发人签名章的公文

单一机关制发的公文加盖签发人签名章时，在正文（或附件说明）下空二行右空四字加盖签发人签名章，签名章左空二字标注签发人职务，以签名章为准上下居中排布。在签发人签名章下空一行右空四字编排成文日期。

联合行文时，应当先编排主办机关签发人职务、签名章，其余机关签发人职务、签名章依次向下编排，与主办机关签发人职务、签名章上下对齐；每行只编排一个机关的签发人职务、签名章；签发人职务应当标注全称。

签名章一般用红色。

7.3.5.4 成文日期中的数字

用阿拉伯数字将年、月、日标全，年份应标全称，月、日不编虚位（即1不编为01）。

7.3.5.5 特殊情况说明

当公文排版后所剩空白处不能容下印章或签发人签名章、成文日期时，可以采取调整行距、字距的措施解决。

7.3.6 附注

如有附注，居左空两字加圆括号编排在成文日期下一行。

7.3.7 附件

附件应当另面编排，并在版记之前，与公文正文一起装订。"附件"二字及附件顺序号用 3 号黑体字顶格编排在版心左上角第一行。附件标题居中编排在版心第三行。附件顺序号和附件标题应当与附件说明的表述一致。附件格式要求同正文。

如附件与正文不能一起装订，应当在附件左上角第一行顶格编排公文的发文字号并在其后标注"附件"二字及附件顺序号。

7.4 版记

7.4.1 版记中的分隔线

版记中的分隔线与版心等宽，首条分隔线和末条分隔线用粗线（推荐高度为 0.35mm），中间的分隔线用细线（推荐高度为 0.25mm）。首条分隔线位于版记中第一个要素之上，末条分隔线与公文最后一面的版心下边缘重合。

7.4.2 抄送机关

如有抄送机关，一般用 4 号仿宋体字，在印发机关和印发日期之上一行、左右各空一字编排。"抄送"二字后加全角冒号和抄送机关名称，回行时与冒号后的首字对齐，最后一个抄送机关名称后标句号。

如需把主送机关移至版记，除将"抄送"二字改为"主送"外，编排方法同抄送机关。既有主送机关又有抄送机关时，应当将主送机关置于抄送机关之上一行，之间不加分隔线。

7.4.3 印发机关和印发日期

印发机关和印发日期一般用 4 号仿宋体字，编排在末条分隔线之上，印发机关左空一字，印发日期右空一字，用阿拉伯数字将年、月、日标全，年份应标全称，月、日不编虚位（即 1 不编为 01），后加"印发"二字。

版记中如有其他要素，应当将其与印发机关和印发日期用一条细分隔线隔开。

7.5 页码

一般用 4 号半角宋体阿拉伯数字，编排在公文版心下边缘之下，数字左右各放一条一字线；一字线上距版心下边缘 7mm。单页码居右空一字，双页码居左空一字。公文的版记页前有空白页的，空白页和版记页均不编排页码。公文的附件与正文一起装订时，页码应当连续编排。

8. 公文中的横排表格

A4纸型的表格横排时，页码位置与公文其他页码保持一致，单页码表头在订口一边，双页码表头在切口一边。

9. 公文中计量单位、标点符号和数字的用法

公文中计量单位的用法应当符合GB3100、GB3101和GB3102（所有部分），标点符号的用法应当符合GB/T15834，数字用法应当符合GB/T15835。

以上为国家明确规定出来的公文写作中一般格式的相关要求。此外，有三类特定格式的公文被单独提出，明确各自的格式要求，分别为信函格式、命令（令）格式及纪要格式，我们再来看看这三类特定格式的公文的格式要求，以便于与一般格式的公文进行区别。

10. 公文的特定格式

10.1 信函格式

发文机关标志使用发文机关全称或者规范化简称，居中排布，上边缘至上页边为30mm，推荐使用红色小标宋体字。联合行文时，使用主办机关标志。

发文机关标志下4mm处印一条红色双线（上粗下细），距下页边20mm处印一条红色双线（上细下粗），线长均为170mm，居中排布。

如需标注份号、密级和保密期限、紧急程度，应当顶格居版心左边缘编排在第一条红色双线下，按照份号、密级和保密期限、紧急程度的顺序自上而下分行排列，第一个要素与该线的距离为3号汉字高度的7/8。

发文字号顶格居版心右边缘编排在第一条红色双线下，与该线的距离为3号汉字高度的7/8。

标题居中编排，与其上最后一个要素相距二行。

第二条红色双线上一行如有文字，与该线的距离为3号汉字高度的7/8。

首页不显示页码。

版记不加印发机关和印发日期、分隔线，位于公文最后一面版心内最下方。

10.2 命令（令）格式

发文机关标志由发文机关全称加"命令"或"令"字组成，居中排布，上边缘至版心上边缘为20mm，推荐使用红色小标宋体字。

第 1 章　初识公文：公文的特点、功用与常见类型

发文机关标志下空二行居中编排令号，令号下空二行编排正文。

签发人职务、签名章和成文日期的编排见 7.3.5。

10.3　纪要格式

纪要标志由"×××××纪要"组成，居中排布，上边缘至版心上边缘为 35mm，推荐使用红色小标宋体字。

标注出席人员名单，一般用 3 号黑体字，在正文或附件说明下空一行左空二字编排"出席"二字，后标全角冒号，冒号后用 3 号仿宋体字标注出席人单位、姓名，回行时与冒号后的首字对齐。

标注请假和列席人员名单，除依次另起一行并将"出席"二字改为"请假"或"列席"外，编排方法同出席人员名单。

纪要格式可以根据实际制定。

值得一提的是，《党政机关公文格式》开头还针对使用少数民族文字印制的公文的特殊情形予以明确说明："使用少数民族文字印制的公文，其用纸、幅面尺寸及版面、印制等要求按照本标准执行，其余可以参照本标准并按照有关规定执行。"

1.6　写作原则：写出好公文必须要秉持的3项写作原则

虽然公文具有固定的规范和格式，即有"套路"和"规律"可循，硬性规定是表意清晰、文从字顺，也并不要求创意超群、辞藻华丽、文采斐然，因此公文写作看似是一件比较容易的事。但事实上，要完全做到符合公文的实用性、规范性、权威性、时效性、特定性及程序性等特点，作出一篇好公文是并不容易的。符合规范格式要求只是底线基准，做到用字、标点使用等方面的百分之百准确，还需要大量的积累及长期的实践经验。想要写出一篇好公文，撰写者需要从内容、形式、风格等方面进行自我评估，秉持 3 项原则，如图 1–5 所示。

图 1-5　写出好公文必须要秉持的 3 项写作原则

1. 内容实用性原则

公文是要发挥效用的实用之文，公文内容上的时效性是一种基本属性。由于公文是应需而作，撰写者需要首先明确自己的写作目的，针对该篇公文即将起到的作用，如报告、总结、指导、批复，选定文种，并安排好自己的内容重点。公文内容因目的的差异而产生不同的侧重。同时，公文必须保证真实。内容需要如实反映真实的情况、法律法规、数据等，指导及意见等也需紧密联系实际并切实可行，不应出现缺乏事实依据、不可行的空话及套话。对于常见的面向公众的文件，需要言之有理、符合实际、便于执行，才可避免发文流于形式，难以见效。

公文的内容还应准确、全面。撰写者需要选用正确及适当的词汇进行表达，每个概念均须明确且保证前后一致。公文写作应用最精练的语言表达出最完整、全面的意思，赘述、反复强调会降低公文的逻辑性和可读性，从而破坏其权威性。但也不可过分简练词句以免造成信息的缺失。

同时，公文写作也对内容有结构和逻辑上的要求。公文中的全部信息要进行合理的安排，语句之间、段落之间有内在的逻辑衔接。公文写作不可进行信息堆砌，而要做到信息的有机结合。结构框架也应符合文种特点，不要自成一段。

一些类别的公文如讲稿，它的效用是启发受众，指导工作，这就需要内容有新意，传达给受众新信息，因此写作中的巧思也很重要。

2. 形式规范性原则

公文写作需要按照该文种规范的体式来完成，本章第 1.4 节介绍了公文中的

17种要素,每一文种会涉及不同的某些要素,要素就要根据相关的规定进行相应的规范写作。公文的主体是法定的机关与组织,公文可以用来行使职权和实施管理,具有法定的效力,因而公文代表着权力,若要使公文具有令人信服的权威,发文机关需要合乎相应的权限,不可进行越权发文。

公文自有一套程序性的制发原则,其写作、流转流程均是规范化的,因而公文的写作需要按照流程进行拟写、核查、修改等,过程严谨,避免失误的发生。

3. 风格严谨庄重性原则

行政及机关类公文从本质上就具有一定的思想性及政治性要求。中共中央办公厅在2013年印发的《关于培育和践行社会主义核心价值观的意见》中指出:"把核心价值观融入政策制度、法律法规的制定实施过程中,充分发挥政策、法规的导向和约束作用,形成真正有利于培育和践行社会主义核心价值观的政策支持和法律保障。"联系公文的时效性特点,可以看出公文需要紧跟当前党和国家的思想和意志建立自己的思想脉络,把握好当前的形势与政策,以当前的核心思想作为指导,写出满足思想政治要求的公文。

公务文书的主体是国家机关及法定的组织,公文往来不同于私人文书的交流,因其代表机构的法定性、内容的权威性和发挥的法定效用,公文的文体风格需要严肃、庄重,不可进行抒情、议论等具有文学色彩的个人发挥,应组织之所需而作。此外,公文的风格要根据不同文种的特色进行调整,如意见需要说理明白、语气和缓,报告应情况确凿、简明得体,公告则需要严肃而又通俗易懂。

下面是一篇简短的优秀公文,分析如何利用这3项原则撰写出一篇好的公文。

国务院第三次全国国土调查领导小组办公室关于优化特殊地区举证方式的通知

各省、自治区、直辖市第三次国土调查领导小组办公室、自然资源主管部门,新疆生产建设兵团第三次国土调查领导小组办公室、自然资源主管部门,中央军委后勤保障部军事设施建设局,部有关直属单位,各派驻地方的国家自然资源督察局,部机关有关司局:

为明确《第三次全国国土调查实施方案》中"无人类生活活动的区域,如沙漠、戈壁、冰山、森林等无人区,影像可以判断地类的,可不举证"的具体情形,

经研究,现就部分人类活动较少区域、调查人员实际无法或极难到达的特殊地区举证事项通知如下:

一、对海拔4700米以上地区的建设用地、耕地、园地、设施农用地外的图斑,可依据遥感影像特征判断地类,不进行举证。

二、对沙漠、戈壁、冰山、森林等无人类生产生活活动、无道路通达条件的区域,可依据遥感影像特征判断地类,不进行举证。

三、对东北、西北、西南及藏区等地区中,人口密度小于25人/平方千米的人口稀少区(以乡镇为单位计算),距离邻近集中连片建设用地或乡道及以上等级道路50千米(含)以上的区域,可依据遥感影像特征判断地类,不进行举证。

四、对海拔4100米以上、4700米以下地区的建设用地、耕地、园地、设施农用地外的图斑,可选择能够到达地块的图斑,采用类似图斑典型举证等方式进行举证。

五、对其他地区补充举证阶段涉及的确属无道路通达条件的个别图斑,其中步行距离最近道路(含农村道路)直线距离5千米或实际距离10千米以上的,可尽可能采用其他方式进行举证,不进行实地举证。

六、补充举证阶段,海拔3000米以上地区、集中连片山区、原始森林及发生地质灾害等特殊区域,涉及的确属无道路通达条件的个别图斑,可依据遥感影像特征判断地类,不进行举证。

七、补充举证阶段,横断山脉人类生产生活活动较少、地表覆盖变化不大的区域,涉及的确属无道路通达条件的个别图斑,可放宽使用2014年以来的遥感影像判断地类。

为保证调查成果真实性,上述地区在条件允许的情况下,仍应坚持应举尽举,尽可能采取无人机举证、连续图斑分段举证、类似图斑典型举证、局部航飞影像举证等方式进行举证。

特此通知。

国务院第三次全国国土调查领导小组办公室

2019年10月11日

第 2 章

行文规则：公文写作中的用词技巧与影响因素

在第 1 章中，笔者叙述了公务文书的概念和主要特点，介绍了公文的常见类型，并概括性地简要分析了公文写作的要素、格式及基本原则，读者对于公文写作已有了整体上的初步认知。本章将向读者介绍公文写作实际操作中的具体细节，从遣词造句到制发流程，同时也会针对各类公文分别进行写作中的规范与技巧分析。

2.1 公文用语：判断公文语言是否规范化的4个基本维度

规范是公文的一项本质要求，是由其属性所决定的，写作中的用语、句法、格式等的规范更是公文规范性中最为基本、也必须要达到的要求。公文中的语言表述，与其他写作相同，离不开词语、句法、语气，以及标点符号等内容。结合这些要素，我们接下来分析一下如何判断公文语言的规范化，这主要可以通过4个基本维度判断进而得到答案，如图2-1所示。

图 2-1　判断公文语言是否规范化的 4 个基本维度

1. 词汇与搭配

词语与词语搭配是任何文章语言构成中最基本的单位，公文语言的规范首先需要考查词语的选用及概念表述，用语通常需要符合国家标准规定的书面用语，不可口语化。

公文必须反映事实，并具有实用价值，这就要求公文的语言必须准确，撰写者须准确把握词语的内涵与外延，使用最能精确传达所需要表达意义的词汇，用语凝练，表意清晰后无须赘述，做到既简明扼要又不缺失信息。在进行程度修饰时，用词应慎重，以求和事实情况完全相符，不可为引起重视而选用程度更深的词汇夸大事实，绝对性词语也应小心使用。在涉及范围描述时，应注意一般现象与特殊现象的区分，不应随意将个别现象演绎成一般事实，以偏概全，造成真实性的折损。

此外，公文中出现的专有名词不可进行随意修改、省略，应使用权威部门认定的规范名称或者长期以来通用的名称，如产生变化必须使用最新的版本，且全文中前后文同一概念表达应一致。

2. 句法

句子是"语言的基本运用单位",公文语言的规范化也需要结合句法来考量。公文语句的基本要求是合乎语法规则和语言逻辑性,语言简练,满足这几点要求的公文写作即可达到规范标准。

句子类别上,公文写作基本由陈述句和祈使句构成,一般不使用疑问句和感叹句等包含情感表达的句类。句式上,公文中单句、单层复句等简单句使用较多,尤其是公布性公文,长难句出现频率较低,这样文章意思明白晓畅,避免大众理解障碍,减少误读等情况的发生。

由于公文写作的特殊性,公文句法中存在一些在长期实践中固定下来的格式化用语。例如,通告结束语惯例使用"特此通告",命令和法规性公文使用"本决定自×年×月×日起施行"及"请认真贯彻执行"等。对于这些固定搭配应该在写作中进行沿用,不宜随意进行更改、创新。此外,公文写作为求庄重,惯用一些具有文言色彩的短语及短句。比如,在开头使用"兹将""兹定于"等,承上启下时使用"故此""有鉴于此"等,公布类结尾使用"特予公告"等词。为了语言简洁,公文中会在适当语境下省略成分形成省略句。一般省略谓语较少,而省略主语的情况较多。

公文的写作一样讲求文采,固然跟文学写作的要求有区别,但在保证公文的简洁、明确、严谨的基础上,适度地运用适合的修辞方法,可以更加精确、明晰地传达意思,增强公文的可读性,有助于受文方理解。与文学写作不同,不是所有的修辞方法都适合于公文写作,公文中可以使用的修辞方法通常有比喻、借代、引用、排比、反复对比等,而夸张、比拟、反语、双关等则不适宜使用。

值得一提的是,词法与句法共同构成了语法,语法规范是公文规范化的基础。

3. 语气

公文均有明确的受文方,因而公文的用语、语气需要根据接收对象的不同、己方与对方的关系差异而作适当调整。公文按行文方向可分为上行文、平行文和下行文,在这三类文种中使用的语气各不相同。

在上行文中,下级向上级进行报告或请示,语气应恭谨明确,不可过于生硬。比如,在请示中使用"一定""不可"等强调意味很强的词汇,就会产生一些指示、命令的口吻，在该文种并不适宜使用。在报告中也不应夸大表现以图邀功或者过分自谦、妄自菲薄，前者显得狂妄自大、好大喜功，后者容易使人产生虚伪、不真诚的观感。还需注意对于"我们""你们"等人称代词的使用，可能会形成一种上下级间互为谈判对手的语气，需要避免。

对于平行文，由于是向互不隶属的机关组织进行沟通的，语气应诚恳、平和、谦逊，有意见不合之处也应委婉阐明，用语不应过于激烈，令人读来产生平等互动的感受。语言不能凭生骄傲之气或者过分谦卑，傲气容易使对方感觉不受尊重而难以接受意见，过谦则与身份不符。

下行文如指示、意见、通报等，语气要掌握分寸，不可为了显示威严而过分霸道、强硬，不可省略礼貌用语。在进行命令时语气应当坚决，但也应注意分寸感，避免一味的教训口吻。下行文虽需表现严肃，但在对下级的态度上仍应表现出平易，体现出关怀为佳。

整体而言，公文中应使用确定的语气，一般不应使用模棱两可的口吻进行叙述，态度表达应明晰。

4. 标点符号

标点符号是写作中不可忽略的一个部分，是帮助理解句意、表达语气的有效工具。公文写作中标点符号的使用必须规范，撰写者需要遵循 2012 年 7 月 1 日开始施行的《党政机关公文格式》及 2011 年 12 月正式发布、2012 年 6 月 1 日开始施行的《标点符号用法》中对于标点使用的标准要求。

词法、句法包含修辞、语气和标点符号，是写作中的基本单位，对公文的语言规范可以从上述 4 个维度进行判断。公文撰写者应当能清楚辨析词义，选定最贴切的词语，把握好词语搭配、炼句技巧，并在适当条件下巧妙地运用修辞，正确使用标点符号，规范化地作好公文。

2.2 公文用字：字体、字号、序号、标点均有明确规定

现行标准为 2012 年 7 月 1 日起施行的《党政机关公文处理工作条例》和《党政机关公文格式》，以及 2012 年 6 月 1 日开始施行的《标点符号用法》等对

于公文中的字体、字号、序号和标点等行文要素都作出了明确规定。现将相关规定的内容进行了整理,以供大家参照。

1. 字体和字号

1)标题

根据要求,公文标题的字体应当是小标宋体,字号为2号;如果拟定了副标题,副标题的字体应该是楷体,字号为3号,一般情况下都不需要加粗。需要注意的是,很多人都混淆了小标宋体和宋体这两种字体,殊不知二者还是有区别的,需要予以区分,具体如图2-2所示。

方正小标宋体字　　　宋体(标题)

图2-2　小标宋体和宋体

2)正文

正文应当采取仿宋体字,字号为3号。着重强调一下,仿宋体字尽量选择"仿宋_GB2312"(也就是国标仿宋),而不是直接点击选择"仿宋"。这是因为微软开发的Windows 7、Windows 8、Windows 10系统中的"仿宋"字体,如果将文件在XP系统中打开,字体会变成黑体。

另外,正文内容是有结构层次的,一般来说第一层字体为黑体,字号为3号;第二层字体为楷体,字号为3号;第三层和第四层为仿宋字体,字号为3号。

3)附件

如果有附件的话,"附件"二字及附件顺序号都是采取黑体,字号为3号,其他格式与正文一致。

4)发文机关标志

一般来说,推荐使用小标宋体字,字号无要求,但字体颜色最好使用红色,要显得醒目且庄重。

5)签发人

"签发人"这三个字用仿宋字体,字号为3号;签发人姓名用楷体,字号为3号。

6)抄送机关

如果有抄送机关,一般来说采取仿宋字体,字号为4号。

7）印发机关和印发日期

一般来说,印发机关和印发日期都用仿宋体字,字号为4号。

2. 序号

1）发文字号

发文字号的年份、发文顺序号都用阿拉伯数字标注;年份应标全称,发文顺序号不编虚位,例如"1"不能编为"01",也不要加"第"字,在阿拉伯数字后加"号"字。

2）正文

正文结构层次序数依次可以用"一、""(一)""1.""(1)"标注,不可逆向标注。

3）附件说明

如果附件数量大于等于2,可以使用阿拉伯数字标注附件顺序号,如"附件：1.××××××",写成"附件1："“附件：1、""附件一："等都是错误的。

4）成文日期

成文日期都用阿拉伯数字标注,年份应标全称,月、日不编虚位,也就是"1"不能编为"01"。

3. 标点

1）正文

如上所述,正文结构层次序数依次可以用"一、""(一)""1.""(1)"标注,可以看到,"一"后面是顿号,"1"后面是实心圆点,(一)和(1)后面没有任何的标点符号,也不能滥用,像"(一)、""1.、""(1)、"都是错误的。

值得一提的是,单独的小标题末尾不会添加任何符号,如果小标题后面还带着正文内容,小标题的末尾需要用句号。

2）附件

"附件"二字后面标注全角冒号,但是附件名称后不加标点符号。

3）附注

如果有附注内容,需要加圆括号编排。

4）抄送机关

如果有抄送机关,"抄送"二字后加全角冒号,最后一个抄送机关名称后面标注句号。

2.3 常用句式：公文写作中最常引用的12种句式

公务文书具有时效性、实用性等特征，公文的种类和形态也是依当前的形势要求而确立的。公文写作有一定的规则可循，行政管理等活动具有一定的延续性，且全国各级机关单位的工作内容在一定时期内具有一致性和相似性，因此存在一些惯用句式，在相似背景下，根据不同具体情况调整句式中的细节即可使用。同时应注意，公文中的思想性应该紧跟当前形势，不同时期的固定句式要进行相应的调整。本节中，我们总结了当前时期公文写作中常用的12种句式，普遍适用于各种各样的文种，公文撰写者可进行积累，根据需要选择并进行一定的改写，应用于公文写作实践中，如图2-3所示。

图2-3 公文写作中最常引用的12种句式

公文写作常用句式1："根据/遵照/按照……，制定/决定……"
可用于公文开头，发布法规政令、上级指示等，一般为下行文。
例句：
根据《中华人民共和国劳动法》有关规定，人力资源社会保障部、民政部共同制定了养老护理员国家职业技能标准，现予颁布施行。

——《人力资源社会保障部办公厅 民政部办公厅关于颁布养老护理员国家职业技能标准的通知》

公文写作常用句式2："为了……"

另一个一般用于公文开头的句式，在"为了"后直接写出目的、对象或使用借代词指代前文所述内容。

例句：

第一条 为了加强党对机构编制工作的集中统一领导，规范党和国家机构编制工作，巩固党治国理政的组织基础，根据《中国共产党章程》，制定本条例。

——《中国共产党机构编制工作条例》

公文常用句式3：排比句

各类排比句式是公文正文中十分常用的一种句式，包括同一动词引领多个动宾短语排比，多个动词的动宾短语，什么什么短语的短句间排比，介词短语如"……更……"排比，可以说明多项需要做的任务，增强语气。而类似于"坚持……，坚持……，坚持……"这样的排比句式是公文写作中十分常见的句式。

例句：

（1）遵循中医药发展规律，规范中医医院科室设置，修订中医医院设置和建设标准，健全评价和绩效考核制度，强化以中医药服务为主的办院模式和服务功能，建立健全体现中医药特点的现代医院管理制度。

——《中共中央 国务院关于促进中医药传承创新发展的意见》

（2）《意见》指出，督促检查工作作为党的工作的重要组成部分，是推动党的决策落实的重要手段，是促进党的决策完善的重要途径，是改进党的作风、密切党同人民群众血肉联系的重要渠道。

——中共中央印发《关于加强新形势下党的督促检查工作的意见》

（3）"坚持全面保护，突出重点。

坚持尊重自然，科学修复。

坚持生态为民，保障民生。

坚持政府主导，社会参与。"

——《中共中央办公厅 国务院办公厅印发〈天然林保护修复制度方案〉》

公文常用句式4："为做好……工作打下/奠定坚实（思想）基础/根基"

例句：

到2020年，完成决胜全面建成小康社会交通建设任务和"十三五"现代综

第 2 章 行文规则：公文写作中的用词技巧与影响因素

合交通运输体系发展规划各项任务，为交通强国建设奠定坚实基础。

——《中共中央 国务院印发〈交通强国建设纲要〉》

公文常用句式 5："要坚持把……作为 ××××的 ×××× 工程来抓"

该句式可用于强调某项工作的重要意义。

例句：

深度贫困地区党委和政府要坚持把脱贫攻坚作为"十三五"期间头等大事和第一民生工程来抓，坚持以脱贫攻坚统揽经济社会发展全局。

公文常用句式 6："面对……，坚持……，取得……"

"面对"后面可接困难、问题、挑战等，"坚持"后面填入党和国家的总的方针和原则等，最后加上"取得"怎样的成绩。

例句：

面对错综复杂的国内外形势……坚持稳中求进工作总基调，坚持以供给侧结构性改革为主线，统筹推进稳增长、促改革、调结构、惠民生、防风险各项工作取得积极成效。

公文常用句式 7："贯彻 / 推动……，取得积极 / 显著成效"

用于工作的总结中，可以组成一个短句，如推动思想道德建设取得显著成效。还可以是两个单句组成的复句，如各地区各部门深入贯彻落实党中央决策部署，着力推动法律实施，取得了积极成效。

公文常用句式 8："将 / 把……与……（紧密）结合 / 联系起来……"

可应用于报告等需要写长文的情形中。

例句：

正如习近平总书记所强调的，面对新形势新任务，必须把学校发展与我国发展的现实目标和未来方向紧密联系起来，紧紧围绕实现中华民族伟大复兴的中国梦，用有力有效的思想政治工作推动高校发展。

——《加强和改进新时代高校思想政治工作》南开大学党委书记

公文常用句式 9："以……为中心 / 根本 / 重点，以……为切入点 / 出发点 / 关键点 / 着眼点……"

用于对具体工作行动进行叙述，"以"开头的第一个短句体现工作的根本思路 / 核心思想 / 指导思想，第二个短句是工作关注的方向，后面则是所要做的具体内容。

例句：

坚持以人民为中心，牢固树立新发展理念，以供给侧结构性改革为主线，以建筑工程质量问题为切入点，着力破除体制机制障碍，逐步完善质量保障体系，不断提高工程质量抽查符合率和群众满意度，进一步提升建筑工程品质总体水平。

——《关于完善质量保障体系提升建筑工程品质的指导意见》

公文常用句式10："以……为契机/突破口，（切实）做好……，实现……"

句式中的"做好""实现"不一定要原词出现，"做好"引导的句子写出应要完成的工作，"实现"引导的句子写出想要实现的目标。

例句：

你省和深圳市要认真做好经济特区管理线撤销相关工作，并以此为契机，实施深圳全市域统一的城乡规划建设管理，进一步优化城市功能布局，完善交通基础设施，推进节约集约用地，强化环境保护和生态建设，有序提升公共产品和服务供给水平，实现更高质量的城市化……

——《国务院关于同意撤销深圳经济特区管理线的批复》

公文常用句式11："深入推进……，实现……"

同句式10类似，这也是一个叙述要做的工作及达到的目标的句式，但动词是固定的。

例句：

深入推进工业互联网创新发展，加快跨行业、跨领域和企业级工业互联网平台建设及应用普及，实现各类生产设备与信息系统的广泛互联互通。

——《国务院办公厅关于促进平台经济规范健康发展的指导意见》

公文常用句式12："经……同意，现将……（文件）印发给你们，请认真遵照执行/组织实施"

发出通知、意见或者转发文件时惯用的一些套句。

例句：

梅列、三元区人民政府，市直各单位：

经市政府同意，现将《三明市区城市道路挖掘管理暂行规定》印发给你们，请认真遵照执行。

——《三明市人民政府办公室关于印发三明市区城市道路挖掘管理暂行规定的通知》

第 2 章 行文规则：公文写作中的用词技巧与影响因素

2.4 用词技巧：公文中模态词与模糊语言的拿捏十分重要

我们先来看图 2-4 中的两句话。

"通过此次政治学习，使全公司大多数员工受到了深刻教育。"

"通过此次政治学习，使全公司九千九百九十九名员工受到了深刻教育。"

图 2-4 语句比较示例

这两句话哪一句更令人难以置信？恰恰是后面那一句说出了准确数字的。"大多数"虽然是模糊性语言，存在不确定性，但是表意却是准确的。

也就是说，虽然公务文书具有权威性和一定的法定效力，但公文的语言特点是用词准确，简明地进行事实说明。不过，这并不意味着公文中不需要一些模态词与模糊语言。模态词，本来是指表示事物存在的必然性和可能性的词语，以"必然""可能"等词语为代表，后来又逐渐扩充到表达人们对于事物认识的确实性程度的词语，包括"应当""允许""禁止"等。模糊语言则相应地在模态词基础上，用于表达和模态词类似的意思，表示事物存在的必然性和可能性，以及人们对于事物认识的确实性程度，不仅仅限于词语的语言表达。

公文中最常用的易混模态词语包括"必须、严禁""得、不得""应、不应""可以、不许""宜、不宜"等，我们以"必须、严禁"这一组为例作出辨析。

"必须、严禁"这一组模态词语虽然意义是相反的，但是都体现了相当严格的特征,"必须"体现在正面上,"严禁"体现在反面上。比如在《关于加强党风和廉政建设的意见》中的"搞好党风和廉政建设,必须同经济建设、深化改革结合起来,必须同民主与法制建设结合起来,必须党风、政风、社会风气一起抓,必须充分发动和依靠广大人民群众,动员全党和全社会的力量,实行综合治理"一段话,连续用了4个"必须",以此来确保公文内容的强制性。对于受文方来说,进而规范其行为。

另外,《中华人民共和国公安部通告》中的"严禁将武器、凶器、弹药和易爆、易燃、剧毒、放射性物品及其他危害飞行安全的危险品带上飞机或夹在行李、货物中托运"一段话中,也是通过"严禁"来构成义务模态判断中的"禁止"要求,体现出非常强烈的强制性。事实上,这两个模态词语常常对应使用,相互呼应,继而增强公文表意的严密逻辑。

而从广义的概念上来说,模糊语言包括模糊词语、模糊语义、模糊语法。对于公文写作而言,模糊语义肯定是不适宜使用的,因此这里的模糊语言是指狭义的模糊词语。模糊词语的外延,即意义表达的最大及最小边缘,是相对确定的,如最近、中午、春季、高个子、老年人等,读者是可以明确了解撰写者所要表达的含义的,但是具体情况还需要灵活掌握。

使用模糊语言并不是因为撰写者自己不能确定意思,模糊语言是看似不确定的词汇,其本质上表达的意义是明确和肯定的,且使表达具有更大的概括性和灵活性。在公文中使用模态词与模糊语言,撰写者需要注意拿捏好尺度。首先要对模态词和模糊语言的概念把握准确,对于哪些词汇与用语属于模糊语言要有清晰的认知,避免错误使用造成真正意义上的表意模糊。

模糊语言在公文中的运用,可根据不同情况有所区分,大致分为以下几种类型。

1. 表示范围的模糊词语

常用的有"有关""各部门""乡(县、市、省)内外""国内外""左右""上下"等。

2. 表示条件的模糊词语

常用的有"在可能的情况下""在……情况下""在……基础上""符合一定条件""在特殊情况下"等。

3. 表示数量的模糊词语

常用的有"许多""多数""广大""某些""有些""一些""个别""部分"等。

4. 表示程度的模糊词语

常用的有"很""一般""更加""进一步""基本上""显著""一定……""较"等。

5. 表示频率的模糊词语

常用的有"经常""不断""有时""反复""再三""多次""偶尔"等。

模糊语言的使用有多种作用,如"原则同意",意为对于所提办法、方案的指导思想、大体框架、主要内容等表示认同,但是在具体做法和处理方式上仍存在需要进一步修改、优化的地方。这个模糊语言使得语义上留有余地,语言表达也得到了简化,但是态度和意思的表达实质上是明确的。

又如在《国务院关于长三角生态绿色一体化发展示范区总体方案的批复》中,结尾句为:"国家发展改革委、推动长三角一体化发展领导小组办公室要会同有关部门加强对《方案》实施情况的跟踪分析和督促检查,适时组织开展实施进展情况评估,注意研究新情况、解决新问题、总结新经验,重大问题及时向国务院报告。"这句话中的"有关部门""适时""重大问题"均属于模糊语言,"有关部门"是何部门,没有指出;"适时"是何时、何种情况下,没有点明;怎样的问题算是重大,也没有明确,看似应该算作语义不准确,但是这种用法在此是合适的。

首先,若要将"有关部门""适时"和"重大问题"指明,需要额外很大篇幅,而这些问题却又不属于该篇公文的重点。之前在公文的写作要求上已经说过,公文是应需而作,需要在开始拟写前就明确写作该篇公文的目的,每一句话都需要围绕写作目的,突出重点。对于这个批复而言,未来长期的实施情况跟踪与汇报并不属于主要目的中的内容,如果进行详述反倒会造成重点偏移,影响对于重点的把握。

其次,作为下行文,批复中上级需要掌握好态度,最好能够表现对于下级的关怀,因此"适时""重大"这种词表达出让下级自行判断时机,有一定的自主权的意思,语气和缓,又体现了对下级的信任,而在实际中会有经验总结下来的工作流程辅助开展评估的时间及何谓"重大",使用这些词语并不会造成受文者理解障碍而导致相应工作受到影响。而"有关部门",相关的责任部门可能因情况而不同,因此进行概括性的指代是合适的。

在有些公文中,提到一些负面的情况时,使用一些国家、一些单位、一些部门等进行指代,是一种委婉的用法,撰文方肯定是掌握了有哪些具体的国家、单位、部门有文中提到的行为,但是一般不会在公务文书内"点名",避免有针对性地进行批评的感觉。对于国际上的交往而言,有时不使用委婉用语容易造成外交问题。下级的企事业单位的问题,上级机关可能确实不能掌握所有情况,可使用模糊语指示下级进行仔细排查管理。

除了上述的例子,模糊语言还可用于本身对于情况认识有局限性,因此不可以盲目进行明确意义限制的情况下。而有所保留地进行表达,这样反而可以更准确地反映事实。

模糊语言在公文中可以简明地灵活表意,进行概括性的表达及委婉表达。虽然没有进行确指,但是本质上所要表达的意思及态度是明确的。在此基础上,具体的相关方、参照标准、实行方法等可以根据实际情况灵活决定。

2.5 避免歧义:存在信息差的熟语与简称不能乱用

信息差,即信息不对称,在社会活动中,全部参与者对于相关信息的了解是有差异的,信息掌握得越充分,在活动中会更具有优势。中国幅员辽阔,在日常生活中,不同地区之间的用语存在着差异,各种熟语和简称在不同地区、不同行业的人中间存在着信息差,因此在公文写作中运用熟语与简称应该慎重,避免产生歧义,影响公文的传达及权威性。

熟语也就是语言中定型的词组或句子,包括惯用语、成语、谚语、格言、歇后语等,一般来说,使用时不能轻易改变其形式。其中,成语和格言是从传统文化中流传下来、具有固定的用法,且大都被词典、教材等收录,有着规范的定义及使用条件,通常不会造成歧义。而惯用语、谚语及歇后语则多是由百姓在日常生活中从经验中总结出的相对固定的用法,具有不同生活经验的人所用的惯用语、谚语、歇后语会有差异,甚至对其他人所使用的不理

第 2 章　行文规则：公文写作中的用词技巧与影响因素

解或产生误解。因此，对这 3 类用语的使用需要严格把握。

在公文写作实践中，成语的使用较为常见，且文种限制较小。使用成语时，首先要注意把握成语的含义和使用语境，避免产生误用、错用。还应注意成语自身带有的感情色彩，是褒义、贬义，还是中性，不应在褒扬的语境中错用贬义成语，或者在表达负面意思中使用了褒义色彩的成语。

惯用语则限制较多，会在报告、通知等进行通报的文体中根据情况适当使用，以求表达更加生动、亲切，减少发文与收文双方之间的隔膜感。至于格言、谚语和歇后语，则很少在公文中出现。格言虽然语言较为正式，但在写作中常用于说理，而公文的文体特点要求其在写作过程中以叙述、说明为主，一般不进行议论说理，因此格言极少在公文中出现。生活中的语言具有地区性，谚语和歇后语是最可能产生信息差的两类熟语，多是口头用语，通俗浅白，而且其中有很大一部分是使用比喻义或者谐音等进行表达的，这些手法本就不适用于公文写作，因此在公文中使用的范围非常有限。对于惯用语，也应注意比喻义及引申义等短语的使用。此外，由于很多惯用语具有强烈的时代色彩，使用中必须进行恰当选择，过滤掉那些过时的表达方式。

总而言之，使用熟语，需要注意使用原则，以求语言规范。

对于机关名称表述简称的问题没有作出明确的规定，可以理解为在不引起歧义的情况下适当使用简称。为了不引起歧义，就必须遵循一定的使用规则。

公文的各种要素中很多都会涉及机关名称的表述。文件版头中发文机关标识、发文字号，正文中标题、主送及抄送机关，最后的发文机关署名、印章等，都需要进行规范的机关名称表述。此外，正文内容中也可能会提及一些机关。机关名称的使用规范在《党政机关公文处理工作条例》及《党政机关公文格式》中可以找到一定依据。基本的规范使用方法如下。

发文机关标识：《党政机关公文格式》中规定发文机关标识"由发文机关全称或规范化简称后加'文件'二字组成，也可以仅使用发文机关全称或规范化简称。联合行文时，如需同时标注联署发文机关名称，一般应当将主办机关名称排列在前；如有'文件'二字，应当置于发文机关名称右侧，以联署发文机关名称为准上下居中排布"。

公文的主要受理机关"应当使用机关全称、规范化简称或者同类型机关统称"，抄送机关"除主送机关外需要执行或者知晓公文内容的其他机关，应当使用机关全称、规范化简称或者同类型机关统称"。具体写作中，使用机关全称还是简称可以依据名称的简繁程度而定。

发文字号中的机关名称必须使用机关简称。简称拟制应简洁规范，不可同其他单位重复造成歧义，同一机关或部门的所有文件中简称必须一致。

发文机关署名使用机关全称或者规范化简称，同样要根据名称的简繁程度而定。印章上的发文机关名称，应使用机关的全称，以示庄重。

另外，在正文中的简称使用也有需要注意的事项。简称一般是省略名词中的某些文字加以缩略，这种情况一般发生在所用名词已经有相对固定的缩略用法的情况下，大众普遍可以理解该简称代表的意义，且不会产生歧义，如"人大""两会"等词语，缩略语已成为一种固定用法，受文方不会怀疑"两会"代表着其他的会议，也因此公文写作中在进行缩略时不可将其他词语缩减成与有固定含义的缩略词一样。如果需要将一些不是普遍应用的词语进行缩减使用简称，这种情况下，撰写方与受文方之间会出现信息差，对于简称的信息掌握不同，为避免信息不对称带来的负面影响，撰写方应在该词语第一次出现时使用全称，并注明下文将使用何种简称，方可使用对应的简称。不可随意使用自行缩减的词语，不注明明确含义，极易引起歧义，造成理解障碍。

在正文内容中如提到机关、组织、部门等，第一次出现时应当使用全称，如果后文中还会出现，可在第一次出现的名称后加括号注明下文使用何种简称，在下文中直接使用简称。

具体来说，公文中运用简称，应当注意以下一些问题。比如，公文简称应具备可接受性。也就是说，这个简称是已经被大家认可的、约定俗成的，而不是一拍脑袋随意形成的。如果是新创的或者使用不多的简称，自然做不到是大众熟知的，那就应该尽可能做到表意明确、清晰，不要含糊不清，力求避免生僻晦涩。

举个例子，根据相关材料的记载，在"文化大革命"时期，有一家机关简称为"三两办"，大家很难理解这个简称的实质含义。后来查询才知道，具体意指的是"两个阶级、两条道路、两种思想斗争办公室"。像这种令人难解其意的，尽可能不要用。

2.6 写作流程：拟稿→审核→核稿→发布→缮印→会签

前文中提到，公文的一大特点为程序性。公文从得到写作任务到发挥效用再到失效，整体上要经过公文拟制、公文办理和公文管理三大部分。公文拟制即对应写作流程，一篇公文在传送或发布给受文方之前所经过的全部步骤即可算进写作流程中。公文写作的流程一般为拟稿、审核、核稿、发布、缮印、会签。

1. 拟稿

拟稿就是从零开始作出一篇完整文章的过程。草拟中需要注意符合公文对于语言、格式的规范要求。内容方面，突出主题，如实反映现实及法律法规内容，如要提出政策、规定、方案等应切实可行；语言方面，结构安排合理，用词准确，语言简洁明了，既不重复累赘，也不缺失信息；格式方面，字体、字号、序号、数字、标点符号的使用严格依照《党政机关公文处理工作条例》《党政机关公文格式》的规范，机关名称、简称等使用规范。具体要求在前文已经进行了叙述，并列出了相关要求以供参照，在此不再赘述，下面具体讲讲关于写作的积累方面。

除了批复等属于被动地回复的公文，大部分公文的写作与其他的写作一样，第一步并不是由写出第一个字开始，而是始于积累素材、确定主题并构思文章。公文写作同样需要有一个长期积累的过程，对于格式规范、公文的语言风格做到心中有数，对于本单位相关的业务熟悉，日常工作中不断捕捉可以作为素材的内容并记录下来，时时关注着最新的政策，才可以在下笔的时候将所有元素运用自如，流畅地完成公文写作任务。

2. 审核

审核是指在将公文草稿送交机关领导审批签发前，对公文的内容进行全面的审查。根据《党政机关公文处理工作条例》的规定，负责审核的是发文机关办公厅（室）。《党政机关公文处理工作条例》中也对审核重点进行了阐述，审核的内容主要包括以下几个方面：主题是否明确，可以达成行文目的；政策性的内容是否准确；文字上是否有疏漏和错误；格式使用是否规范。

审核首先要从整体上进行把握，公文是应用之文，成文即具有目的性，审核人员须关注该篇公文是否能够实现该目的，是否围绕特定主题撰写，内容重点是否明确，是否包含全部重点且不添加无关内容。

对于指导思想和政策性的内容，首先应审查公文中内容是否与党和国家现行政策、方针、法律、法规相一致，还应注意与其他部门之间的任务不应产生冲突。审查也应当关注指导思想及政策性内容的时效性和准确性。形势是持续变化的，所依据的指导思想、主要工作任务等内容必须根据最新情况更新，此外一些政策性内容的提法也可能会发生改变。审核人员需要仔细对这些方面的内容进行审查，防止撰写人员由于信息更新不及时，写作中出现错误。

对于文字方面的审核，检查前后文逻辑是否正确、缜密，根据文种及行文方向的语气使用是否恰当，是否有过于夸大自满的情况，有无语病、表意不清、前后矛盾的情况，有无错别字、多字、漏字的出现，数字、序号、计量单位等是否出现错误，标点符号的使用是否准确、有无疏漏，最后仔细检查格式是否完全符合规范要求。

3. 核稿

核稿步骤紧承审核而来，在审核过程中如果发现有不适宜的内容、错误的使用等需要进行改正，审核人员就需要在相应位置进行批改。公文审核一般设置5个程序，如图2-5所示。

图 2-5　公文审核的 5 个程序

通常情况下，每一道流程都由相应的负责人或单位来负责。初核由草拟公文单位的负责人负责；校核由办公厅（室）秘书部门负责；审核由办公厅（室）负责公文处理的负责人进行处理；复审则由与公文内容所涉及的相关负责人和分管副秘书长（副主任）负责。此外，办公厅（室）主任负责对办公厅（室）的行文复审，政府秘书长负责对政府的行文复审；最后的审签则应该由具备签发权限的负责人来进行。

4. 发布

经过拟稿、审核和核稿三个步骤，公文已经形成定稿。定稿需要经过机关负责人进行审批、签字，准予印发。经过签发后的公文原则上即产生法定效力。

签发是机关负责人行使职权的一部分，是公文制发过程中的一个必经环节。机关负责人需要依据自己的职权范围对公文进行签发，只可以签发自身权限内的公文。签发之后即对公文内容负责，因此需要仔细审核公文的文种、内容、格式等，如有必要则进行修改及补充，确认无误后方可签发意见。签发意见应具体明确，如注明"同意印发"等词句。

公文经签发后，在进行后续的处理之前，程序上应对公文进行复核。复核应关注的重点是之前的审核与签发手续是否完备，附件等材料是否齐全，格式是否规范。如果经过复核发现确有问题需要进行修改，则改正后文件须重新经过审核环节。此外，复核无问题后即应确定发文字号、分送单位及印制份数等。

5. 缮印

公文的缮印是指对已经审核修正好的公文定稿进行印制的环节，制作后即形成规范的正式文件。缮印对于纸张及油墨均有相应要求，适用和耐久是基本要求。另外，缮印还应注意排版。

值得一提的是，对缮印后的正式文件仍须进行校对检查，确认质量无问题，印刷内容准确，与交付印刷的原稿一致。文件在经过用印，即加盖机关印章，才可以进行下一步。

6. 会签

会签是指当公文内容涉及其他部门的职能及业务的情况下，需要草拟公文的部门负责人与其他相关部门的负责人联合对公文进行签署。会签时审核的内容与单独签发时一致，只是多个部门可以联合对于公文内容给出意见。

公文拟制要严格按照流程进行，不可省略或者跳过任何一个环节，在每一个步骤中都需要进行认真处理，完成好后再进入下一个环节，尽量避免产生需要回到前面步骤，重新进行流程处理的情况。

2.7 流转制度：公文签发、封发等流转形式对公文写作的影响

公文流转是指主要包含发文办理、收文办理两大部分的过程，发文办理中包括写作流程。公文流转涉及的办公流程相当复杂，因此整体流转系统需要获得一

定的技术支撑才能得以运转，具体来说包括 4 个方面的技术，如图 2-6 所示。

图 2-6　公文流转系统涉及的技术

1. 身份验证技术

公文具备保密性、严肃性等特点，因此通过身份验证技术进而打造完备的用户权限体系，使得公文流转系统有与之相应的体系保障其安全性和保密性。当前公文流转系统所采取的身份验证技术能够保障的安全程度不同，开发和应用成本也因此存在差别，具体来说，包括简单用户密码匹配、物理地址识别、智能卡等硬件识别、生物识别等技术。

2. 数字签名与传输加密技术

政府公文流转过程中，数字签名技术与传输加密技术是能够保障公文内容保密性的重要举措。此外，数字签名技术还是识别用户身份、确认公文责任的有力保障，因此这两项技术是完善的公文流转系统的必备要素。以目前情况来看，有不少公文流转系统都已经应用了小型的 CA 数字签名认证系统。

3. 审批应用技术

公文处理过程中，审核后继续修改再获得批示的情况屡见不鲜。当下比较常见的审批技术是通过手写板批注公文内容，然后通过矢量图形的形式保存，接下来的处理则交由具体的文书人员负责。随着科技的发展，公文审批程序将会以引入新型的硬件设备等方式提升审批效率。

4. 痕迹跟踪技术

公文处理过程中，程序复杂，需要经手的部门很多，修改起来也反反复复。因此为了确保公文信息维持原意，并且明确各部门责任，应针对修改行为进行跟踪，形成附属公文的痕迹跟踪报表是必备举措，这就需要痕迹跟踪技术来实现。

第 2 章 行文规则：公文写作中的用词技巧与影响因素

公文在进行签发、缮印、用印并装订之后，会进行公文的封发，即对公文进行封装，然后发往受文机构及存档。封装可以在公文运送过程中对文件起到有效保护的作用，最终目的是将公文安全送达，方可顺利实施。

封发是指文件的封装，封装的具体步骤是首先将公文装入封袋，在封口处盖上单位专用的密封章或密封条，在封袋上写明受文单位的名称及地址等（名称要用全称或者通用的简称，字迹应工整可识别）。公文在经过封装后就不可再进行修改，因此封装前需要仔细核对文件的名称，清点文件的数量及页数，检查附件是否齐全等，全部核实无误才可以进行封装。

公文的签发和封发等特有的流转形式，对于公文的写作产生影响。签发要求签署人员对公文内容负责，机关负责人在签发时，会对公文进行仔细的审核，可能会提出修改意见，因此在经过草拟及审核核稿后，所形成的定稿也只是初步的。也就是说，公文在撰写者自己认为写作并修改完成了一篇文稿以后，还要在后续流程中进行修订及补充。公文的写作不是由一个人完成的，也不是由一个人对其内容负责的。而由于封发的流程，公文在经过此环节之后不能再进行任何更改，封装后的稿件即是要产生相应法定效力的文书，这就要求在之前环节的写作中必须将内容、语言、文字格式等全部检查清楚，经过审校等已确保其符合党和国家的法律法规，与主题相一致，内容真实，语气和口吻合宜，有可执行性，封装后即一锤定音，切勿因在前面流程中的工作没有做好，发文后很快又需要再次甚至多次对发文进行补充、调整、修改，造成朝令夕改的不良后果，使人质疑该机关单位的水平，影响机关部门的公信力，更深的影响可能会造成公文权威性的降低。

第 3 章

机关类公文：成为机关笔杆子的实用写作干货

机关类公文专指《党政机关公文处理工作条例》中规定的 15 种公文，本章将对它们各自的特点、写作技巧进行说明，以使读者把握好它们的特点，并对各文种写作中需要注意的地方做到心中有数。

3.1 贴合场景：机关使用场景对公文写作的6点突出要求

公务文书作为一种应用文，具有特定的使用场景，这个场景既特定又特殊。公文不仅仅是应用于一般工作场景，更加具体来说，是在各级党政机关、法定组织、企事业单位进行公务办理，对下级单位或公众进行法律约束、行政管理，上下级、同级之间相互沟通，向上级机关进行工作汇报、请示等情况下所使用的工具。由于机关和组织具有法定性，有其各自的职权范围，而且需要在自己的职权范围之内制发公文，公文内的法律法规、行政条例等均会切实影响到国计民生，以及相关单位的工作，在该场景使用的工具必须有一些特定要求。因此，本节将阐明公文特殊使用场景对公文写作的6点突出要求，如图3-1所示。

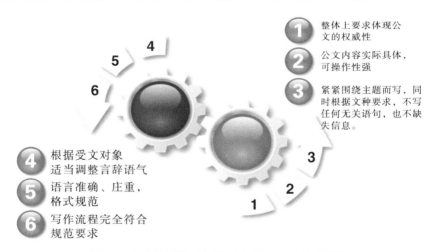

图 3-1 机关使用场景对公文写作的 6 点突出要求

1. 整体上要求体现公文的权威性

公文的权威性既是指公文对于相关受文方的指示性和约束力，也是指公文本身体现出使人信服和遵从的威信与力量。一方面，公文中除了权威性和指导性相对较弱的请示、上行和平行的意见和函，大部分都需要受文方进行贯彻执行，这就需要公文中的内容符合实际情况，具有现实实施价值，方法和行动等切实可行。因此，公文的写作需要在一定的调查研究或者实际工作经验的基础上，确保其中的工作要求具有可操作性，才可能被贯彻执行。否则可能使公文失去效用，或者需要再发公文进行修改，这样必然伤害公文的权威性；另一方面，公文要令人信服，须确保文章内部逻辑严密，因果、意义等分析合理，条理性强，用语显示出严肃认真。机关作出的公文的质量，也体现着机关的水平。机关发出的公文具有权威性，很好地发挥了效用，也对制发机关的权威性有正面影响，体现了该机关工作的表现。

2. 公文内容实际具体，可操作性强

公文内涉及的事项需要受文方知悉或是据此行动，内容应经过考察、调研，以及实际经验的总结，符合实际情况，确实可以解决当前所面临的问题。阐述清晰，言之有物，具体规范。公文的内容直接影响受文方的工作，而从长期和更广的范围来看，对于整个国家的行政管理及社会秩序都产生着影响。

例文：

国务院办公厅关于加强水上搜救工作的通知

国办函〔2019〕109号

各省、自治区、直辖市人民政府，国务院有关部门：

水上搜救是国家突发事件应急体系的重要组成部分，是我国履行国际公约的重要内容，对保障人民群众生命财产安全、保护海洋生态环境、服务国家发展战略、提升国际影响力具有重要作用。改革开放特别是党的十八大以来，我国充分发挥国家海上搜救体制机制优势，稳步推进水上搜救体系建设，管理运行制度化、队伍装备正规化、决策指挥科学化、理念视野国际化、内部管理窗口化建设均取得显著成效，水上搜救能力和水平有了长足进步。但与此同时，水上搜救工作仍存在责任落实不到位、法规标准不健全、保障能力不适应等突出问题，难以满足新时代经济社会发展需要和人民群众期盼。为加强水上搜救工作，经国务院同意，现将有关事项通知如下：

一、健全水上搜救体制。国家海上搜救机构要做好全国海上搜救和船舶污染应急工作的统一组织、协调，制定完善工作预案和规章制度，指导地方开展有关工作。地方各级人民政府要落实预防与应对水上突发事件的属地责任，建立健全水上搜救组织、协调、指挥和保障体系，水上搜救所需经费要纳入同级财政预算，确保水上搜救机构高效有序运行。

二、完善联席会议制度。国家海上搜救部际联席会议要统筹全国海上搜救和船舶污染应急反应工作,发挥好联席会议、联络员会议、紧急会商、联合演习、专家咨询等优势。交通运输部要发挥好国家海上搜救部际联席会议牵头单位作用,完善综合协调机制,加强督促指导。地方各级人民政府要根据本地区实际建立水上搜救联席会议制度,形成"政府领导、统一指挥、属地为主、专群结合、就近就便、快速高效"的工作格局。

三、注重内河水上搜救协同。地方各级人民政府要根据实际建立适应需求、科学部署的应急值守动态调整机制,区域联动、行业协同的联合协作机制,加快推进内河巡航救助一体化建设,加强公务船艇日常巡航,强化执法和救助功能。非水网地区属地政府要建设辖区水上救援力量,加强应急物资储备,强化协调联动,不断提升内陆湖泊、水库等水上搜救能力。

四、加强信息资源共享。国家海上搜救部际联席会议、地方各级水上搜救联席会议的成员单位,要充分利用交通运输、工业和信息化、自然资源、水利、应急管理、气象等部门资源,提升预测预防预警能力,切实履行好水上搜救反应、抢险救灾、支持保障、善后处置等职责。

五、完善水上搜救规划和预案体系。抓好国家水上交通安全监管和救助系统布局规划、国家重大海上溢油应急能力建设规划的落实。加强国家海上搜救应急预案和国家重大海上溢油应急处置预案的宣贯落实,及时更新配套预案和操作手册,定期组织应急演练。根据工作实际编制水上搜救能力建设专项规划,优化搜救基地布局和装备配置,推进水域救援、巡航救助、水上医学救援、航空救助等基地建设。

六、加强法规和标准体系建设。国家海上搜救部际联席会议要推动完善海上搜救相关法规规章,明确海上搜救工作责任,指导各级水上搜救机构制定和完善水上搜救值班值守、平台建设、搜救指挥、装备配备、险情处置等工作标准,形成全流程、全业务链的标准体系,实现水上搜救工作规范化、科学化。

七、注重装备研发配备和技术应用。加强深远海救助打捞关键技术及装备研发应用,提升深远海和夜航搜救能力。加强内陆湖泊、水库等水域救援和深水救捞装备建设,实现深潜装备轻型化远程投送,提升长江等内河应急搜救能力。推动人工智能、新一代信息技术、卫星通信等在水上搜救工作中的应用,实现"12395"水上遇险求救电话全覆盖。科学布局建设船舶溢油应急物资设备库并定期维护保养，加强日常演习演练，提升船舶污染和重大海上溢油的应急处置能力。

八、建设现代化水上搜救人才队伍。加强国家专业救助打捞队伍和国家海上搜救部际联席会议成员单位所属水上搜救、水域救援力量建设，开放共享训练条件，强化搜救培训教育。充分发挥商船、渔船、社会志愿者等社会力量的作用，鼓励引导社会搜救队伍和志愿者队伍有序发展。组建跨地区、跨部门、多专业的水上搜救专家队伍，建立相对稳定的应急专家库，为做好有关工作提供技术支撑。

九、加强水上搜救交流与合作。国家海上搜救机构要弘扬国际人道主义精神，按照有关国际公约认真履行国际搜救义务，加强国内外重大事故应急案例研究，积极参与国际救援行动，树立负责任大国形象。加强区域与国际交流合作，学习借鉴国际先进的理念、技术和经验，提高我国海上搜救履职能力和国际影响力。

十、推广普及水上搜救文化。牢固树立生命至上、安全第一的思想，组织开展形式多样、生动活泼的宣传教育活动，提升全社会水上安全意识。建立激励机制，加大先进人物、感人事迹宣传力度，提升从业人员社会认同感、职业自豪感和工作积极性，为做好水上搜救工作创造良好氛围。

国务院办公厅
2019 年 10 月 31 日

3. 紧紧围绕主题而写，同时根据文种要求，不写任何无关语句，也不缺失信息

公文写作需要围绕主要事项而写，不写无关内容，不写空话、套话。根据文种的规范要求及具体内容的需要，侧重点有所差异，如任免类决定，通常内容单一，只需将授予何人何职务或者免去何人何职务写清即可，一般不需要写明原因和任期等信息。但大多数文种中都需要写明发文原因、根据等背景信息。

4. 根据受文对象适当调整言辞语气

公文从行文方向上可分为上行文、下行文和平行文。有些文种有固定的行文方向，如公告、决议等是下行文，请示是上行文，而有些文种行文方向比较灵活，如函和意见。由于受发公文双方的关系不同，公文中的言辞语气应当略作调整。尤其是在写作行文方向灵活的文种时，需要根据受文对象，选择恰当的用语。但是需要注意公文中不可有客套话，不要对上级滥用敬语，在对平级和下级行文时应平等尊重，可以适度委婉，但不要过分谦卑。

5. 语言准确、庄重，格式规范

公文语言上规范的主要目的是不造成误解和歧义，同时保证公文的权威性和严肃庄重的特点。在公文中绝大部分情况要使用书面语，在一定情况下可以适当使用一些熟语和惯用语。在修辞的使用上要谨慎。程度副词的使用要准确，完全表现出实际情况，不可以进行夸大。意思表达应准确，不可以有模棱两可的表意。把握好词语的内涵与外延，准确选用。在标点符号使用和写作格式上也需要注意规范。

6. 写作流程完全符合规范要求

公文写作中应该严格遵循拟稿、审核、签发流程。拟稿后如果在审核环节被相关负责人发现有问题的地方及时拿回修改然后再审，到了签发环节如果机关负责人认为有需要修改的内容就拿回修改原稿再重新进入审核流程。严格按照流程写作是为了保证最终签发、缮印、用印、封装好送出的定稿完全准确无误，保证公文的权威性。

公文是为了一定的目的而作的，为行使职权，实施管理，请示意见，了解下情等具有实用性的文种。既然是实用工具，就不可滥用，视必要发文才可以制发公文，若是有其他简便沟通形式可以实现目的，又无须法定效力，不应随意发文。

》》 3.2 核心要素：机关名称、事由、文种 《《

同种类的公文，行文中会有一定的差别。公文内容由于文种不同，它的侧重点会相应产生差异。但公文的写作格式中都要包含机关名称、事由及文种，其中机关名称包括发文、受文双方的机关名称。公文中有了这三个核心要素，公文才可能真正实用起来，发挥其应有的效用。

无论属于何种公文，文内均须交代清楚发布该文的机关名称，该公文的主送机关及抄送机关名称，这样可以使人在阅读公文之后清楚了解发布者为何机关，以及哪些单位在该公文发挥效用的影响范围内，从而根据公文采取行动。公文内容相关的事项必须是在发文、受文机关职权范围之内，以及双方有能力可以进行处理的，写清楚相关方可以使人对于公文内事宜是否在机关的职权范围之内一目了然，在公文流转、公文办理阶段也有助于提升行事效率。

对于写作中具体的名称使用，《党政机关公文处理工作条例》中作出了相关规定，署名应为发文机关全称或者规范化简称，主送机关及抄送机关均应使用机关全称、规范化简称或者同类型机关统称。此外，在发文字号中需要使用机关代字，机关代字一般不超过三个字。各机关单位及部门都有其规定的简称，公文写作中不可按照撰写者自己想法理所当然地进行简化处理，避免因名称混乱造成对相关单位的错误认定而延误公务活动或者错误地办理了一些事项。

事由包括该公文所为何事，发出该公文的原因、依据、目的等，受文方应该要有什么认识、应该采取什么行动，使用的方法及操作步骤等。具体的事由内容根据文种及具体事项的不同，在写作中应该包含的内容会有一定差异。事由部分具体应该写什么、怎样写，这些问题都会在以下章节中随各文种进行详细阐明。

实用性是公文的一项基本属性，交代清楚相关事项是公文写作之中必须要做到的。不发挥相关效用的公文是不存在的，在公文中写明为何要做、做什么和怎样做，才能使相关机关单位及人员在进行行政、管理等公务活动中切实落实，贯彻执行。

文种是一篇公文的最核心的点，公文的写作首先需要确定文种，并根据文种具有的特点和写作要求来完成。不同文种有各自的应用范围，根据《党政机关公文处理工作条例》中的规定，决议适用于会议讨论通过的重大决策事项；决定适用于对重要事项作出决策和部署、奖惩有关单位和人员、变更或者撤销下级机关不适当的决定事项；命令适用于公布行政法规和规章、宣布施行重大强制性措施、批准授予和晋升衔级、嘉奖有关单位和人员；公报适用于公布重要决定或者重大事项；公告适用于向国内外宣布重要事项或者法定事项；通告适用于在一定范围内公布应当遵守或者周知的事项；意见适用于对重要问题提出见解和处理办法；通知适用于发布、传达要求下级机关执行和有关单位周知或者执行的事项，批转、转发公文；通报适用于表彰先进、批评错误、传达重要精神和告知重要情况；报告适用于向上级机关汇报工作、反映情况，回复上级机关的询问；请示适用于向上级机关请求指示、批准；批复适用于答复下级机关请示事项；议案适用于各级人民政府按照法律程序向同级人民代表大会或者人民代表大会常务委员会提请审议事项；函适用于不相隶属机关之间商洽工作、询问和答复问题、请求批准和答复审批事项；纪要适用于记载会议主要情况和议定事项。有必要进行制发公文的机关首先需要判断为了达成目的需要使用何种文种，确定文种之后才能着手具体写作。

确定文种并按照文种要求而写作，也可以使受文方在接到公文后便一目了然该公文的主要目的，办理及管理的过程中可以适当分类，并交由具有相应职责与职权的人进行处理，提升办公效率，避免因公文处理流程混乱，导致公文没有及时到达负责相应工作的人手中而推迟办理，甚至于没有为公文找到归属而彻底延误。

总体而言，机关名称、事由、文种是公文内必不可少的核心成分，公文最规范也十分常用的标题格式也是由发文机关名称、事由和文种构成的，这样可以便于相关方了解公文是关于何事。标题下发文字号之后就要从左起不空格写明受文机关，除了一些需要广泛告知的公文外，由于其没有特定的受文方，所以这部分可以省略。

3.3　命令：命令公文的标准格式与6种常见应用类型

命令适用于公布行政法规和规章、宣布施行重大强制性措施、批准授予和晋升衔级、嘉奖有关单位和人员，是一种典型的下行文。

命令主要包含标题、发文字号/编号、正文、发文机关署名及成文时间五部分，如有附件，则在最后附上。命令公文标题结构通常是"发文机关名称+事由+文种"，标题下标注发文字号。根据《党政机关公文处理工作条例》的规定，发文字号由发文机关代字、年份、发文顺序号组成，比如国令、国发、国函。联合行文时，使用主办机关的发文字号。后面就是正文部分，最后署名与发文时间，如有附件，则放在最后。

标题在现实的使用中通常会出现好几种情况，标题的不同影响发文字号的形式。第一种标题是"机关名称+事由+文种"，如"国务院关于授予和晋升李贻衡等68名同志人民警察警衔的命令"，此情况下标注发文字号，如"国函〔1997〕23号"。第二种是标题仅由"机关名称+文种"组成，如"中华人民共和国国务院令",此时后面标注的是编号,如"第 719 号"。还有第三种,标题用命令编号,如"中国人民银行令〔2018〕第 1 号"。

常见的命令有 6 种,如图 3-2 所示。不同类型的命令,格式规范是类似的,只正文部分包含的内容有所差异。

图 3-2　常见的 6 种命令

1. 公布令

对于发布命令的权限规定需要参照《中华人民共和国宪法》及《中华人民共和国立法法》(最新版为 2015 年修订版),主体为国家主席、国务院及其工作部门、各级人民政府,用于发布法律法规、行政规章,有很强的支配性和强制力,要求全体公民及相关机关、单位、人员遵照执行。正文部分中,需要明确所公布的法律和行政法规的名称及其产生法律效力的法定程序、生效日期,最后须附上所发布的法律与规章全文。

2. 嘉奖令

嘉奖令是领导机关或领导人针对某团体或个人的优秀事迹予以嘉奖而发布的命令,正文内容主要包括先进事迹、嘉奖内容及号召。

先进事迹一般都是正文中放在前面的内容,主要讲述受嘉奖者的功绩,力求简洁且清晰,有力证明受嘉奖者确实值得嘉奖。而嘉奖内容则是说明对于这样的功绩,将会予以什么样的奖励,包括称号、晋级、物质奖励等。号召的内容表达发布命令者对相关部门、人员的期望,学习受嘉奖者的某种精神或者其他优秀品质,但绝不能是空喊口号。

最后写明嘉奖目的,嘉奖目的与正文要相呼应,要充分发挥号召力。

在对嘉奖令的写作有一定认知后,接下来通过太康县人民政府在 2019 年 4

月26日发布的嘉奖令，进行学习与参考。

<h1 style="text-align:center">嘉奖令</h1>

各乡镇人民政府，县政府各部门：

2018年，县消防救援大队以习近平新时代中国特色社会主义思想和党的十九大精神为指导，紧紧围绕县委、县政府决策部署，积极应对新时代消防安全挑战，不断健全完善消防责任体系，持续推动社会消防管理创新，坚持聚焦风险抓防范、紧盯短板强基础、瞄准实战谋打赢，全力提升社会火灾防控水平，圆满完成各项灭火和抢险救援任务，有效保持了全县消防安全形势的持续平稳，我县连续四年被市政府、市防火安全委员会评为消防工作先进单位，县消防救援大队为促进全县平安建设做出了突出贡献。为鼓励先进，促进工作，经县政府研究，决定给予县消防救援大队通令嘉奖。

希望县消防救援大队珍惜荣誉、戒骄戒躁、再接再厉、再创佳绩。全县各单位要认真学习先进，以县消防救援大队为榜样，进一步振奋精神，开拓进取，真抓实干，为全县平安建设和社会稳定做出新的更大贡献。

2019年4月26日

3. 任免令

任免令在任命或免除政府官员职务时使用。任免令内容比较简单，正文部分包括任免具体内容及任免依据，相关职务及人员姓名均须使用全称。任免令通常文字简短，无须说明任期等其他情况。

4. 动员令

动员令起到号召相关人员行动起来的作用，在这6种常用命令中，支配性和强制力相对没有那么强，发出动员令更主要的目的是激发士气，对于心理上的作用需求大于行动上。动员令的发布权限比较广泛，普通的企事业单位也可以根据工作需要对员工进行动员。格式规范上相对宽松一些，内容可以根据实际需要完成，要求并不严格，可以包括需要相关人员完成的任务、完成该任务的目的及意义、动员的原因、提出对相关人员的行为要求、分析优势、增强取得什么样的信心和决心等。下面以《哈尔滨市人民政府2020年度征兵工作动员令》为例，进行借鉴与学习。

哈尔滨市人民政府 2020 年度征兵工作动员令

根据国务院、中央军委相关规定，为圆满完成 2020 年征兵任务，特发此令。

一、凡符合《中华人民共和国宪法》《中华人民共和国兵役法》《征兵工作条例》和国务院、中央军委征兵命令规定服兵役条件的哈尔滨市公民和辖区高校学生，要踊跃报名应征，自觉履行法律赋予公民的义务。

二、各区县（市）、各有关部门要充分认识新时代征兵工作的重要性，认真履行法律赋予的重要职责，切实加强领导、主动作为、严密组织、规范程序，努力为部队选送优质兵员。

三、辖区各级各类院校要大力宣扬大学生士兵在军营建功的典型事例，鼓励应届毕业生和在校大学生积极报名应征，努力为部队输送高质量兵员。

四、社会各界要服从国家安全发展大局，正确处理经济建设与国防建设、局部利益与国家利益的关系，积极支持、推荐优秀青年报名应征，确保圆满顺利完成今年征兵任务。

国家的安全发展离不开强大的国防保障。习主席指出"我们的军队是人民军队，我们的国防是全民国防"。广大适龄青年要积极响应伟大号召，投身军营，建功立业，为实现中华民族伟大复兴贡献青春力量！

市长　孙喆

2020 年 1 月 14 日

5. 特赦令

以行政手段对某一范围内的罪犯免除部分或全部刑罚。特赦的权力交由国家元首或者最高国家权力机关，特赦令由国家主席发布。

特赦令的正文内容主要包括特赦在何时间范围内被判决服刑的罪犯、列明要被特赦的罪犯应当符合的条件、可以补充说明符合特赦条件但出于其他特定条件而不适合特赦的特例、特赦生效日期等。

6. 通缉令

通缉令是公安机关面向全国依法通缉罪该逮捕而在逃的或者被拘留、逮捕后脱逃的犯罪嫌疑人，以及从监狱中逃跑的罪犯而制的一种令，具有法律强制力。当前通缉令分为 A、B 两个等级，A 级适用于公安部重点通缉的在逃人员，B 级则为公安部应各省级公安机关的请求而发布的命令。

通缉令为两联填空式文书，分正页和存根两部分。正页包含标题、发文字号等，正文中一般须附上被通缉人照片或画像、指纹（如有），描述简要案情和被通缉犯罪嫌疑人的基本情况、身份证号、社会关系、体貌特征、携带物品等，还须写明工作要求和注意事项。最后署名、发布时间，并加盖发布机关公章。存根是在制作正页后，由签发单位留存的。

3.4 议案：上行报送特点与案据、方案、结语突出方法

议案是用于各级人民政府按照法律程序向同级人民代表大会或者人民代表大会常务委员会提请审议事项的一类公务文书。议案有三个要素，即议案的主体、议案的内容、提出议案的时间。另外，议案可以分为立法性议案、重大事项的决策性议案、任免性议案、建议性议案。

1. 议案的特点

议案的特点如图3-3所示。

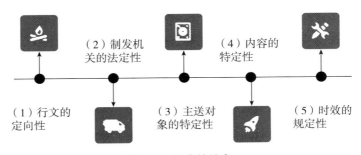

图3-3 议案的特点

1）行文的定向性

议案是一种上行文，行文方向固定。

2）制发机关的法定性

上行文如议案、报告、请示等通常都具有行文定向、受文对象特定等特点，而议案对于议案的主体及主送对象有着十分严格的限制，只有具备法定权力的机关才可以制发议案。

国家相关的法律、法规、行政规章明确规定了有权提出议案的主体。《中华人民共和国全国人民代表大会组织法》第九条规定:"全国人民代表大会主席团,全国人民代表大会常务委员会,全国人民代表大会各专门委员会,国务院,中央军事委员会,最高人民法院,最高人民检察院,可以向全国人民代表大会提出属于全国人民代表大会职权范围内的议案。"第十条规定:"一个代表团或者三十名以上的代表,可以向全国人民代表大会提出属于全国人民代表大会职权范围内的议案,由主席团决定是否列入大会议程,或者先交有关的专门委员会审议,提出是否列入大会议程的意见,再决定是否列入大会议程。"

《中华人民共和国地方各级人民代表大会和地方各级人民政府组织法》(2015年最新修订)第十八条规定:"地方各级人民代表大会举行会议的时候,主席团、常务委员会、各专门委员会、本级人民政府,可以向本级人民代表大会提出属于本级人民代表大会职权范围内的议案,由主席团决定提交人民代表大会会议审议,或者并交有关的专门委员会审议、提出报告,再由主席团审议决定提交大会表决。县级以上的地方各级人民代表大会代表十人以上联名,乡、民族乡、镇的人民代表大会代表五人以上联名,可以向本级人民代表大会提出属于本级人民代表大会职权范围内的议案,由主席团决定是否列入大会议程,或者先交有关的专门委员会审议,提出是否列入大会议程的意见,再由主席团决定是否列入大会议程。"

除了以上列明的具有提交议案权力的主体,其他各行政机关、组织、政府职能部门等无权提交议案。

3)主送对象的特定性

除了制发机关有范围限制,议案提交的主送机关也只可以有一个,即同级的人民代表大会及其常务委员会。主送对象的特定性也是议案的一大鲜明特点。

4)内容的特定性

议案的内容必须属于提交对象职权范围内的有关事项,这也是有明确规定的,属于议案的一大特点。

5)时效的规定性

议案的时效性也有明确规定。人大代表会议决定代表提交大会议案的截止时间,议案的提交必须在规定的截止日期前提出,否则不能列为议案,一般会将其改作"建议"处理,或者移交下次人大会议再行处理。议案也必须按照流程及时处理，提交人民代表大会后，对议案进行限期审议表决或提出处理意见。

2. 议案的写作格式

规范的议案格式一般包括六大部分，即文头、议案正文、处理意见、附注、附页、提议案人。标题由提出议案机关、事由、文种组成，事由即为向人大及其常委会提请审议事项的内容。

1）标题

议案的标题包括发文机关、事由、文种三部分内容，如"国务院关于提请审议兴建长江三峡工程的议案"。

2）主送机关

议案只有一个主送机关，即同级的人民代表大会及其常务委员会。

3）正文

议案的正文部分通常由提请审议说明（缘由、目的、意义、形成过程等）、提请审议事项（事项议案）和审议请求组成。

4）落款

落款中需要发文机关的署名及发文时间。

需要注意的是，议案的署名与其他类的公文有所不同，一般的公文署机关名称，而议案的署名应由政府行政首长签署，如国务院所提交议案由总理签署，各省、市、自治区提交的议案应由省长、市长或自治区主席签署。另有一点不同是，议案无须加盖机关公章。下面以《国务院关于提请审议兴建长江三峡工程的议案》为例，进行学习与参考。

国务院关于提请审议兴建长江三峡工程的议案

长江是我国第一大河，流域面积占全国总面积的19%，养育着全国1/3的人口，工农业总产值约占全国的40%，在我国国民经济发展中占有重要地位。长江中下游的洪水灾害历来频繁而严重。新中国建立以来，国家在长江流域进行了大规模的防洪建设，对保障中下游地区的经济建设和人民生命财产安全，发挥了很大作用。但由于多方面的原因，长江资源还没有很好开发利用，水患尚未根治，上游洪水来量大与中下游河道特别是荆江段过洪能力小的矛盾，依然十分突出，两岸地面高程又普遍低于洪水位，一旦发生特大洪水，堤防漫溃，将直接威胁荆江两岸江汉平原和洞庭湖区的1500万人口和2300万亩良田，人民群众的生命财产和一批重要的大中城市、工矿企业和交通设施,将会遭受巨大损失,严重影响国民经济全局。这是我们国家的心腹大患。

如何解决长江的防洪问题,更好地开发长江资源,中共中央和国务院一直很重视,社会各界也十分关注。经过几十年来的治理实践和对各种意见、方案的反复研究和论证,解决长江中下游的防洪问题,必须采取综合治理措施。兴建三峡工程是综合治理的一项关键性措施。三峡工程兴建后,可将荆江河段防洪标准由目前的十年一遇提高到百年一遇;配合其他措施,可以防止荆江河段发生毁灭性灾害;还可减轻洪水对武汉地区及下游的威胁。同时,三峡工程还有发电、航运、灌溉、供水和发展库区经济等巨大的综合经济效益和社会效益。三峡工程建成后年发电量840亿千瓦·时,占目前我国年发电总量的1/8,可为华东、华中和川东地区的经济发展提供重要的能源;可以大大提高川江航道通过能力,万吨级船队有半年时间可直达重庆,为发展西南地区的经济和繁荣长江航运事业创造条件;三峡工程还有利于长江中下游城镇的供水,有利于南水北调。总之,三峡工程的兴建,对加快我国现代化建设进程,提高综合国力,具有重要意义。

国务院对兴建三峡工程历来采取既积极又慎重的方针。近40年来,有关部门和大批科技人员对三峡工程做了大量的勘测、科研、设计和试验工作。特别是1984年以来,社会各界提出了许多新的建议和意见。一些同志本着对国家、人民和子孙后代高度负责的精神,对库区百万移民的安置、生态与环境的保护、上游泥沙的淤积、巨额投资的筹措和回收等疑难问题,从不同角度提出各自的意见,这些意见对于开拓思路,增进论证深度,完善实施方案,起到了十分有益的作用。

经过多年的研究、论证和审查,三峡工程坝址选在湖北省宜昌市三斗坪镇。工程的拦河大坝全长1983米,坝顶高程185米,最大坝高175米。水库正常蓄水位175米,总库容393亿立方米。水电站总装机容量1768万千瓦。工程静态总投资570亿元(1990年价格)。主体工程建设工期预计15年。工程建设第九年,即可发电受益,预计在工程建成后不太长的时间里,即能偿还全部建设资金。国务院三峡工程审查委员会对可行性研究报告进行了认真审查,认为三峡工程建设是必要的,技术上是可行的,经济上是合理的,随着经济的发展,国力是可以负担的。

三峡工程规模空前,技术复杂,投资多,周期长,特别是移民难度很大。对于已经发现的问题要继续研究,妥善解决,对今后可能出现的各种困难和问题,要有足够的思想准备。要谨慎从事,认真对待,使工程建设更加稳妥可靠,努力把这项造福当代、荫及子孙的事情办好。

国务院常务会议经过认真讨论,同意建设三峡工程。建议将兴建三峡工程列入国民经济和社会发展十年规划,由国务院根据国民经济的实际情况和国家财力物力的可能,选择适当时机组织实施。

请审议。

国务院总理　李鹏
1992 年 3 月 16 日

在介绍了议案的显著特点及其基本写作结构后,将对议案案据、方案、结语等结构上就具体写作技巧方面进行分析。

重点突出、简明内容是对议案写作的整体要求,议案正文中的各部分自然也要遵循这样的写作要求。一个议案首先应交代清楚案由和案据。案由是提出该议案的原因,包括提出该议案的必要性和重要性,案据是叙述提出该议案的理论和事实根据的部分,由此论述该议案的合理性与可行性等。案由和案据部分的篇幅需要根据议案内容而定,若要提出一个具有新意、涉及面较广、时间及成本耗费较多、产生影响较大的议案,案由、案据需要相当充分,该部分占据的篇幅就会相应较长。有关重大决策的议案,最终是否能够通过,很大程度上取决于对这一部分中提供的理由、分析的可行性、能够起到的积极意义等是否进行了合理、清晰的分析与阐明,使当前确定存在的问题可以得到解决,所提议的方案理据充足,可以很好地解决问题或者产生积极影响、意义重大,具有可行性,才能够打动报送对象同意/批准该议案。

在案据的写作中使其重点突出,可以提升对报送对象的说服力。突出案据的方法可以通过注重写作的逻辑性实现,结构上将案据依照当前的问题及其严重性、议案实施后的作用及意义、议案中方案的可行性等进行依次说明,逻辑的顺畅合理有利于提高方案的说服力。此外,在叙述中可以适当利用一些数字和数据进行论述,以便更加直观地说明问题,增强可信性。

议案中提出的问题的解决方案也是十分重要的一部分,方案的写作应具体可行,便于理解和实施。如果在行动或者步骤比较多的情况下,建议有条理地逐条列明，以便于审议人员进行评估，也便于议案如果通过之后，将来的实施相关方据此采取行动。

此外，议案中的内容必须一案一事，一份议案只写清一个问题及其解决办法，不可将几个问题及其对应的解决方案混在一起，导致重点不清，同时会加大受文方审议时的难度。

议案的结语通常比较简短，如"请审议决定""现提请全国人民代表大会常务委员会审议、批准"，最主要的作用就是提示主要内容已叙述完毕，礼貌地提示报送对象在接收该公文后应作出行动。由于议案属于上行文，而且议案的实际效用就是受文方对其进行审议并决定通过与否，一句简短的结语可以达成目的，意义足够突出。

3.5 纪要：会议纪要与会议记录的根本区别

纪要，顾名思义就是记录要点，是用于记载会议主要情况和议定事项的一类公务文书，一般包括会议概况及会议的精神和议定事项，是一种下行文。

1. 纪要的特点

纪要的特点如图 3-4 所示。

图 3-4 纪要的特点

1）纪实性

纪要的内容必须如实反映会议中传达的精神和议定事项等，不可任意增添或者删减内容，也不可进行主题深化和思想拔高。

2）概括性

纪要需要使用概括性的语言将会议主要内容和议定事项进行简要记录，反映会议精神和决定，留存并传达有价值的、重要的内容即可。

3）条理性

由于纪要中通常包含较多写作内容，一般都需要利用各级小标题厘清结构层次，以使公文内容条理清晰。

4）主语的特殊性

纪要需要使用"会议"作为主语，给出的看法和作出的决定等都使用"会议指出""会议表明""会议决定"等写法，这一特点需要注意。

2. 纪要的写作格式

纪要主要由标题、主送机关、正文、落款四部分构成，在此重点介绍标题和正文两个方面。

1）标题

纪要的标题通常有两种构成方式。

①会议名称＋文种（即纪要）。

②机关名称＋事由＋文种。标题下方为发文字号，再下面左下方署机关名称，右下方为成文日期。格式如下。

××××××××××××××××会议纪要
×××〔20××〕×号（第 N 期）

××市××区人民政府办公室　　　　　　　　　　××年×月×日

在此之下有一条类似页眉的文武线，下面即进入正文部分，正文还可以有一个副标题。例如，纪要标题为"中国人民政治协商会议平湖市委员会会议纪要"，正文副标题为"市政协十三届四十二次主席会议纪要"。

2）正文

正文内容首先需要对会议基本情况作一个简要介绍，包括时间、地点、举办方、参与人员、主持人、会议主要议题等。后文中再对会议中的主要内容、议定事项等进行叙述。由于纪要需要记录会议全程的情况、主要议题及议定事项等，通常篇幅较长，为了增强条理性，在结构上可以使用层级的小标题，将会议中全部内容合理地分成几大部分，并在每部分中再根据实际内容适当划分层次。这样可以使得纪要的内容条理清晰、可读性强，并减少一些功能性的过渡语句。会议如果有很多一般的列席人员，可以在正文的最后列明。

此外，结尾需要列明主送单位及抄送单位，落款部分通常需要署机关名称及日期。

3. 纪要的常见写法

会议中的主要内容及议定事项部分有三种常见的写法，如图 3-5 所示。

图 3-5　纪要的常见写法

1）集中概述法

整体地将会议讨论研究的主要问题、思想认识和议定的有关事项用概括叙述的方法进行阐述。一般适用于议题较单一的小型会议，如果议题较多，可以将不同议题逐项进行整体概述。

2）分项叙述法

在会议内容较多的情况下，把会议的主要内容分成几部分，标上序号或小标题，然后再分项阐述。这种写法使内容相对全面，可以包括对现状、问题、解决方法及其意义等的详细分析。

3）发言提要法

将会议上有代表性的、重要的发言进行整理，提炼要点，总结思想性内容，再按照一定的规则排列，如发言顺序或主题顺序，分别进行阐述。这种写法应根据实际需要应用，如果需要了解参加会议人员不同意见则可采用。

在纪要写作中需要注意的是，纪要需要如实地反映会议内容，写作者不可以在纪要写作中进行信息的补齐、背景内容的添加、主题意义的深化、思想的拔高等发挥。

在实际的公文写作中，需要注意会议纪要与会议记录的区别。会议记录，是对会议的组织情况及会议内容进行记录的一种文书。会议纪要与会议记录有着本质的区别，会议纪要属于行政公文的一种，一般为下行文，而会议记录则属于一种事务文书。会议纪要应随着会议进行记录会议中得出的主要结论，由于公文的特性均需要向某对象行文并发挥效用，事后需要整理形成规范的公务文书，并向有关方面进行传达与分发。而会议记录是会议进行中即对会议中的发言、讨论等进行相应记录，目的仅是作为留存，以供日后有需要的时候备查，会议记录不需要进行公布，因此也无须在会后形成文件，进行整理也只是为了将会议中由于速记造成有些地方过于简略、记录模糊的叙述清楚。大体上会议记录是在会议结束时随之完成，而会议纪要则需要在会后整理形成规范公文后才完成。以上是会议纪要和会议记录最重要的区别。下面对二者写作中面临的一些具体方面的不同进行分析。

1）使用范围不同

由于公文有要求视必要发公文才可使用，如果有其他简单办法可以实现目的不应该滥用制发公文的权力，因此会议纪要通常在比较重要的会议或者大型会议、有重要议定事项及讨论成果等需要传达时才会使用，不会有会议即制发纪要。而会议记录则作为一种资料保存以备日后查阅，可以看作一项日常记录，适用范围十分广泛，可以说有会议即可以进行会议记录。

2）格式不同

纪要的格式需要严格遵守公文的规范要求，会议记录的格式则不需要遵守公文的规范，对于字体、字号、序号等细节没有严格的统一规定，只要按照格式将需要记录的内容包括即可。

3）写法不同

在会议召开基本情况的简要介绍上，会议纪要记载日期、地点、举办方、会议主题、主持人、参加人员等信息。会议记录需要详细记载会议名称、时间、地点、参加人员、缺席人员、早退人员、列席人员、主持人、记录人等。

在主要内容上，纪要按照公文的格式写作，使用精练的语言将会议中的主要议题、决定事项等如实地反映出来，虽然需要全面客观，但无须事无巨细地将会议流程中的每件事、每句话都写进公文中，决议的事项才是重点。而会议记录则是对会议全程的如实记录，在会议进行中对议程及发言逐项而记即可。

4）称谓不同

会议纪要的写作主要采用第三人称写法。在表述中需要使用"会议指出""会议听取""会议讨论通过""会议认为""会议决定"等提法，由于是记载会议中所做的事项、讨论的议题和取得的一致结论，是集体努力的成果，任何相关的表述都要体现集体意志，应使用"会议"作为主语，不应出现其他主语。而会议记录由于是对会议全程进行不加筛选地如实记录，是谁进行了什么发言、做了什么工作就可以在会议记录中直接反映出来，主语是根据事实而定，如果是重要会议尽量记录原话，一般会议可选择重要关键词进行简略。

5）作用不同

会议纪要是公文的一种，还是一种下行文，是要起到对下级的通报和工作指导作用的，向其传达会议精神和议定结果。而会议记录不是一种要发挥效用的公文，它可以不发挥作用，只是记录并进行资料留存，有需要的时候可供查阅。

3.6 公告：题材的重大性对公告撰写时的要求

公告主要是针对向国内外宣布重要事项或者法定事项予以描述的公文，公告适用于向国内外宣布重要事项或法定事项，发布范围比较广泛。公告具有庄重性、广泛性和周知性等基本属性，由此衍生出公告的一些特点。

1. 公告的特点

1）题材的重大性

公告具有庄重性，一般是在发布重要信息时才会选择使用公告这一文种，可以使用公告来进行发布的内容一般包括两方面：一是向国内外宣布重要事项，公布有关国家领导人的行动、任免等情况，公布依据政策、法令采取的重大行动，公布经济、外交、教育等重大事项等；二是向国内外宣布法定事项，即公布依据法律规定可以告知国内外的重要规定和重大行动等。此外，使用公告进行公开的内容必须是能够向国内外公开的，需要考虑公开后在国内及国际上可能产生的政治影响。

2）发布主体的限制性

由于公告的庄重性和题材的重大性，只有国家高级权力机关、行政机关，各省、市、自治区、直辖市行政领导机关，以及部分法定机关才具有发布公告的权力，一般的地方行政机关、企事业单位、法定组织、社会团体等不能发布公告。公告的制发主体是被限制在一定范围内的。

3）告知的广泛性

公告属于使一般受众广泛周知的公文，不针对特定对象进行分发与传达，而是进行普遍性公开的，包括通过新闻媒体的途径进行发布，告知的范围相当广泛。

2. 公告的格式

公告的写作格式比较简单，通常包括标题、正文、落款三部分。

1）标题

公告的标题一般有三种形式。

①发文机关名称＋事项＋文种："×××关于×××的公告"。

②发文机关名称＋文种："×××的公告"。

③只写出文种"公告"，但在此情况下文末一定要清楚进行署名。此种形式由于信息交代不够明确，一般较为少用。

2）正文

公告的正文部分一般应包括缘由、事项和结语三部分。

①缘由。是在公文正文开头简要介绍发布该公文的原因、目的、依据等，根据发布内容的不同选择合适的内容。可以使用"为……，根据……，现就/将……公布如下"的句式，其中"为"引导的短句和"根据"引导的短句如果不适用可以不同时出现。

②事项。是公告中最重要的部分，撰写者需要阐述清楚要发布的具体事宜。由于公告中的内容通常对于相关人员的行动具有指导作用，写作中须明确且有条理地表述清楚每一步的行动，方便有关人员理解及执行。在内容较少的情况下，可以采用贯通式的结构，阐述清楚即可。如果事项较多、内容较长，则最好采用序号或小标题等，分项将要说明的问题解释清楚，做到层次分明，条理清晰。

③结语。公告一般使用惯用的规范语言作结，如"特此公告"。也可以不写。

3）落款

正文后需要发文机关进行署名及标记成文日期。机关名称在标题中已表明的情况下也可以不署名，日期也可以在标题下方、正文之前注明。另外，值得一提的是，落款之后如果有附件等其他资料可附上。

3. 公告的分类

公告从内容上分类，可分为重要事项公告和法定事项公告两种，如图3-6

所示。

图 3-6　公告的分类

1）重要事项公告

这类公告主要是指宣布国家的政治、经济、科技、教育、人事、军事、外交等各方面重要事项的公文，如《国务院关税税则委员会关于对原产于美国约 160 亿美元进口商品加征关税的公告》《关于发布〈排污许可证申请与核发技术规范 汽车制造业〉国家环境保护标准的公告》《最高人民法院关于贺小荣为中华人民共和国大法官的公告》等。

2）法定事项公告

这类公告是指按照国家相关的法律和法规，对一些重要事情和主要环节向公众进行公布时所发出的公文，如《关于调整专利收费减缴条件和商标注册收费标准的公告》《中央机关及其直属机构 2020 年度考试录用公务员公告》《关于建筑师执业资格注册管理有关事项的公告》等。

在此需要提及另一种"专业性公告"，这类公告通常是指具有专业性质或者向特定对象进行发布的公告。写作者要注意分辨专业性公告并不属于狭义上的公文，不可与重要事项公告与法定事项公告并列作为公告分类下的一种。

4. 题材的重大性对于公告的撰写要求

公告是用于向国内外发布有关国家的重要及法定事项，具有比较大的国内、国际影响力，以及非常明显的强制力，因此公告在《党政机关公文处理工作条例》所规定的15种公文之中是相对具备严肃性的一类文种，这也对公告的写作产生一定要求。

1）格式上

公文格式必须严格遵循相应的规范要求，公告的格式又比较简单，因此在格式上不会有更多要求，只需要依照格式规范即可。

2）内容上

法定事项公告在正文的缘由部分需要写明依据的法律法规及其他相关的规定、管理办法等，使其更具说服力和可信性。前文中已经对可以使用公告发布的内容进行了详细的说明，对于具体写作的要求，核心是要以体现公文内容的权威性为目的。

①条理清晰。发布的每一条信息均须有事实或者理论依据，不可出现一些撰写者想当然的内容。

②文从字顺，语言明晰，易于理解。有关方面可以根据公告中写明的事项采取行动，可操作性强。

3）语言风格上

公告的文风必须庄重严谨，采用叙述、说明的表达方式，严格使用书面语，除成语之外的熟语不可使用，不应当具有情感色彩，一般不使用修辞手法。

3.7 通告：一定范围内周知性公文如何写清缘由与事项

通告用于在一定范围内公布应当遵守或者周知的事项。通告也是进行公布以达到广泛知晓目的的一种周知性公文，不针对特定行文对象进行专门的公文的分发及传达。通告的应用范围十分广泛，各级机关、企事业单位、法定组织等均可使用，发布的内容涉及面也非常广泛，当然所通知的内容须在该发布主体的职权范围之内。

1. 通告的特点

1）内容的业务性

通告的内容多涉及具体的业务活动或者工作，如水电、金融、公安等主管业务部门工作的办理、要求等会进行通告，因此具有业务性特点。

2）行文对象的范围

如同在业务性中所提到的，通告通常由职能部门发布与业务活动有关的内容。由于业务工作的开展通常有一定的地域范围，所以通告是进行区域性发布，行文对象实质上是针对局部地区内的社会成员。

3）行为的规范性

通告中的内容通常提出一些活动的行为准则或者具体行为的约束限制，且具有行政约束力甚至法律效力，相关组织或者人员需要进行遵照执行，因此通告具有对某人某种行为进行规范的特点。

2. 通告的写作格式

通告的规范格式主要包括标题、正文、落款三部分，一般无须写主送机关。通告格式与公告有很多相似之处。

1）标题

通告的标题有以下四种形式。

①发文机关＋事由＋文种："×××关于×××的通告"。

②发文机关＋文种："×××的通告"。

③事由＋文种："关于×××的通告"。

④仅文种，即由"通告"二字组成。"如遇特别紧急情况，可在通告前加上'紧急'二字。这种通告只在组织内部张贴，供内部人员阅读、知晓"。

2）正文

通告的正文一般由缘由、通告事项和结语三部分组成。

①缘由。是在正文开头部分简要介绍通告的原因、目的、依据等。这一部分可以使用"为……，根据……，特通告如下"的句式。

②通告事项。是需要告知受文对象的重点内容，包括具体事项或者规定及执行办法。关于缘由和通告事项的具体写作技巧将在下文中进行详细阐述。

③结语。通告一般以惯用的语言，"特此通告"作结，在一定情况下也可以不写。

3）落款

落款在正文部分之后，由发文机关署名和日期构成。如果在通告标题中已经清楚写明了发文的机关名称，且在标题之下写明了发文日期，则可以没有落款。

3. 通告的分类

按照用途分类，通告可分为周知性（事务性）通告和规定性（制约性）通告两类。

1）周知性（事务性）通告

在一定范围内公布需要周知或者需要办理的事项，各政府机关、企事业单位、社会团体等组织均可使用。

2）规定性（制约性）通告

用于公布应当遵守的事项，只限行政机关使用。

4. 通告突出（写清）缘由和事项的写作技巧

通告内的缘由和事项是公文内最重要的，几乎占据全部篇幅。通告等周知性公文，一大特点是受文对象非特定，传达方式不是利用专门渠道将封装好的公文分发给受文方，而是通过张贴或者各种媒体渠道进行公开发布。因此，若要使得该种公文内的缘由和事项表述清晰，并能被受文对象充分理解继而实施正确行动，一项基本要求是公文语言应当通俗而又不失庄重。

通告具有业务性，通常包含的事项内容与广大群众日常生活、工作息息相关，也不像公告中的内容是对国内外有一定影响力的重大事项，因此在保证公文的严肃性和权威性的情况下采用通俗易懂的语言是有利于通告发挥效用的。

此外，针对通告的受文对象相对于公告的普遍周知具有一定的限制，为一定范围内的社会成员。据此，通告的撰写者应该对于该公文的受文对象的共性特点，如社会地位、文化水平、活动等做到心中有数，语言、口吻等进行适当调整，使受文对象从心理上更加易于接受，也更加容易理解内容并明白如何行动，有助于公文更好地发挥效用。

缘由中需要写清楚发布该通告的原因，期望达到的目的，要求受文对象依照实施的依据等。为了简明地对这些内容进行表述，可以使用"为……，根据……，特通告如下"此类句式。具体的内容根据实际情况进行添加，"特通告如下"也可根据实际语句的表述情况换成"现就……（事项主题）相关事项通告如下"等语句。

例如，在最高人民法院、最高人民检察院、公安部、司法部发布的《关于敦促涉黑涉恶在逃人员投案自首的通告》中，缘由部分是这样写的：

为贯彻落实宽严相济刑事政策，依法惩处犯罪行为，维护社会安定，保护人民群众生命财产安全，同时给涉黑涉恶在逃犯罪嫌疑人、被告人（以下统称"在逃人员"）改过自新、争取宽大处理的机会，根据《中华人民共和国刑法》《中华人民共和国刑事诉讼法》的有关规定，特通告如下：

利用此句式，可以有条理地将原因、目的及依据阐明并且连接在一起，语言简洁，使人一读便可了解到应知的信息。

在通告中，事项是最核心的内容，这一部分清楚指出现今发布的最新事项及规定，明确交代给受文对象其应该作出的相应行动。想要写清楚这一部分，写作中需要注意以下3点，如图3-7所示。

图 3-7　通告写作注意事项

1）突出重点

内容应当条理清晰，层次分明，重点突出。在事项较少、内容比较单一的情况下，可以采用贯通式写法；在事项内容比较复杂的情况下，应当采取分条列项的方法进行写作，使用序号或者小标题先将内容分成几大部分，再进一步分别具体阐述详细内容。

2）准确把握方针政策

写作者首先应对指导性的方针政策准确理解，正确把握其在通告事项中的使用，熟悉事项相关的各种具体情况，这样才可能使通告中的内容符合政策和法律法规，对相关方面的行动作出正确指导。

3）语言准确，指示清晰

因对受文对象应该做到和不允许做的行为有指导性，在写作中必须表意清晰，使其可据此采取准确行动，不可言语模糊使相关人员产生误解或者不明确具体操作。

3.8 通知：6类广泛知照性公文的写作方法

通知在《党政机关公文处理工作条例》中规定为"发布、传达要求下级机关执行和有关单位周知或者执行的事项，批转、转发公文"的一类文种。通知在实际应用中适用范围极为广泛，上至国家级的党政机关，下至基层的机关部门、企事业单位等都可以发布通知，在所有公文种类中最为常用，发文数量也很大。通知大多数情况下属于下行文，上级机关用于对下级机关布置需要周知或者执行的事项、任免干部、决定具体问题，此外平行机关之间有时也可以用通知。

1. 通知的特点

1）用途多样性

通知可用于多种情况，以实现多种目的。比如布置工作、告知事项、决定具体问题、任免干部等，用途十分多样。

2）主体广泛性

通知的发布主体限制也较少，各级党政机关、职能部门、企事业单位等均可发布通知。

3）受文对象特定性

通知一般有特定的受文对象，通知中应有标明的主送机关。

4）简约性

通知使用的限制不高，有事即可发，因此在大多数情况下内容单一、行文简便，这也是通知的一大特点。

2. 通知的格式

通知由标题、主送机关、正文、落款四部分构成。

1）标题

通知的标题一般有两种写法。

①发文机关＋事由＋文种："×××关于×××的通知"。

由于用途不同而产生的不同类别的通知，在不同情况下，有各自更为具体的规范要求。

②事由＋文种："关于×××的通知"。

2）主送机关

通知一般有特定的受文对象，因此通知中应明确各主送机关。在实际应用中经常出现主送机关较多的情况，写作中需要注意这些机关名称的排列顺序，机关的级别等不同，排序应当遵守一定的规范性。

例如：

国务院《关于印发实施更大规模减税降费后调整中央与地方收入划分改革推进方案的通知》中对于各主送机关的排列：各省、自治区、直辖市人民政府，国务院各部委、各直属机构；

财政部《关于进一步加大授权力度 促进科技成果转化的通知》中对于各主送机关的排列：党中央有关部门，国务院各部委、各直属机构，全国人大常委会办公厅，全国政协办公厅，最高人民法院，最高人民检察院，各民主党派中央，有关人民团体，有关中央管理企业，各省、自治区、直辖市、计划单列市财政厅（局），新疆生产建设兵团财政局。

3）正文

正文主要包括通知缘由、通知事项、执行要求。通知一般可以不写结语，但有些情况下会出现如"本通知自印发之日起施行"等语句作结的情况，这与该通知的功能类别有关。

4）落款

通知的落款部分由发文机关名称和发文日期构成。

3. 通知的分类

通知根据适用范围的不同，一般可分为6类，如图3-8所示。

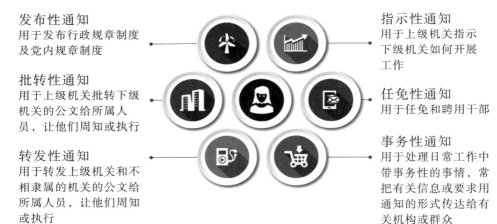

图 3-8　6 类通知

①发布性通知，用于发布行政规章制度及党内规章制度。

②批转性通知，用于上级机关批转下级机关的公文给所属人员，让他们周知或执行。

③转发性通知，用于转发上级机关和不相隶属的机关的公文给所属人员，让他们周知或执行。

④指示性通知，用于上级机关指示下级机关如何开展工作。

⑤任免性通知，用于任免和聘用干部。

⑥事务性通知，用于处理日常工作中带事务性的事情，常把有关信息或要求用通知的形式传达给有关机构或群众。

4. 6 类通知的写作方法

1）发布性通知

这类通知是用于发布规章制度、意见、办法等文书的，一般有两种写法：一是直接写明引发文件全称、发布依据、发布方式、实施时间和执行要求等。在原文件中注明实施时间的情况下通知中可省略。此写法通常用于印发本机关制定的规章制度；二是简述印发通知的缘由或目的，以及根据，之后写清文件全称和发布方式，并提出执行要求。在通知内容十分重要时可对此进行强调，并写明贯彻执行的具体要求。这种写法常用于印发实施方案和调查方案等。

关于印发《知识产权相关会计信息披露规定》的通知

财会〔2018〕30号

国务院有关部委、有关直属机构，各省、自治区、直辖市、计划单列市财政厅（局）、知识产权局，新疆生产建设兵团财政局、知识产权局，财政部驻各省、自治区、直辖市、计划单列市财政监察专员办事处，有关中央管理企业：

为加强企业知识产权管理，规范企业知识产权相关会计信息披露，根据相关企业会计准则，我们制定了《知识产权相关会计信息披露规定》，现予印发，请遵照执行。

附件：知识产权相关会计信息披露规定

财政部 国家知识产权局

2018年11月5日

（附件下载链接）

2）批转性通知和转发性通知

这两类通知都是将其他公文内容传递给相关人员让其周知或执行的，批转性通知由于是上级对下级的"批准、转发"，相较于转发性通知对于上级公文和不相隶属机关的公文进行转发，具有更强的指示性和指导性，二者写作过程中有以下两点需要注意。

在标题上，所转发公文的名称需要在通知的标题中出现，但是不一定要使用书名号。批转和转发文件的公文，所转发的文件内容要在标题中出现，但不一定使用书名号。例如，"上海市人民政府关于批转市住房城乡建设管理委等五部门制定的《关于保障性住房房源管理的若干规定》的通知"中对于原文件使用了书名号，而"国务院批转国家发展改革委关于2017年深化经济体制改革重点工作意见的通知"中则未对原文件使用书名号。

在内容上，批转性通知一般用"×××（发文机关）同意××××××（原文件名称），现转发给你们，请认真贯彻执行"，而转发性通知用"现将××××××（原文件名称）转发你们，请认真贯彻执行"，一两句即可完成。仅在有需要对主送机关要做的工作进行补充说明的情况下，在以上基本语句的后面加上其他要阐述的内容。

批转性通知范例（原文件内容省略）：

国务院关于批转财政部权责发生制政府综合财务报告制度改革方案的通知
国发〔2014〕63 号

各省、自治区、直辖市人民政府，国务院各部委、各直属机构：

国务院同意财政部《权责发生制政府综合财务报告制度改革方案》，现转发给你们，请认真贯彻执行。

国务院

2014 年 12 月 12 日

转发性通知范例（原文件内容省略）：

国务院办公厅转发住房城乡建设部关于完善质量保障体系提升建筑工程品质指导意见的通知
国办函〔2019〕92 号

各省、自治区、直辖市人民政府，国务院有关部门：

住房城乡建设部《关于完善质量保障体系提升建筑工程品质的指导意见》已经国务院同意，现转发给你们，请认真贯彻落实。

国务院办公厅

2019 年 9 月 15 日

3）指示性通知

这类通知属于篇幅较长、正文内容较多的一种，是 6 类通知中内容最多的一类。它需要写清楚通知的原因、依据、目的，以及具体的应办事项等，从而对下级进行有效指示或指导，使其可以贯彻落实。一般来说，指示性通知写法上需要注意以下三点。

①开篇写明通知的缘由、根据、目的和意义。写作方法可以使用根据式、目的式、概述式等。

②在事项部分中要将应知及应办事项分条列项地写清楚，条理清晰，讲清要求、措施、步骤办法、注意事项等。

③在结尾需要提出贯彻执行要求，惯用语有"请遵照执行""请认真贯彻执行"等，并以此作结。有些通知没有结语，也是可以的。

指示性通知范例：

关于第二届中国国际进口博览会展期内销售的进口展品税收优惠政策的通知
财关税〔2019〕36号

上海市财政局、上海海关、国家税务总局上海市税务局、中国国际进口博览局、国家会展中心（上海）有限责任公司：

为支持第二届中国国际进口博览会（以下简称进口博览会）顺利举办，现将第二届进口博览会展期内销售的进口展品税收优惠政策通知如下：

一、对2019年11月5日至2019年11月10日期间举办的第二届进口博览会展期内销售的合理数量的进口展品（不包括国家禁止进口商品、濒危动植物及其产品、国家规定不予减免税的20种商品和汽车）免征进口关税，进口环节增值税、消费税按应纳税额的70%征收。

二、附件所列参展企业享受上述税收优惠政策的销售限额不超过列表额度。其他参展企业享受税收优惠政策的销售限额不超过2万美元，具体企业名单由进口博览会承办单位中国国际进口博览局、国家会展中心（上海）有限责任公司确定。

三、超出享受税收优惠政策的销售限额又不退运出境的展品，按照国家有关规定照章征税。

附件：第二届中国国际进口博览会享受税收优惠政策的展品清单

财政部 海关总署 税务总局
2019年11月4日

（附件下载链接）

4）任免性通知

任免性通知的目的是便于上下联系进而开展工作，一般来说内容简洁，包括任免的时间、机关、会议或依据文件，以及任免人员的具体职务。

任免性通知范例：

关于邹小莉等同志任免职的通知

各县（市、区）党委，新蒲新区、南部新区党工委，市委各部委，市级国家机关各部门党组（党委），军分区党委，各人民团体党组，市属企事业单位党委（党组）：

经市委常委会议2017年8月31日讨论决定：

邹小莉同志任中共遵义市红花岗区委委员、常委、副书记，不再担任遵义市旅游发展委员会党组成员职务；

陈灿同志任中共遵义市红花岗区委常委；

孟杆同志不再担任遵义市供销合作社联合社机关党委书记、党组成员职务。

中共遵义市委
2017年8月31日

5）事务性通知

事务性通知内容需要把有关信息或者要求用通知的形式传达给有关机构或者群众，一般包括标题、主送机关、正文、落款和成文日期等内容。

事务性通知范例：

马鞍山市人民政府关于明确涉税政府规章规范性文件实施主体的通知

各县、区人民政府，市政府各部门、直属机构，有关单位：

为贯彻落实《国务院关于国务院机构改革涉及行政法规规定的行政机关职责调整问题的决定》（国发〔2018〕17号）及《安徽省人民政府关于明确涉税政府规章规范性文件实施主体的通知》（皖政秘〔2018〕105号）精神，平稳有序推进马鞍山市税务机构改革，确保改革后税务机构合法性、执法统一性，现将马鞍山市涉税政府规章、规范性文件的实施主体明确如下：

马鞍山市人民政府及所属单位制发的涉税政府规章、规范性文件尚未修改或者废止之前，涉及国税、地税机关的职责和工作，由国家税务总局马鞍山市税务局及所属税务机构承担。

马鞍山市人民政府
2018年7月5日

3.9 通报：通报写作中怎样突出所传达精神或情况的典型性

通报适用于表彰先进、批评错误、传达重要精神和告知重要情况。通报属于一种下行文，适用范围很广，各级党政机关组织及企事业单位都可以使用。通报是对已有事实情况进行详述及分析等，通告则是告知要去做什么事、如何做，可以简单记为"事前通知，事后通报"。

1. 通报的特点

1）告知性

通报是将当前工作中的实际情况告知所属下级单位，互通消息，方便相关单位安排好自己的工作。通报还可用于使下级单位汲取经验，或是记取教训。因此通报具有很强的告知性。

2）教育性

承接通报告知性的特点，对于实际工作中经验教训与好坏典型事例的通报，不仅仅起到让受文机关知晓的作用，相关单位要从中吸收有用经验更好地开展工作，记取教训来警惕并预防工作中出现类似的错误，这些对于下级机关都有指导和教育意义，因此通报具有教育性。

3）典型性

选择通报此种文体，一般是使用典型事例、实践经验等让相关单位吸取经验教训，向先进典型学习，用反面典型警诫自己，通报中的内容是具有典型性的事例。

4）政策性

通报的政策性相对其他的公文文种要更强一些，通报具有对受文方的教育意义，通报中的处理方式既直接关系当前工作中的事件和问题的处理，又牵涉未来其他机关、部门对类似事件和问题的处理，具有后续影响效应，因此通报尤其需要把握好政策性，准确体悟好方针政策，通报中应充分体现出政策依据。

5）及时性

该文种需要对当前工作中的实际问题和情况进行及时通报，不是对日常情况的一般性总结，涉及的事例与事实应是新近的。

2. 通报的写作格式

通报由标题、主送机关、正文和落款四部分构成,而且张贴的通报可省发文字号。

1)标题

通报的标题一般有两种格式。

①发文机关+事由+文种:"×××关于×××的通报"。

②事由+文种:"关于×××的通报"。

此外,有的通报的标题是"机关单位名称+文种",如《中共××市纪律检查委员会通报》,又或者是只有文种名称,但都非常少见。

2)主送机关

通报通常有主送机关,有些情况下进行广泛周知性通报,可以不写受文机关。

3)正文

通报的正文结构通常由引言、事实部分、分析及处理方式、号召或者要求四方面构成。

①引言。是在文章开始简要介绍通报的背景、内容、性质、作用和要求等。引言部分不是一定要包括在通报中,写作中可以根据实际情况灵活掌握。

②事实部分。详细叙述事件及事实,要求客观反映事实,先进经验或错误事实的经过,背景、时间、地点、相关人物、有关数据等如有涉及都应该用精练准确的语言阐述清楚。如果内容较多,可以采用小标题结构,逐条将事实列明并叙述清楚。

③分析及处理方式。对于文中的事件进行深入及准确的分析,对于事件的本质和原因进行挖掘和阐述,并适当进行中肯的评价,还需要写明对正面典型要给予怎样的表扬及奖励,以及对负面典型要进行怎样的处理。受文方可以据此准确把握文中事件应该得到的经验或者教训,以及学习对此类事件的处理方法。

④号召或者要求。这一部分收束全文,对于受文方提出行为要求,号召学习先进典型或者对于错误事例引以为戒,可以叙述相关人员应该如何去做。

4)落款

落款应注明发文机关名称及发文日期。如果发文机关名称在标题中已出现,日期已在标题下注明,则落款也可以省略。

3. 通报的分类

通报的分类如图 3-9 所示。

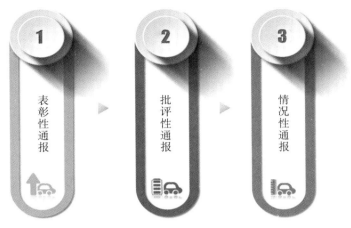

图 3-9　通报的分类

1）表彰性通报

用于表彰先进的集体或者个人来树立典型，或者介绍先进经验，号召大家对于先进典型和经验进行学习的通报。

表彰性通报范例：

柳州市人民政府办公室关于对 2018 年培育工业企业上规入统工作成绩突出县区予以表扬的通报

各县、区人民政府，市直机关各有关委、办、局，柳东新区、北部生态新区（阳和工业新区）管委会，各有关单位：

2018 年以来，在市委、市政府的正确领导下，全市工业战线积极应对经济下行压力，采取有效措施，推动我市培育工业企业上规入统工作实现新突破，得到自治区政府通报表扬，为全市工业经济稳增长作出了突出贡献。

为表扬先进，进一步激发培育工业企业上规入统工作的积极性，经市人民政府同意，对 2018 年培育工业企业上规入统工作成绩突出的鹿寨县、鱼峰区、柳南区、柳东新区给予通报表扬。希望受到表扬的县区珍惜荣誉、发扬成绩、再接再厉，不断取得新的更好成绩。各县区要学习先进，总结经验，真抓实干，扎实做好 2019 年工业企业上规入统培育工作，为推进柳州市工业高质量发展、建设现代制造城,推动全市工业经济平稳发展作出新的更大贡献。

柳州市人民政府办公室
2019 年 2 月 22 日

2)批评性通报

用于对反面典型或者事故进行通报,要求相关机关、人员引起重视,记取教训,并引以为戒,明确应该做什么和不应该做什么。

批评性通报范例:

关于对桂林智谷东方外国语学校 2018 年违规招生行为的通报

各县(区)教育局,市直属各学校(含民办):

鉴于桂林智谷东方外国语学校(以下简称东方外国语学校)未能落实办学场地问题,桂林市教育局党组会议研究决定,暂缓东方外国语学校 2018 年招收小学一年级和初中一年级新生,并于 6 月 11 日、8 月 22 日分别通过《2018 年暂缓招生告知书》和《关于对桂林智谷东方外国语学校申请增补 2018 年秋季学期招生的回复》将上述决定两次告知该校。

2018 年秋季学期开学前一周,我局接到部分家长反映,东方外国语学校在教育行政部门未下达招生计划的情况下,以向学生家长收取"定位费"的形式擅自预招收了小学一年级和初中一年级新生各 89 人,共计 178 人。对此,我局高度重视,立即约谈东方外国语学校举办者和校长,并成立工作组进驻学校,要求校方立即采取措施,于开学前将上述违规预招收的学生妥善分流安置到其他具备招生资质的公、民办学校,做好对相关家长的解释和政策宣传工作,避免群体性事件的发生,确保我市 2018 年秋季学期开学工作顺利进行。在市领导的高度关注和我局工作组的督促、协调下,东方外国语学校经过连续一周的工作,在秋季学期开学前将 178 名违规预招收的学生分流安置到了相关学校就读。

东方外国语学校的违规招生行为,严重违反了教育部"十项严禁"纪律,扰乱了我市正常的招生秩序和学籍管理工作,侵害了学生、家长合法权益,给我市教育形象带来了严重的负面影响。根据《教育部办公厅关于做好2018年普通中小学招生入学工作的通知》(教基厅〔2018〕5号)和《关于印发〈广西壮族自治区义务教育学籍管理实施办法〉的通知》(桂教规范〔2013〕2号)精神,经研究,决定对桂林

第3章 机关类公文：成为机关笔杆子的实用写作干货

智谷东方外国语学校违规招生行为给予通报批评，责成桂林智谷东方外国语学校于本通报下发后3日内作出深刻的书面检查，并承诺杜绝此类事件再次发生。

希望全市各中小学引以为戒，严格执行招生计划，自觉维护招生计划的严肃性和权威性，进一步规范办学行为，共同维护我市教育的良好形象。

桂林市教育局
2018年10月10日

政府信息公开选项：主动公开

桂林市教育局办公室2018年10月12日印发

3）情况性通报

有重点和针对性地传达当前工作中的情况，进行信息交流，侧重于情况的叙述，使受文方了解工作进展并做好自己的工作安排。此类通报除了知照作用，还具有沟通作用。对于一般情况的通报，可以不写具体的行为要求。

情况性通报范例：

关于全县小城镇环境卫生综合整治第五次督查情况的通报

各镇（街道）党（工）委、人民政府（办事处）：

为推动建立小城镇环境综合整治长效管理机制，巩固提升整治成果，7月份，县小城镇整治办分2个巡查暗访组，按《嘉兴市小城镇环境卫生综合整治督查考核指标及评分细则》《2019年海盐县小城镇环境综合整治巡查考核办法》要求，对通过省级考核验收的11个小城镇进行了2019年第五次暗访督查测评，并对问题整改情况进行复查。现将有关情况通报如下：

一、基本情况

本次暗访督查主要以《2019年海盐县小城镇环境综合整治巡查考核办法》的考核指标及评分办法为标准，对通过省级考核验收的11个小城镇建成区范围内的"三面八乱"环境卫生等十二大类问题进行督查。

二、综合评价

综合此次检查情况，7月份各镇（街道）小城镇环境综合整治巡查考核得分排名前三位的是沈荡、澉浦、秦山，得分排名后三位的是横港、武原、通元。

三、存在的问题

1. 环境卫生和城镇秩序出现反弹。检查过程中发现个别小城镇现场管理人员少,存在乱晾晒、乱拉线、乱停车、乱堆物、越店经营、路面保洁不到位等问题。

2. 重要点位问题较多。此次检查中发现部分重要点位问题较多,如农贸市场周围、人行道上乱停车现象比较多;农贸市场内保洁不到位、物品摆放不整洁;商铺越店经营、乱堆放现象也时有发生;小区乱堆放、乱拉线问题比较严重,以及垃圾桶摆放不规范。

3. 绿化养护不到位。检查中发现各小城镇普遍存在绿化修剪不及时,有死株现象;个别小区缺乏管理,杂草丛生。

四、下一步工作要求

1. 进一步强化城镇秩序和卫生管理。各主体要进一步加强城镇秩序和卫生管理,充实街面、农贸市场等重要点位的管理力量,对车乱停、摊乱摆、物乱堆和农贸市场周围秩序乱等问题进行集中整改。

2. 进一步加强重要点位的环境整治力度。各主体要加强公厕、农贸市场、背街小巷等重要点位的环境卫生秩序长效管理,严格执行"网格包干责任制""场所长制"和"片区长制",充分落实管理人员职责,通过购买服务方式增加管理力量,提高管理标准,维护重要点位环境卫生秩序。

3. 进一步落实长效管理机制。各主体要认真贯彻执行嘉兴市"1+4"长效机制建设的指导意见,进一步强化对城镇风貌、环境卫生、街面序化、强弱电管线建设的管理,做到严格落实,同时充分发挥群众自治作用,共同治理美丽家园。

海盐县小城镇环境综合整治行动领导小组办公室
2019 年 8 月 23 日

4. 突出材料的典型性

在对通报的特点进行介绍时,笔者已经提及通报中的事例应当具有典型性。事件中所传达的精神和情况的典型性在通报这一文种的写作中应当尤其引起重视,这也是相比其他文种在写作中更需要注意的。通报由于内容不同写作技巧上会有所区别,下面将按内容不同对通报中如何突出精神或者情况的典型性分别进行介绍。

在表彰先进典型时，首先要保证通报的事实和涉及的材料真实无误，作出的分析和评论需中肯，实事求是，用语准确，不可为了达到突出典型、引起重视的目的而夸大事实，这样反而会使得事件的可信性和说服力降低，影响号召受文方进行学习的效果。此外，在分析事实、说明如何进行表彰，以及号召有关方面进行学习的部分可以着重来写，这样可以显示出该做法或者该人物确实受到推崇，引起相关学习人员重视。

在对负面事例进行写作时，想要突出重点，需要利用充分的依据来做支撑，以突出批评的合理性，总结经验教训，明确正确的做法。工作中的错误一般都是发生在违反或是没有严格执行党和国家的有关规定和政策，违背工作守则等的情况下，因此在详述事实情况的过程中应当指明国家指导性的方针政策是怎样的，相关工作具体的有关要求和规定是怎样的，而实际中批评对象如何没有依据指导思想、怎样没有严格按照规定来执行，适当的时候可以运用数据做论据。

整体而言，为了突出先进经验或者负面典型，通报只可以单方面写通报对象做得好或不好的内容，并且也应针对当次事件，无须结合以往工作中的表现进行评价。在对优秀做法和先进经验进行表彰号召大家进行学习的通报中，只可以针对相关典型的好的做法进行详述，其他的问题及需要提高的部分不应在通报中提及。相反地，在对工作中的错误和教训进行通报时，不应该提及相关方也有一些做得好的方面，只需讲明此次事件中的错误。这样其实也属于一种"一文一事"的写作，即通报中仅包含当次的事件中需要表彰或者批评的内容，从而突出重点。

3.10 报告：双向沟通性、场景属性对撰写报告的影响

报告是一种陈述性公文，主要用于向上级部门汇报相关工作、反映相关情况或者回复上级部门的询问，属于上行文。一般来说，报告不需要获得批复，但是上级部门可借此对下级部门的相关情况进行了解和掌握，并且针对问题适当提供支持和指导。

1. 报告的特点

1）单向性

报告是用于下级机关向上级机关汇报工作情况，目的是让上级了解下级在工作开展中的具体情况，一般无须回复，属于单向行文。

2）沟通性

报告是单向的上行文，但其却是上级了解下级工作情况的重要渠道，上级从报告中发现一些问题，便可以报告作为依据，适当时候对下级工作进行协调或者予以指导，因此报告也筑起了上下级沟通的桥梁。

3）陈述性

由于报告的内容是向上级汇报做了哪些工作，如何做或者完成的，整个工作过程中有怎样的体会，获得了什么经验，发生了怎样的问题又是如何解决的，以及对今后工作的打算等，报告的语言陈述性强，直叙其事，没有什么语气。

4）事后性

报告的成文时间多数是在工作已有一定进展或是已经完成后，这样汇报才有一定意义，因此报告具有在事后或者事中行文的特点。

2. 报告的写作格式

报告通常由标题、主送机关、正文、落款四部分构成。

1）标题

报告的标题一般由两种方式构成。

①发文机关＋事由＋文种："×××关于×××的报告"。

②事由＋文种："关于×××的报告"。

2）主送机关

报告有特定的主送机关，只有一个本机关的直接上级机关。

3）正文

报告的正文部分通常包括报告缘由、报告事项和结语三部分内容。

①报告缘由。开篇先简要说明发文缘由、目的和依据等，交代为什么要制发报告，一般会使用"报告如下"等短语引起下文。

②报告事项。是报告中的核心内容，写作中需要详细叙述具体工作情况、取得的成果、获得的经验、存在的问题及相应的解决办法和改进措施，以及今后工作的打算等。报告这一文种没有一文一事的限制，可以在一文中报告多种事项。

在陈述中应当突出重点，条理清晰。在内容比较多的情况下，需要用分条列项的方式将内容划分层次，以使整篇公文内容表述清晰，易于理解。

需要注意的是，报告中切忌夹带请示事项，报告内容多还是少，都不可以写工作中难以自行决定或者处理的事项借此机会向上级请示。

③结语。在报告结尾通常有习惯用语作结，如"特此报告""以上报告，请审阅"。前文提到报告不可夹带请示事项，结语部分也不应该出现"以上报告请批示""妥否，请批示"之类的字眼。

4）落款

落款包括发文机关和发文时间，必要时可加盖公章。

3. 报告的分类

报告的分类如图 3-10 所示。

图 3-10　报告的分类

1）汇报性报告

汇报性报告适用于下级机关向上级机关汇报工作、反映情况。汇报性报告还可分为综合报告和专题报告两类。

①综合报告。是指工作进行到一定阶段，将工作的全面情况向上级汇报所写的报告。综合报告的特点是内容全面、概括性强，语言精练，将工作的进展情况、结果、问题、经验或教训，以及对今后的希望等简明叙述出来，无须写明详细的工作过程。

②专题报告。是指针对某项工作或者某个问题向上级所写的汇报性报告。专题报告具有内容专一和针对性强的特点，针对一件事项，在对结果的报告之外，可以阐述事件原委，分析事件性质，关于成绩的做法经验等。

2）答复性报告

答复性报告是指根据上级提出的问题或要求进行答复，或者汇报执行上级机关的指示、意见的结果的报告。内容只包含答复或是执行结果，不再加入与此无关的其他情况。写法比较自由，可以先写依据后答复，也可以边写依据边答复。

3）呈报性报告

呈报性报告，即下级向上级报送文件、物件随文呈报的方式，通常是通过一两句话将相关目的等讲清楚。

4）例行工作报告

用于下级机关因工作需要定期向上级汇报工作情况，如财务报告等。

4. 双向沟通性、场景属性对撰写报告的影响

报告虽然不需要获得批复，但上级机关可借此了解下情，掌握下级部门的工作情况，及时了解遇到的问题，适当提供支持和指导，报告因此具有双向沟通性。报告的使用场景是机关单位上下级之间下级针对工作情况向上级行文。这两点对于报告写作会产生一定的影响。

工作中上下级沟通的场景，不像其他周知性的公文受文对象比较广泛，只报送给直属上级让其了解工作情况，并可以据此进行工作协调和指导，该种公文的权威性主要体现在现实情况的真实性方面，对于上行文属性而言，指导性不适用。上级无须对报告进行答复，报告中也不可夹带请示事项，受文对象在接收公文后没有需要采取的行动和执行的事项。在报告中发文方可以表达一些自己的分析和看法，总结工作中得到的经验教训，对于未来的工作提出计划和希望等，从内容上就可以体现出交流和沟通的意味。

报告写作中在进行观点的表达时，也应当以陈述为主。必须表意明确，不可言语含糊，态度不明。也不要讲空话、套话，作出的工作打算应符合现实，具有可行性。用语准确，语言简练明晰。

3.11 批复：审批事项批复、审批法规批复与阐述政策批复

批复是指通过明确简洁的语言针对下级所请事项予以明确答复的下行文，

在某些层面上与请示相对应。批复内容应该和请示内容相关,不得提出无关话题,同时态度不可模棱两可。针对上级机关所作出的批复,下级机关必须认真贯彻执行。

先有请示,后有批复,有请必复。此外,一份批复针对一份请示,不可一份批复用来答复多份请示。需要注意的是,在答复不相隶属的机关部门时不可以使用批复,只能用函。

1. 批复的特点

批复的特点如图 3-11 所示。

图 3-11　批复的特点

1)被动性

批复是用于答复下级请示事项而作的公文,必须先有报送的请示公文,才能使用批复来回复,因而该文种的写作具有被动性。

2)权威性

批复内容对于下级的请示事项是结论性意见,对于下级的约束力很强,下级必须严格贯彻执行,因此批复具有很强的权威性。

3)针对性

先有下级的请示,才有上级的批复,因而批复的受文对象具有针对性,即报送请示的下级机关。此外,批复的内容只包含对于请示事项的态度和指示,不可以提及其他无关事项。批复的受文对象和内容都具有针对性。

4)指示性

批复需要明确指示给下级机关上级的态度,同意或者不同意,再说明下级机关在执行中应使用的方法和采取的行动等各种应注意的事项。因此,批复的指示性鲜明，明确指示及指导下级机关，不会态度含糊或者指示不清。

2. 批复的写作格式

批复一般由标题、主送机关、正文、落款四部分构成。

1）标题

批复的标题主要有三种格式。

①机关名称+事由+文种："×××关于×××的批复"。例如，国务院关于长三角生态绿色一体化发展示范区总体方案的批复。

②机关名称+表态词+事由+文种："×××关于同意×××的批复"。例如，国务院关于同意新设6个自由贸易试验区的批复。

③事由+文种："关于×××的批复"。

2）主送机关

批复是有针对性的，因此批复一般只有报送请示的下级这一个主送机关。如果批复的内容涉及其他机关，应以抄送形式送达。

需要注意的是，批复不可越级行文，如果对于下级的请示内容无法处理，需要再向上一级进行请示，上一级的批复只可将转送的机关作为主送机关，而不可向最初请示该事项的原单位直接传送批复。

3）正文

批复的正文通常包括批复引语、批复意见、批复要求、结语四部分。

①批复引语。开头需要先指明批复所依据的来文，一般会引用来文的标题和发文字号。这部分通常会采用以下的句式："你们《标题》（发文字号）收悉。现批复如下。"但也有批复不直接引用标题和发文字号，而是会将请示事项进行简要转述，如"你们关于新设有关自由贸易试验区的请示收悉。现批复如下""你省关于申报蔚县为国家历史文化名城的请示收悉。现批复如下"。绝大多数情况都会使用"现批复如下"引出下文。

②批复意见。这一部分是批复的主体部分，首先应该对所请示的事项给出明确答复或者指示。态度一般包括"同意""部分同意""不同意"。表明态度以后，应该写清相应的理由。

如果同意，应简要叙述同意的依据；如果部分同意，应将哪部分同意哪部分不同意，或是什么情况下同意什么情况下不同意阐述清楚，并对同意和不同意的部分分别叙述清楚原因；如果不同意，也要有理有据地向下级解释清楚原因，以使对方理解和接受。

此外，如果是原则上同意，大体思路认同，但是具体实施上需要进一步优化、调整，也需要及时讲清。如果对于下级请示的事项，时机不成熟不便表态的，也要说明"暂不批复"或者"正在研究，另行答复"等意见，不能置之不理。

写作方法上，在内容少的情况下可以采用篇段合一式或三段式；在内容多的情况下，需要分条列项地讲述清楚。

③批复要求。是要求下级执行的具体内容，其实也可以单独拎出来成为结尾，如果上级机关同意，便写明相关要求；如果上级机关不同意，也可以提供其他解决办法。

④结语。批复一般会使用"此复"或者"特此批复"作为结语。批复在多数情况下会省略结语。

4）落款

落款包括制发机关署名和成文时间。

3. 批复的分类

批复根据内容和性质的不同，可以分为审批事项批复、审批法规批复与阐述政策批复三种。

1）审批事项批复

在审批事项批复的拟制过程中，需要通过准确、清楚的语言明确态度，不需要过多修饰，切忌模棱两可，避免因此产生歧义。审批事项批复一定要根据下级所呈送的内容拟制，不可出现与下级所呈送的内容不相关的内容。

审批事项批复范例：

关于夜间建筑施工许可申请的批复

夜间施工 2018-156-12

广西医科大学第一附属医院：

你单位报来的《夜间建筑施工许可申请表》及有关材料收悉，根据《中华人民共和国环境噪声污染防治法》第三十条的规定，经对相关材料进行审查，现批复如下：

一、中国—东盟医疗保健合作中心（广西）项目于2018年10月30日的夜间（夜间时段为当日22：00至次日06：00）进行连续施工作业，现场条件无法配备泵车，通过钩机自卸浇筑砼。

二、项目须重点做好以下环境保护工作：

（一）夜间施工时间需公告周围居民，主动做好与周围居民协调解释工作；

（二）同一个建筑施工项目多个施工单位的施工工地，以及间隔小于200米的多个施工工地要统一申报夜间施工；

（三）夜间施工严禁汽车鸣笛及使用发电机、电锯、电刨、空压机等产生高噪声的设备，禁止施工人员大声喧哗、敲打，禁止使用高音喇叭、音响等设施进行施工调度。

抄送：南宁市环境保护局

南宁市行政审批局

2018年10月29日

2）审批法规批复

审批法规批复与审批事项批复的共同点在于需要通过准确、清楚的语言明确态度，不需要过多修饰，切忌模棱两可，避免因此而产生歧义，但审批法规批复的权威性更强，需要受文方贯彻落实批复事项。

审批法规批复范例：

国务院关于《必须招标的工程项目规定》的批复
国函〔2018〕56号

国家发展改革委：

国务院批准《必须招标的工程项目规定》（以下简称《规定》），由你委公布，公布时注明"经国务院批准"。《规定》的施行日期由你委根据实际情况确定。《规定》施行之日，2000年4月4日国务院批准、2000年5月1日原国家发展计划委员会发布的《工程建设项目招标范围和规模标准规定》同时废止。

国务院

2018年3月8日

（此件公开发布）

3）阐述政策批复

阐述政策批复具体来说是下级机关对相关法律、政策等内容不了解、存疑等，进而向上级机关呈送询问而上级机关则针对相关内容作出具备权威性、政策性解读的批复公文内容。同样地，阐述政策批复也必须予以明确的语言表达，避免出现歧义。如果上级机关无权、无法针对相关问题进行解释，则需要逐级请示。

阐述政策批复范例：

<h3 style="text-align:center">国务院关于支持汕头经济特区建设华侨经济文化合作试验区有关政策的批复</h3>

国函〔2014〕123号

广东省人民政府：

《广东省人民政府关于支持汕头经济特区创办华侨经济文化合作试验区的请示》（粤府〔2013〕122号）收悉。现批复如下：

一、同意在汕头经济特区设立华侨经济文化合作试验区（以下简称试验区）。试验区处于汕头经济特区核心地带，区位条件优越，比较优势突出，具备加快发展的条件和潜力。要以邓小平理论、"三个代表"重要思想、科学发展观为指导，深入贯彻党的十八大和十八届三中全会精神，按照党中央、国务院的部署，充分发挥华侨华人资源优势，把试验区建设作为汕头经济特区进一步深化改革开放和建设21世纪海上丝绸之路重要门户的重大举措，积极开展先行先试，为新时期全面深化改革、扩大对外开放探索新路。

二、支持试验区着力转型升级，推动海外华侨华人与祖国经济深度融合发展。研究建立符合广大海外华侨华人意愿和国际通行规则的跨境投资、贸易机制，打造更加国际化、市场化、法治化的公平、统一、高效的营商环境，形成可复制、可推广的经验。大力发展跨境金融、商务会展、资源能源交易、文化创意、旅游休闲、教育培训、医疗服务、信息、海洋等产业，培育富有活力的都市产业体系。依法保障海外华侨华人投资权益，创新侨务工作模式，推动引资、引技、引智有机结合，依法给予海外华侨华人更多出入境便利。创新人才引进机制，对符合来华工作条件的外籍华人，优先办理有关手续。积极推动试验区教育医疗事业发展，为海外华侨华人在教育医疗方面提供便利，确保海外华侨华人依法享受相应的社会保障待遇。

三、支持试验区搭建海外华侨华人文化交流平台，深化与有关国家（地区）的人文合作。拓展文化传播渠道，不断扩大中华文化的影响力。要以合作、创新和服务为主题,构建面向海外华侨华人的聚集发展创新平台,建设跨境金融服务、国际采购商贸物流、旅游休闲中心和华侨文化交流、对外传播基地。

四、支持试验区全面深化改革,构建开放型经济新体制。要以全面深化改革为动力,推进体制机制创新,在华侨经济文化合作、营商环境、通关制度、社会管理、土地管理、海域使用和投融资等方面创新体制机制。推进国际贸易与投资便利化,进一步研究放宽外商投资市场准入,推进金融、教育、文化、医疗等服务业领域有序开放,积极创新利用外资管理体制。

五、加大政策支持,统筹推进试验区建设发展。要进一步明确发展思路,突出发展重点,创新发展方式,在有关规划编制、政策支持、项目安排、机制创新、全面深化改革、扩大对外开放、侨务管理、人文交流等方面研究给予政策支持。试验区规划建设要符合土地利用总体规划、城市总体规划,着力优化空间布局,切实节约集约利用土地和海域资源,对尚不在《汕头市城市总体规划(2002—2020年)》范围内的20平方公里,待其纳入城市总体规划并得到国务院批准后再实施。执行国家统一财税政策,涉及的重大政策和建设项目要按规定程序报批。

六、加强组织协调,有力有序推动试验区发展。广东省人民政府要切实加强组织领导,完善工作机制,明确工作责任,加大支持力度,扎实推进试验区建设发展。国务院有关部门要加强指导和服务,积极研究制定具体可行的支持政策措施,发展改革委要会同侨办等有关部门加强沟通协调,帮助解决试验区建设过程中遇到的困难和问题,为推动试验区发展营造良好的政策环境。各有关方面要密切配合、开拓创新,共同推动试验区持续健康发展,努力开创汕头经济特区改革开放和经济社会发展新局面。

国务院
2014年9月15日

(此件公开发布)

3.12 函:公文写作中唯一的平行文种的写作特点

函是一种适用于不相隶属机关之间商洽工作、询问和答复问题、请求批准和答复审批事项的平行文,适用范围十分广泛,同时适用于向上级部门机关询问、请求答复,以及回复下级部门的请求与询问、催办事宜等。国家高级机关的主要函必须严格按照公文规范书写,其余的既可以按照公文的格式及行文要求,也可以进行灵活适当变通。一般来说,函的内容一文一事。

1. 函的特点

函的特点如图 3-12 所示。

图 3-12 函的特点

1)沟通性

函用于不相隶属的机关之间商洽工作、询问和答复问题,发挥沟通作用。在函的写作中,用词和语气等同样要把握分寸,需要体现平等沟通的原则。

2)灵活性

函是一种平行文,但是可用于不相隶属的机关之间,行文方向十分灵活。此外,函的制发主体范围十分广泛,各级机关、企事业单位、社会团体等均可发函。函的格式也比较灵活,除了国家高级机关的主要函必须按照公文规范,一般函既可以按照公文的格式及行文要求,也可以灵活自便。

3)单一性

函的内容要求是一份函只能写一个事项。一般情况下函的篇幅较为短小,语言简洁,写作程序简易。

2. 函的写作格式

函主要由标题、主送机关、正文、落款四部分构成。

1）标题

函的标题通常有 3 种形式。

①机关名称 + 事由 + 文种："×××关于×××的函"。

②事由 + 文种："关于×××的函"。

③发函机关 + 事由 + 受理机关 + 文种，如"国务院办公厅关于悬挂国旗等问题给湖北省人民政府办公厅的复函"。

2）主送机关

函的主送机关一般为一个，但是也有多个主送机关的情况出现。如果是复函，主送机关就是来文的机关。

3）正文

函可分为去函和复函，两类函的写法有所不同，下面分别进行介绍。

①去函，一般包括发函缘由、事项、结语三部分。

开头需要先交代发函的原因、目的，有些情况下会用"现函告如下"这样的惯用语引起下文，很多时候可以不写。

事项部分要将所商洽的工作、询问、告知、请求批准的事项写清楚，需要具体、简明。如果内容较多，则需要分条列项进行叙述，以使内容条理分明。

函的结语部分可以提出具体的处理意见或者希望和要求，具体内容依据去函目的而写作，具体可用"特此函答""即请复函""请研究后函复"等作结束语。需要结束语的，如请求解决困难的函，可用"请予支持"等。一般来说，结尾写出"请研究函复""请函复""盼复"或"以上意见当否，请复函"等语即可。

②复函，通常包括引语、答复、结语三部分。

复函需要先引述所回复来函的标题或主要内容，表明已收悉，然后使用惯用语如"经研究，现函复如下"引起下文。

答复部分就是针对来函中涉及的事项逐一给予明确答复。

结语部分一般为惯用的"此复""特此函复"等作结束语，也可以不使用结束语。

4）落款

落款部分通常包括发文机关名称和成文日期，必要时可加盖印章。

3. 函的分类

1）告知函

告知函用于将某一事项或活动告知对方，请对方参加会议或集体活动等。由于发文与受文双方没有隶属关系，使用其他公文如通知不妥，所以使用函进行沟通。

告知函的正文中应该首先讲明告知缘由，包括背景、根据、目的等，然后写清楚告知的具体事项或活动包括时间、地点、参加人员等在内的详细信息。如有需要可以在最后表达望对方知悉或参加并以此作结，也可以使用告知函的惯用结束语"专此函达"。

告知函范例：

关于安全生产事故或质量事故档案查询结果告知函

若羌县商务和经济信息化委员会：

根据若羌县商务和经济信息化委员会申请，经查询，结果告知如下：

若羌县电子商务进农村综合示范项目实施工作在查询期限从 2016 年 8 月 22 日—2017 年 6 月 28 日期间未发现有任何安全事故或质量事故造成重大经济损失和社会不良影响的记录。

以上查询结果均来自若羌安全档案库。

特此函告。

本函有效期三个月，复印件无效！

若羌县安全生产监督检查管理局
2017 年 6 月 28 日

2）商洽函

商洽函用于请求协助、支持，商洽处理某项问题。

正文部分先要写明商洽缘由，即提出商洽的原因、目的、意义和根据等，之后要详细阐述所要商洽的事项，对于处理办法，尤其是需要对方进行办理、采取行动的部分要条理分明地叙述清楚。最后同样可以在有需要的情况下表达希望对方进行办理的愿望。商洽函的惯用结束语有"可否，请予研究函复""特此商洽，盼复"等。

商洽函范例：

商洽函

尊敬的校长魏守坚先生:

您好!

德拉萨大学把自己定位为为菲律宾和东南亚地区培养社会服务型人才的领导者。该大学是基础教育和高等教育培训中心,以其学术成就、多产和相关研究而闻名,并且参与社区服务。

在中国政府"一带一路"政策的倡议下,我校希望对其周边国家的社会发展作出积极的贡献。为加强中菲两国在文化、教育等领域的深度合作,与菲中国际友谊教育公司合作的德拉萨大学,提出了一项融合中西文化教育的学术项目。

该项目为海外华人学生和其他外国民族学生,通过学术和文化的渗透来丰富英语语言技能提供了一个平等的机会。从中国大陆连接一个优秀的中学合作,共同发展中国和菲律宾教育,这一举措是可行的。

为此,我们的合作组织菲中国际友谊教育公司的管理人员将与您会面,讨论与运城当地教育机构和学校进行海外合作管理的可能性。下列代表是:

1. 总裁:Charles Chen 先生
2. 副总裁:Susan Sun 女士
3. 主任:葛薇女士
4. 秘书:张思雨女士

感谢您考虑我们的建议,我们期待着与贵校今后建立互惠互利的合作关系。敬上!

吉尔罗纳多·C.桑托斯博士
马尼拉德拉萨大学副校长
2017 年 11 月 24 日

3)询问函

询问函用于询问某一事项、征求意见、催交货物等。

正文中应首先写明询问的缘由,然后阐述清楚需要询问的事项,想要受文方给出意见的问题,相关货物的描述等,下文中如有必要可以表明己方希望受文方可以给予的意见或做法的倾向,最后应写明需要函复及处理的时间要求,以及联系人信息等。询问函可以使用"特呈函,盼予函复"等惯用结束语。

4)答复函

答复函主要用于答复不相隶属机关所询问的方针、政策性问题,双方不是互为上下级,不能使用其他文种如批复,因此只能使用函。在这种情况下,答复函的写法要求与批复的写法近似,正文中先引述询问的事项或问题,之后清楚表明态度或具体意见,如果是来函中有一些需要已方所做的事的情况,则需要向对方说明结果等。

答复函范例:

国务院办公厅关于同意山西、江苏、山东、广东省开展国家标准化综合改革试点工作的复函

国办函〔2018〕25号

山西、江苏、山东、广东省人民政府,质检总局:

你们关于山西、江苏、山东、广东省开展国家标准化综合改革试点工作的请示收悉。经国务院批准,现函复如下:

一、同意山西、江苏、山东、广东省开展国家标准化综合改革试点工作。各省国家标准化综合改革试点工作方案由省人民政府制定发布。

二、试点工作要全面贯彻党的十九大精神,以习近平新时代中国特色社会主义思想为指导,认真落实国务院决策部署,积极实施标准化战略,加快提升标准化总体水平,为全面深化标准化工作改革提供可复制、可推广的经验。

三、山西、江苏、山东、广东省人民政府要加强对试点工作的组织领导,完善配套措施,健全协作机制,落实工作责任,积极稳妥推进试点工作,确保试点各项目标任务和政策措施落到实处。

四、质检总局要会同国务院有关部门加强对试点工作的指导和协调,适时开展试点评估,总结推广经验,重大问题及时向国务院报告。

国务院办公厅
2018年3月12日

5)请求批准函

请求批准函是在向不相隶属机关请求批准有关事项时所用的。由于不是上下级关系,不应该使用请示,只能用函。

请求批准函在具体写作中往往与请示的写法类似,正文中先说明需要批准的

原因，注意突出必要性和迫切性，理由应充分。然后阐明事项的具体情况，表达明确、条理清晰。最后提出批准的请求。请求批准函惯用的结语有"特呈函，请予批准函复"等。

请求批准函范例：

共青团四川省委关于请求协助做好抗震救灾志愿者引导工作的函

山东团省委：

四川"5·12"汶川特大地震灾害发生后，全国各地、社会各界纷纷伸出援助之手，给予灾区人民急需的物资支援和极大的精神支持。"一方有难，八方支援"，伴随着抗震救灾行动的深入开展，大批志愿者从全国各地奔赴受灾地区，积极开展各种志愿服务，宣传抗震救灾知识，抢救伤员病员，排查灾害隐患，维护灾区稳定，已成为抗震救灾工作一支重要力量。

当前，大部分通往灾区的道路仍然实行交通管制，通信尚未完全畅通，生活保障仍然十分困难。我省"5·12"抗震救灾指挥部要求抓好跨区域赴灾区服务志愿者有序组织引导工作。我们恳请兄弟团组织帮助我们做好贵地志愿者的组织引导工作，动员他们就近就便，以捐款捐物、献血等方式参与支持抗震救灾。

感谢兄弟省市团委和广大志愿者对四川抗震救灾工作的大力支持！

共青团四川省委
2008年5月15日

4. 函的写作应注意的问题

（1）函的内容要求一事一函，一封复函也必须针对一封来函进行答复，不可以同时答复多封来函。

（2）函中所提事项及有关问题应为往来机关权限之内，并且是有能力处理和解决的。不应因发函、受函的对象限制较低，就不顾职责范围随意发函。

（3）函的写作应紧紧围绕中心事项或问题来写，开门见山，不写客套话，不兜圈子。虽然函的形式较为灵活，写作中也要严格遵守公文的要求，语言准确精练，不加赘言。

（4）由于函的往来机关之间不相隶属，函的语气应平等尊重，讲究礼貌，既不可以有傲气、命令之感，也不应当过分自谦产生逢迎之感。

（5）函的内容若有关于商洽、办理事项等，一般应写明办理时限。复函时应及时办理，不要延误工作。

3.13　决定：决定的重大影响力与写作时的言辞肯定性

决策和部署某一重要事项、对相关单位或单位人员进行奖励或惩罚、对下级机关的某些不适当的决定事项予以变更甚至撤销，这些内容都可通过决定的形式予以描述。决定是一种下行文，往往具有法规作用及行政约束力，要求有关方面必须照办。因此，在作出决定时必须非常慎重。

1. 决定的特点

决定的特点如图 3-13 所示。

图 3-13　决定的特点

1）严肃性
决定是党政机关及各部门对于某些问题或重大行动作出安排，因此具有严肃性。一般的日常工作布置不需要用到决定。

2）强制性
决定的强制性和约束力比较强，要求受文方必须贯彻执行，强制性仅次于命令。

3）指导性
决定体现了上级对重大事项的决策，其内容对于下级机关日后的工作具有很大的指导意义，可看作工作上的理论和政策依据。

2. 决定的写作格式

决定通常由标题、主送机关、正文和落款四部分组成。

1）标题

①发文机关＋事由＋文种："×××关于×××的决定"。

②事由＋文种："关于×××的决定"。

2）主送机关

部分情况下决定有特定的下发单位，这时就会写上主送机关的名称，如《住房和城乡建设部关于取消部分部门规章和规范性文件设定的证明事项的决定》中主送机关为"各省、自治区住房和城乡建设厅，直辖市住房和城乡建设（管）委及有关部门，新疆生产建设兵团住房和城乡建设局"。此外，有一些决定是需要广泛告知的，则无须注明主送机关，如《最高人民法院关于废止部分司法解释（第十三批）的决定》就无主送机关。

3）正文

决定的正文通常由开头、主体、结尾三部分构成。

开头部分应该简要地交代清楚决定的目的、意义及依据。写法上惯用的句式包括"经研究论证，×××（机关名称）现决定……""为……，根据……，×××（机关名称）现决定……"。

主体部分主要阐明决定事项。写作中应当明确、简洁、有条理地阐明决定的具体内容，包括某项工作的基本原则、具体规定，落实决定的具体措施及要求等，以便于相关方执行。写法的选择应该根据内容的繁简程度而定，在内容较少、篇幅较短的情况下，可以使用简述式写法；在内容比较复杂的情况下，应当采取分条列项的方式，结构的安排既可以是并列式也可以是递进式，目的是使文章更加具有条理性，增强可读性，便于受文方理解和贯彻执行。

结尾部分通常会提出希望、要求，发出号召，或者进行有关说明。决定需要写明开始施行的日期，一般使用"本决定自×××（年月日）起施行"作为结束语。

4）落款

落款部分包括发文机关名称及会议通过或领导签发此项决定的日期。

3. 常见的几类决定

在公文的实际应用中，按照内容划分，常见的几类决定有法规政策性决定、重要事项决定、奖惩性决定和处理处分决定。

4. 决定的重大影响力

决定适用于重大的事项，决定的内容不论是制定或修改某项法律法规、有关全局政策性问题的行动、对于事迹突出的先进典型进行表彰，或者是对引起广泛关注的事故等进行处理、人员进行处分，都是关乎重要问题，内容具有严肃性。并且决定对于相关方的强制性、约束力与指导性非常强，有关单位、人员要对决定事项贯彻执行，将决定中体现的方针、政策性内容作为工作原则，因此决定是具有重大的影响力的一类公文。

5. 决定写作应注意言辞肯定性

由于决定的影响力比较大、约束性比较强，决定中的表达应当严肃、庄重，不可灵活随意。应当准确用词，不可使用模糊语言，表意明确。

言辞肯定性包括两层含义，一是应突出表现重点内容，从逻辑性上增强决定内容必须得到执行的肯定意义的表达；二是用词准确，表意清楚明白，不可语焉不详。

第一层意思，为了决定的意思可以更好地进行传达，具体写作时内容的重点、详略安排等应该根据决定内容而确定。比如，对一项重大行动进行安排，决定的开头部分应适当详写，向受文方深入分析实施决定中行动的目的和意义，以使相关方可以充分地认识到贯彻执行的必要性和意义，从而更加带有主动性地认真圆满落实。而有些关于政策性内容下达、法律法规制定、修改等方面内容的决定，需要有关方面无条件遵从和执行，原因和意义则用简要的语言叙述一下即可，理由阐述过多反倒会削弱相关方必须严格施行的强制性。

第二层意思，主要是语言表述上需要传达出明确的意思，用词需要准确。决定发出后受文方必须据此执行，决定需要使人在阅读后可以准确理解意思，并了解每一步骤应当如何去做。因此，写作中要注意行动要求的具体、准确，符合实际，具有可操作性，不会出现引发歧义或误解的语言。

3.14 决议：指导性决议与权威性决定的4点不同

决议的使用范围不仅包括党的领导机关，同时也适用于企业，通常表述的是针对某一重要事项开展会议讨论后的决策内容，发布的内容要求受文方贯彻执行。

1. 决议的特点

1）集体意志的反映

决议中的内容是经过会议讨论通过后形成的，会议中通过需要经过表决环节，获得多数人赞同，因此决议是参与会议的人员集体意志的反映。

2）权威性

决议的内容是在党和国家的重要高级领导机构会议上通过的重要决策事项，一经公布，受文方必须严格遵守，贯彻落实，不可违背，因此决议的权威性很强。

2. 决议的写作格式

决议通常由首部、正文两部分构成。

1）首部

包括标题和成文日期。

①标题。一般有三种形式。

一是发文机关+事由+文种："×××关于×××的决议"。

二是会议名称+事由+文种："×××会议关于×××的决议"。

三是事由+文种："关于×××的决议"。

②成文日期。是决议在会议通过的日期，一般加小括号写在标题之下，格式为"××××年××月××日×××会议通过"。在此注明日期后，正文后无须落款。

2）正文

决议的正文通常是由决议根据、决议事项、结语三部分构成。

①决议根据。开头需要简要介绍会议中决议有关事项的情况，陈述作出决议的原因、根据、意义等。

②决议事项。是决议的核心部分，需要将会议中通过的决议事项详细写清楚，根据具体写作内容或目的的不同，有些情况下要写明会议对讨论事项

和有关文件的评价、决定，有些情况下需要写明对于一些工作作出的部署及要求等。

这部分的结构安排需要依据内容繁简而定，内容较少的情况下，可以采用篇段合一式或多段式；在事项比较多的情况下，可以使用分条列项的方法，或先使用小标题划分层次，再分条叙述。逻辑安排上通常依据内容的内在逻辑或是时间的先后顺序，也可以将二者结合起来。

写作时需要注意决议中只能包括会议通过的事项，未经通过或搁置的事项不可写入。决议中使用的主语一般为会议或大会，应当使用"会议/大会号召""会议/大会强调""会议/大会认为"等。

此外，还应用词准确、表意清晰，不能有含糊的提法，不可引起歧义，分析清晰，态度鲜明，简明扼要。

③结语。有时在决议事项之后会针对以上内容提出一些希望、号召，并以此作结。但是这部分内容非必须，可以在写完决议事项之后自然结束。

3. 决议的分类

1）公布性决议

重要会议中通常会通过一系列的决议，在有必要将其向公众进行公布的情况下，就会使用公布性决议。

正文部分首先介绍会议通过决议的情况和进行公布的原因，之后详细写明会议通过的事项。写出结论性内容和原则要求即可，在比较详细的情况下，还需要说明会议对于事项的看法等。

2）批准性决议

批准性决议一般是为了批准或否定某项报告或文件时所作的。正文部分先写清某会议对于什么文件进行审议，有何依据，批准与否，还有对该文件的具体评价，最后提出一些希望或号召并作结。

3）阐述性决议

阐述性决议用于对重大结论事项的具体内容进行详细阐述。它的正文需要先概述事项，然后进行理论分析，最后作出具体评断。写作中通常需要分条逐项写明。

4. 决议和决定的辨析

决议和决定都是公文的文种，二者均与重大事项相关，一经发出，不得更改，具有很强的强制性和指导性，要求相关方必须贯彻执行。在实际应用中，公文作者需要对决议和决定进行辨析，对于文种进行正确选择。下面就决议和决定主要的 4 点区别进行说明，如图 3-14 所示。

图 3-14　决议和决定主要的 4 点区别

1）制作程序不同

决议是经过会议对于一些议题进行讨论并表决通过后形成的公文，一定是体现会议所通过的事项，并需要以会议的名义公布；而决定则不限于会议通过，只要是作出重要决策部署、奖惩有关人员等需要使用决定的时候就可制发决定。

2）内容不同

虽然二者都是涉及重大、重要事项，但是从整体上来讲，决议的内容大都关系对发文机关行政区域内全局性工作的指导，决议事项具有原则性、战略性、宏观性等；而决定的内容则多数情况下是关于某一领域或某一方面具体工作进行的决策和安排，更具有针对性。

3）作用不同

决议发出后，相关方需要对决议事项进行贯彻执行，不可违背；而决定根据内容的划分，只有部分需要相关方面对决定事项贯彻执行，部分属于知照类。

4）写法不同

写法与内容有关。决议的内容通常有关全局性部署，具有原则性，因此写得比较简要，说明和阐述都倾向于理论性；而决定中的事项更为具体、有针对性，理论上的道理较少，会针对具体工作的方法、措施、步骤、要求等进行详细说明。

3.15 意见：意见公文的常见分类与结构模式

意见是针对重要事项提出相关见解或者处理办法的，既可以是上级部门对下级部门提出，也可以是下级部门对上级部门提出，甚至是平级部门之间相互提出。上级部门对下级部门提出的属于下行文，往往是针对某些事项而作出的措施指导，因此具备指示性；下级部门对上级部门、抑或平级部门之间提出的属于上行文、平行文，往往是针对事项处理等方面的建议。

1. 意见的特点

1）行文的灵活性

意见的行文方向比较灵活，既可以用于对上级或平级机关提出处理问题的建议，用作上行文和平行文；也可以用于上级机关向下级机关提出一些指导性的意见，用作下行文。

2）内容的针对性

意见中的内容往往是针对工作中某一重要问题提出指导意见或建议，需要给出具体解决办法，可操作性强。

3）内容的重要性

意见涉及的问题应当是当前或将要进行的工作中的重要问题，可能是涉及党和国家方针政策的重大事项和主要问题，因此意见的内容具有重要性的特点。

4）指示性和建议性

意见在用于下行文时具有指示性，是指导下级机关的行文；在用于上行文和平行文时具有建议性。

2. 意见的常见分类

意见可以用不同的分类方式进行分类，常见的分类方式大致有以下3种，如图3-15所示。

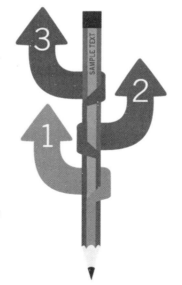

图 3-15 意见的常见分类

（1）按照行文方向分类，意见可分为上行意见、平行意见、下行意见三类。

平行意见供受文方参考，文中对贯彻执行有明确要求的，下级机关应遵照执行；无明确要求的，下级机关可参照执行。

作为上行文，应按请示性公文的程序和要求办理。所提意见如涉及其他部门职权范围内的事项，主办部门应当主动与有关部门协商，取得一致意见后方可行文。如有分歧，主办部门的主要负责人应当出面协调，仍不能取得一致时，主办部门可以列明各方理据，提出建设性意见，并与有关部门会签后报请上级机关决定。上级机关应当对下级机关报送的"意见"作出处理或给予答复。

（2）按照行文方式分类，意见可分为直发性意见和批转性意见。

直发性意见就是由发文机关直接针对受文机关的问题给出意见；而批转性意见则通常是由于作出意见的职能部门专管这一职权范围内的工作，因而可以对熟悉的工作领域提出针对一些问题的建议，但是职能部门又无权指导其他机关，于是就首先将"意见"报送上级机关，经上级同意后，以批转性通知等形式再将"意见"下发给相关机关。这类意见在送交上级时一般只有一个主送机关，也不可以越级行文。

（3）按照内容性质分类，意见可分为指导性意见、计划性意见、具体工作的意见。

① 指导性意见。

指导性意见用于上级机关（或有关主管部门）就某项工作，对下级阐述和说明其指导思想、原则、要求等，即进行思想原则上的宏观/整体指导。该类意见属于下行文，主要是从原则和方法等方面整体上对下级工作进行指导，具有较强的指导性，也具有一定的约束力。

② 计划性意见。

计划性意见是上级机关用于向下级就某项工作或某一时期的工作进行大体部署或提出构想的一类意见，属于下行文。虽然计划性意见也具有指导性，但是更多的是供下级机关在工作中参考，在具体执行时具有较大灵活性。

③ 具体工作的意见。

这类意见是用于上级机关对下级就某方面具体工作提出目标和任务，并作出具体措施、方法和步骤的指导，属于下行文。

3. 意见的写作格式

意见通常由标题、主送机关、正文和落款四部分组成。

1）标题

意见的标题可以有两种写法。

①发文机关＋事由＋文种："×××关于×××的意见"。例如，"国务院关于改革国有企业工资决定机制的意见"。

②事由＋文种："关于×××的意见"。例如，"关于深入推进审批服务便民化的指导意见"。

2）主送机关

意见一般需要写明主送机关，上行意见和平行意见通常只有一个主送机关，下行意见的主送机关通常有多个。但是也有一些适用较广、需要广泛周知的意见没有特定的主送机关，如由最高人民法院、最高人民检察院、公安部、国家安全部、司法部发布的《关于适用认罪认罚从宽制度的指导意见》就没有主送机关。

3）正文

意见的正文部分通常由发文缘由、具体意见和结语构成。

①发文缘由。正文开头通常需要交代发布意见的背景、原因、根据、目的和意义等，具体的写作要根据实际需求选择包括的内容，无须面面俱到。缘由中的内容应当清晰明确，针对性强，逻辑合理。

在对发文原因、根据等进行描述时，常用"为……，根据……，现就……提出以下意见/制定本意见"的句式。该句式依据实际写作中的内容安排，"为"引导的短句和"根据"引导的短句可以不同时出现。

利用此类句式，不仅可以有逻辑的简单语句将原因和根据写清楚，还可以直接将文章过渡到下文具体的意见内容中去，体现公文语言简明扼要的文种特点。

②具体意见。是正文中的主体部分，需要对问题的见解和处理办法均进行详细阐述。内容上应该先写出指导性意见，再写具体怎么做，包括目标、措施方法和步骤、实施要求等。为了使内容条理清晰，表述清楚，在内容较多、篇幅较长的情况下，可列出小标题作为各大层次的标志，小标题下再分条表述。例如，在国家发展和改革委员会、国土资源部、环境保护部等作出的《关于规范主题公园建设发展的指导意见》中，正文部分结构如下。

一、总体要求

（一）指导思想

（二）基本原则

——坚持市场主导……

——坚持因地制宜……

——坚持聚焦主业……

——坚持创新发展……

二、科学规划

三、严格规范

四、提升质量

五、组织实施

③结语。上报的意见可以使用"以上意见供领导参考""以上意见如无不妥，请批转各地/各单位执行"等惯用句式作结束语。下发的意见一般使用"以上意见，请结合实际情况贯彻执行"等语句作结。也可以没有结束语。

4）落款

落款部分应署发文机关名称和成文日期。

第4章

行政类公文：传导工作信息与努力方向的重要文书

行政类公文是行政活动中使用范围很广的一类广义上的公文，各级行政机关、企事业单位等都需要制订工作计划，对未来一定时期内的工作作出安排和计划。行政类公文主要包括规划、计划、方案、安排、要点等几类。本章将对这几类行政类公文的写法及各自的写作技巧进行介绍。

4.1 规划：更宏观、更具统筹性的规划如何掌握好措辞分寸

规划是对于一定区域内或一定领域内的工作从较为宏观的层面进行的比较长远的、具有战略性部署意义的统筹规划的一种计划性公文，各级行政机关常用。规划也很具有实用价值，为一定区域内未来的工作进行全局统筹，提供努力的大体方向，鼓舞士气，激发干劲。

1. 规划的特点

规划的特点如图 4-1 所示。

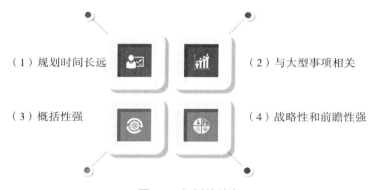

图 4-1 规划的特点

1）规划时间长远

规划在几类计划类文书中预先计划的时间范围最大，通常都是以年为单位。

2）与大型事项相关

规划往往是针对一定区域或领域内较大的事业进行的工作计划，制定远景目标和战略性计划。

3）概括性强

规划是针对较长时期和较大事业的战略性部署，本身内容就会比较广泛。若考虑到实际实施层面，涉及的事项和相关方会更加繁杂，因此规划中的内容强调从宏观、全局角度的设计，概括性较强，不会具体到相关基层的具体工作。

4）战略性和前瞻性强

规划用于对一定区域或领域内的事业进行全局性、长期性的统筹部署，具有战略指导意义，对于该地区或领域的影响较为深远，因而注重前瞻性，规划的内容需要建立在事前的调查研究、仔细论证、科学预测和决策的基础上。

2. 规划的写作格式

规划通常由标题、正文和落款三部分构成。

1）标题

规划的标题可以采用公文式，但是不像公文要求严格，出现的形式比较多。根据标题的几要素，通常有以下三种构成方式。

①制作单位＋规划时限＋规划内容＋文种。

②规划时限＋规划内容＋文种，如《2019—2023年全国党员教育培训工作规划》《上海市城市总体规划（2017—2035年）》。

③规划内容＋文种，如《关中平原城市群发展规划》。

2）正文

规划正文内容包括前言、主体和结尾。

①前言。正文中应当首先说明作出规划的背景、指导思想、根据等，体现出规划制定的有据可依，并阐述清楚工作的最终目标。

应当注意的是，虽然规划的指导思想和根据等内容在写作上进行概述即可，但是这部分对于规划也是重要的，因为规划的产生是建立在相应的背景、指导思想和根据等内容上的。规划是对于未来较长期全局性的工作指导，影响深远，意义重大，对于规划建立的基础就更应该重视。写作之前，需要进行详细的调查和分析研判，确立有价值的指导思想，以保证规划目标建立在可靠的事实和思想依据上。写作中可以适度将对于基本情况的分析加入这部分中。

写作格式上需要依据实际情况，在内容比较繁杂的情况下需要使用序号、小标题等对内容划分结构层次，必要的情况下还应分条列项。

②主体。正文的主体部分需要写明各方面工作的具体目标，并阐明对应的工作要求，使用的方法、措施，应当遵循的原则等，即关于"做什么"和"怎样做"。

结构上可以使用两种方式进行安排，一种是在每项工作任务后立即提出相应的措施和要求，另一种是分成具体工作任务和方法措施两部分，分别分条说明。

这部分的写作要求任务叙述明确，方法及措施阐述清晰，易于理解和依照执行。这些内容涉及现实中实施层面，更加需要高瞻远瞩地确立有效目标，工作任务和方法措施都要建立在全面可靠的资料掌握，科学合理的分析论证，专业人员意见的充分参考，以及前人的经验之上，这样所写出的规划内容才能具有可行性，在采取行动后才可以达成目标。此外还需要注意，规划中的措施还是相对概括性、宏观性的，写作中不需要将有关工作都详细具体地进行说明，一般也不会涉及具体步骤等。

③结尾。一般是极其简要地体现出规划目标实现后的意义和价值，展望前景，提出行动的要求或发出号召，鼓舞士气，激发斗志。这部分需要写得富有号召力和鼓舞性。有些规划在主体部分完成后就自然结束正文，没有结尾部分，这样也是可以的。

3）落款

落款部分需要注明制作单位及成文日期。如果标题中已写明制作单位，同时标题下已加小括号注明日期，最后可以省略落款。

3. 规划的措辞技巧

规划具备明显的方向性、战略性及指导性，因此其内容必须要做到严肃性、科学性和可行性，进而与其特征相契合。规划的语言要平实，不能因为它鼓舞士气、激发干劲就加以想象和描写。

具体来说，规划的措辞首先就是要做到简洁，避免烦冗和复杂。此外，需要通过严谨的术语进行表达，逻辑严密，提出的方案有理有据，并且避免使用第一人称，也不要存在具备不确定性特征的词汇。

接下来以《贵阳市城市总体规划（2011—2020年）》作为示例，以供参考和学习。需要注意的是，由于篇幅问题，在此摘录的内容有所删减。

《贵阳市城市总体规划（2011—2020年）》（2017年修订）

《贵阳市城市总体规划（2011—2020年）》（2017年修订）于2017年12月5日获国务院批准实施，现将规划主要内容公布如下：

第一章 总则

一、编制目的

《贵阳市城市总体规划（2011—2020年）》作为指导城市发展建设的纲领性文件，较好地引导和促进了贵阳市社会经济发展和城市建设。国家出台若干支持贵州发展的重大政策和战略措施，面对新的发展形势，贵阳市迎来了发展的新机遇，进入快速发展时期，发展条件和发展环境发生重大变化。为加快适应新常态下城市发展方式转型，积极应对新型城镇化下城乡规划管理工作提升的要求，进一步充分发挥城市总体规划对新时期社会经济发展和城市建设的指导作用，依据《中华人民共和国城乡规划法》及相关法规，对《贵阳市城市总体规划（2011—2020年）》进行修订。

……

城市规划区：东起南明区永乐乡，西至清镇市红枫湖镇，南起花溪区青岩镇，北至修文县龙场镇、扎佐镇；含南明区、云岩区、白云区、花溪区、乌当区、观山湖区及清镇市青龙办事处、红枫湖镇、百花湖乡和修文县龙场镇、扎佐镇；总面积3121平方公里。

第二章 城市发展战略

五、城市发展目标

至2020年，打造公平共享创新型中心城市，建成大数据综合创新试验区，建成全国生态文明示范城市，建成更高水平的全面小康社会，在全省率先实现历史性跨越。

……

八、城市规模

（一）人口规模：规划2020年中心城区城市人口规模400万人。

（二）用地规模：规划2020年中心城区城市建设用地面积为380平方公里，人均城市建设用地面积95平方米。

（三）城镇开发边界：合理控制城镇开发强度，各城镇应积极推进城镇开发边界划定工作。其中，贵阳市中心城区内划定城市开发边界范围约620平方公里。

第三章 市域城镇体系规划

九、城镇化和城乡统筹

（一）市域总人口与城镇化水平

到2020年，全市总人口达640万人，其中城镇人口达490万人，城镇化水平达到76%。

（二）市域空间结构

规划形成"中心放射型"的市域城镇空间结构，沿厦蓉、贵黄、贵遵、贵毕、贵开、贵惠、贵修公路及市域快速铁路等重要交通干线形成城镇主要发展走廊。

……

十二、贵安新区发展指引

（一）规划范围和空间层次

贵安新区规划总面积 1795 平方公里，其中位于贵阳市域范围内的面积 478.87 平方公里。

贵安新区直管区规划总面积约 470 平方公里，其中位于贵阳市域范围内的面积 178.80 平方公里，位于贵阳市中心城区范围内的面积 63.89 平方公里。

（二）定位与职能

1. 贵安新区定位为"经济繁荣、社会文明、环境优美的西部地区重要的经济增长极、内陆开放型经济新高地和生态文明示范区"。

2. 贵安新区主要职能为高端服务与创新发展实验基地；国家重要的战略新兴产业基地；国家重点科教基地；国际休闲度假和避暑养生基地；国家重要的民族文化发展特色基地；国家大数据产业发展集聚区和大数据综合试验区。

其中，贵安新区直管区是贵安新区的核心起步区，核心功能和产业的集聚地，也是新区城镇建设和人口集聚的主要地区，包括贵安生态新城、马场科技新城、花溪大学城等重要功能组团。

（三）规模

1. 城市建设用地规模：至 2020 年，贵安新区直管区（贵阳部分）城市建设用地规模 84.23 平方公里。

2. 人口规模：至 2020 年，贵安新区直管区（贵阳部分）的城镇人口规模约 95 万。其中，贵安生态新城约（直管区部分）50 万人，位于贵阳中心城区的花溪大学城约 45 万人。

（四）综合交通

加强贵安新区综合交通体系建设，全面推进贵阳市与贵安新区交通互连互通，构建一体化交通网络。加强贵阳市与贵安新区的轨道交通，推进环城快铁建设，增设沪昆高铁贵安站，加快推进湖林支线迁改。协调实施贵阳市与贵安新区的干路网对接工程。

第四章 中心城区规划

十三、中心城区空间布局

（一）发展方向和空间结构

贵阳市中心城区以老城区为中心，实施"北拓、南延、西连、东扩"的空间发展策略。规划形成"双核多组团"的空间结构，引导城市布局从单极向多极转

第 4 章 行政类公文：传导工作信息与努力方向的重要文书

变，坚持以生态绿地为隔离、组团式发展的城市特色。

……

二十、地下空间

按照土地高效集约、平战结合的原则，加强地下空间资源的综合利用和保护，扩充城市基础设施容量，缓解城市用地紧张局面，提高城市土地利用率，建立由地下交通设施、地下人防设施、地下市政设施，以及地下公共服务设施等组成的城市地下空间综合利用体系。

在中心城区范围，形成以轨道交通线为网络化骨架，以轨道交通重要节点为基础，城市重点功能区为重点的多层次地下空间立体开发利用布局形态；重点推进贵阳火车北站、中华路等城市中心地区地下空间的开发利用。

4.2 计划：计划的4个特点与多类要素前后排列顺序布局

计划是为一定时期制定工作目标并为其实现作出具体安排的一种文书。计划在工作中十分常见，与规划内容上的区别主要体现在工作措施和方法的具体程度上。规划的全局性和战略性更强，对于未来长期一段时间的工作作出整体性安排，很少将基层具体工作都进行详细阐述；而计划则要求必须具体，在制定目标后需要将实施的方法、步骤，使用的资源都进行详细的安排。

1. 计划的特点

计划的 4 个特点如图 4-2 所示。

图 4-2　计划的特点

1）灵活性

计划可使用的范围比较广泛。从时间上来看，比较长期的如3年、5年等，短期如季度、月度等。从内容上来看，计划既可以适用于全面性的工作，也可以针对某一方面、某一项的工作。

2）前瞻性

计划和规划相似，都是在工作进行前所做的超前安排，是未来一段时间的工作目标，对于工作具有指导意义，因此必须有洞察未来的眼光，在一定调研和工作经验的基础上进行贴近现实的安排。

3）指导性

计划作出的工作目标及相应的实现方法和具体措施、步骤，都是对相关地区、领域、工作未来一定时期内的指导性安排与计划，有关人员应当以计划目标为任务，根据计划安排去做。

4）具体可行性

计划需要贴近制作单位的现实情况，具体可行。内容中需要对所达成目标需要做的具体行动、措施、步骤等进行详细说明。再者，目标不可定得过高或过低，过高导致在时限内难以达成，过低目的性就不够强，会使得计划失去应有的意义和价值。此外，可行性也与前瞻性相关，在调研基础上有洞察性地对工作进行合理安排，才能使计划切实可行。

2. 计划的写作格式

一篇计划是由各类要素构成的，要素的顺序及在文中的安排就构成了计划的格式。计划中大致包含标题、正文、落款三大要素。其中正文又包括开头部分、主体部分和结尾部分，落款包括制作单位署名及成文时间。

1）标题

计划的标题可以采用公文式，通常有三种格式。

①制定单位 + 计划时限 + 事由 + 文种。

②制定单位 + 计划内容 + 文种。

③计划时限 + 计划内容 + 文种。

2）正文

正文开头应首先对制订计划的基本情况进行简要介绍，包括相关背景、指导思想、根据、目的和意义等。具体应包含的内容及详略需要根据具体内容确定，一般不需要分条写，清晰简明地将内容写清楚，表明该计划是有依据和意义的，通常篇幅无须太长。

开头部分可以认为是解决"为什么做"的问题，之后就是正文的主体部分，主要是关于"做什么"和"怎么做"两方面的内容。这一部分是计划最核心的内容，是关于工作目标和具体工作的安排。

① 工作目标。这是制订计划主要的目的所在，需要使用精练准确的语言将计划时限内的所应该完成的任务和达成的结果全部具体地阐述清楚。逻辑上一般先写总的目标和要求，再叙述依据领域、部门等细分的具体任务。总的目标一般概括写，细分的具体任务如果内容较多，应该分条列明。为了尽量明确具体，如果有可量化指标，最后应明确相关任务的数量、时间要求，甚至是质量标准。

② 措施和方法。针对工作目标，将达到目标的所应做的具体工作、使用的方法等作出清晰说明。内容包括但不限于采取的工作方法，各类工作的相关人员，掌握的条件和资源，需要解决的困难，实际工作的每个步骤及完成时间等。具体的应写内容要根据实际的工作内容的需要而定，但一定要将内容写得具体明确、切实可行。

这一部分内容通常较为繁杂，而且为了使其清晰有条理，便于以此来开展工作，写作中一般会使用各级序号或者小标题来将内容划分为不同的部分或层次，并在各部分中分条列项式地进一步详细阐述。逻辑的安排可以按照时间顺序、内容的内在逻辑顺序，或者二者结合来进行。

正文的最后是结尾部分。这部分可以包括展望前景、发出号召、明确执行要求等。结尾部分不是必写内容，可以在具体的工作措施安排之后就自然结束全文，不另作结尾。

3）落款

落款部分应包含制订计划的单位名称及成文日期。当计划标题中已写明制作单位，同时标题下已加小括号注明日期的，最后可以省略落款。

接下来以《国务院2018年立法工作计划》作为示例，以供参考和学习。需要注意的是，由于篇幅问题，在此摘录的内容有所删减。

国务院 2018 年立法工作计划

2018年是贯彻党的十九大精神的开局之年，是改革开放40周年，是决胜全面建成小康社会、实施"十三五"规划承上启下的关键一年。国务院立法工作的总体要求是在以习近平同志为核心的党中央坚强领导下，高举中国特色社会主义伟大旗帜，全面贯彻党的十九大精神，以习近平新时代中国特色社会主义思想为指导，加强党对政府立法工作的领导，坚持稳中求进工作总基调，围绕统筹推进"五位一体"总体布局和协调推进"四个全面"战略布局，深入推进科学立法、民主立法、依法立法，着力提高立法质量和效率，以良法促进发展、保障善治，加快建设法治政府，为决胜全面建成小康社会、开启全面建设社会主义现代化国家新征程提供坚实法制保障。

一、全面贯彻党的十九大精神，围绕统筹推进"五位一体"总体布局和协调推进"四个全面"战略布局安排政府立法项目

……

对于党中央和国务院交办的其他立法项目，抓紧办理，尽快完成起草和审查任务。

二、以习近平新时代中国特色社会主义思想为指导，加强和改进新时代政府立法工作

中国特色社会主义进入新时代，政府立法工作也进入了新时代，必须不断提升站位和格局，坚定不移把习近平新时代中国特色社会主义思想作为根本遵循，坚决贯彻落实党中央和国务院重大决策部署，努力回应新时代对政府立法工作提出的新任务新部署新要求。

……

大力加强法规规章备案审查。开展法规规章备案审查是坚定维护以习近平同志为核心的党中央权威和集中统一领导，维护国家法制统一和政令畅通的重要方式。要完善备案审查机制，组织开展集中审查和专家协助审查，切实做到有件必备、有备必审、有错必究。要着重对法规规章存在的超越法定权限、突破法律行政法规有关规定等突出问题进行审查，坚决防止和纠正有令不行、有禁不止。要强化社会监督，对审查发现的严重违反中央决策部署、严重违反上位法规定的问题予以曝光。要及时适应全面深化改革各项举措步伐，继续做好全面深化改革，以及"放管服"改革涉及的法规规章和规范性文件清理工作。

三、切实抓好立法工作计划的执行

国务院各部门要把立法工作计划的执行作为一项重要任务，加强组织领导、完善工作机制、精细流程管理、严格时限要求、强化责任落实，不断提高政府立法工作质量和效率，切实保障重点立法项目高质高效推进，更好适应促进经济社会发展和巩固全面深化改革成果的需要。起草部门要对法律行政法规送审稿拟规定的主要制度广泛听取意见、深入研究论证，涉及部门职责分工、行政许可、财政支持、税收优惠政策的规定要征得机构编制、财政、税务等相关部门同意。全面深化改革各项举措需要修改法律、行政法规的，有关部门要及时向国务院报送法律、行政法规送审稿，并对改革举措、立法背景等作出说明。起草部门向国务院报送送审稿前，应当与国务院法制办做好沟通。国务院法制办要及时跟踪了解立法工作计划执行情况，加强组织协调和督促指导。对审查阶段有关部门分歧较大的草案，国务院法制办要充分利用各种协调机制研究突出问题、协调主要争议，争取达成共识；经过反复协调仍不能达成一致意见的，国务院法制办、起草部门应当将争议的主要问题、有关部门的意见，以及国务院法制办的意见及时报国务院领导同志协调，或者报国务院决定。

……

法律的权威在于实施，法律的生命力也在于实施。扎实抓好法治政府建设重大举措，既对严格执行法律、维护法律权威有重大作用，也对促进政府职能转变、维护政府公信力执行力、增强人民群众幸福感获得感有重大作用。2018年，各地区、各部门要以更加强烈的使命感、紧迫感、责任感，以抓铁有痕、踏石留印的作风和干劲，切实抓好法治政府建设各项重点工作。要不断加大法治政府建设与责任落实督查的工作力度，压紧压实各地区、各部门主要负责人法治政府建设第一责任人职责，带动形成从主要负责人到其他领导干部直至全体行政机关工作人员人人有责、人人负责的闭环管理。要全面推行规范性文件合法性审核制度,把牢"红头文件"制发法制关口。要在总结前期试点经验基础上，在各地区、各部门全面推开行政执法公示、执法全过程记录、重大执法决定法制审核"三项制度"。要坚持集中行政复议职责改革方向，大力推进行政复议体制改革。国务院法制办要及时总结法治政府建设典型经验和有效做法，探索开展法治政府建设示范创建活动，激励和带动各地区、各部门把法治政府建设加快向前推进。

4.3 方案：一切围绕阶段性目标、步骤、措施开展

方案是计划类文书中对于工作方式、方法、要求、进度等各方面内容全都部署周密和具体的一类，并且要求具有很强的可操作性。方案的内容在各类计划类文书中最为复杂，写作过程不免较为烦琐。

1. 方案的特点

方案的特点如图 4-3 所示。

（1）内容的针对性

（2）内容的复杂性

图 4-3　方案的特点

1）内容的针对性

方案的内容是针对具有某项职能的具体工作所写的文书，针对性明显。

2）内容的复杂性

方案中所部署的那项工作是比较复杂的，需要使用方案来进行全面部署，因而方案的内容具有复杂性。这也是选择使用方案跟安排的标准，安排也是针对某项具体工作使用的，但方案的工作内容比较复杂、涉及面较广，而安排的内容较简单、涉及面较小。

2. 方案的写作格式

方案通常由标题、正文和附件三部分构成，其是上级对下级或涉及面比较大的事项内容，因此一般通过带"文件头"形式下发，不要求有落款。

第 4 章 行政类公文：传导工作信息与努力方向的重要文书

1）标题

方案的标题一般有以下两种形式。

①发文机关＋事由＋文种，如《工业和信息化部全面推行行政执法公示制度执法全过程记录制度重大执法决定法制审核制度暂行实施方案》。

②事由＋文种，如《长三角生态绿色一体化发展示范区总体方案》。

2）正文

方案的正文一般有两种写法：一是常规写法，即按"指导方针""主要目标（重点）""实施步骤""政策措施"及"要求"几个部分来写，这个较固定的程序适合于一般常规性单项工作；二是变项写法，即根据实际需要加项或减项的写法，适合于特殊性的单项工作。但无论采取哪一种写法，"主要目标""实施步骤""政策措施"这三项都是必不可少的，实际写作时的称呼可以不同，如把"主要目标"称为"目标和任务"或"目标和对策"等，把"政策措施"称为"实施办法"或"组织措施"等。在"主要目标"一项中，一般还要分总体目标和具体目标；"实施步骤"一般还要分基本步骤或阶段和关键步骤，关键步骤里还有重点工作项目；"政策措施"的内容里一般还要分"政策保障""组织保障"和"具体措施"等。

3）附件

具体的人员名单、表格等涉及相关要素但是无法在正文中详细列明的，则可通过附件表示出来。

接下来以《国务院机构改革方案》作为示例，以供参考和学习。需要注意的是，由于篇幅问题，在此摘录的内容有所删减。

国务院机构改革方案

根据党的十九大和十九届三中全会部署，深化党和国家机构改革的总体要求是，全面贯彻党的十九大精神，坚持以马克思列宁主义、毛泽东思想、邓小平理论、"三个代表"重要思想、科学发展观、习近平新时代中国特色社会主义思想为指导，适应新时代中国特色社会主义发展要求，坚持稳中求进工作总基调，坚持正确改革方向，坚持以人民为中心，坚持全面依法治国，以加强党的全面领导为统领，以国家治理体系和治理能力现代化为导向，以推进党和国家机构职能优化协同高效为着力点，改革机构设置，优化职能配置，深化转职能、转方式、转作风，提高效率效能，为决胜全面建成小康社会、开启全面建设社会主义现代化国家新征程、实现中华民族伟大复兴的中国梦提供有力制度保障。

深化国务院机构改革，要着眼于转变政府职能，坚决破除制约使市场在资源配置中起决定性作用、更好发挥政府作用的体制机制弊端，围绕推动高质量发展，建设现代化经济体系，加强和完善政府经济调节、市场监管、社会管理、公共服务、生态环境保护职能，结合新的时代条件和实践要求，着力推进重点领域和关键环节的机构职能优化和调整，构建起职责明确、依法行政的政府治理体系，提高政府执行力，建设人民满意的服务型政府。

这次国务院机构改革的具体方案如下。

一、关于国务院组成部门调整

（一）组建自然资源部。将国土资源部的职责，国家发展和改革委员会的组织编制主体功能区规划职责，住房和城乡建设部的城乡规划管理职责，水利部的水资源调查和确权登记管理职责，农业部的草原资源调查和确权登记管理职责，国家林业局的森林、湿地等资源调查和确权登记管理职责，国家海洋局的职责，国家测绘地理信息局的职责整合，组建自然资源部，作为国务院组成部门。自然资源部对外保留国家海洋局牌子。

不再保留国土资源部、国家海洋局、国家测绘地理信息局。

……

（十二）监察部并入新组建的国家监察委员会。国家预防腐败局并入国家监察委员会。

不再保留监察部、国家预防腐败局。

改革后，除国务院办公厅外，国务院设置组成部门26个：

1. 中华人民共和国外交部
2. 中华人民共和国国防部
3. 中华人民共和国国家发展和改革委员会
4. 中华人民共和国教育部
5. 中华人民共和国科学技术部
6. 中华人民共和国工业和信息化部
7. 中华人民共和国国家民族事务委员会
8. 中华人民共和国公安部

9. 中华人民共和国国家安全部

10. 中华人民共和国民政部

11. 中华人民共和国司法部

12. 中华人民共和国财政部

13. 中华人民共和国人力资源和社会保障部

14. 中华人民共和国自然资源部

15. 中华人民共和国生态环境部

16. 中华人民共和国住房和城乡建设部

17. 中华人民共和国交通运输部

18. 中华人民共和国水利部

19. 中华人民共和国农业农村部

20. 中华人民共和国商务部

21. 中华人民共和国文化和旅游部

22. 中华人民共和国国家卫生健康委员会

23. 中华人民共和国退役军人事务部

24. 中华人民共和国应急管理部

25. 中国人民银行

26. 中华人民共和国审计署

根据国务院组织法规定,国务院组成部门的调整和设置,提请全国人民代表大会审议批准。

二、关于国务院其他机构调整

(一)组建国家市场监督管理总局。将国家工商行政管理总局的职责,国家质量监督检验检疫总局的职责,国家食品药品监督管理总局的职责,国家发展和改革委员会的价格监督检查与反垄断执法职责,商务部的经营者集中反垄断执法,以及国务院反垄断委员会办公室等职责整合,组建国家市场监督管理总局,作为国务院直属机构。同时,组建国家药品监督管理局,由国家市场监督管理总局管理。

将国家质量监督检验检疫总局的出入境检验检疫管理职责和队伍划入海关总署。

保留国务院食品安全委员会、国务院反垄断委员会,具体工作由国家市场监督管理总局承担。

国家认证认可监督管理委员会、国家标准化管理委员会职责划入国家市场监督管理总局，对外保留牌子。

不再保留国家工商行政管理总局、国家质量监督检验检疫总局、国家食品药品监督管理总局。

……

（十一）改革国税地税征管体制。将省级和省级以下国税地税机构合并，具体承担所辖区域内各项税收、非税收入征管等职责。国税地税机构合并后，实行以国家税务总局为主与省（区、市）人民政府双重领导管理体制。

国务院组成部门以外的国务院所属机构的调整和设置，将由新组成的国务院审查批准。

4.4 安排：行政类公文中撰写时最确切、具体的一种文体

安排相对来说涉及范围小，是短期内就要完成的事项，是对某个活动进行有条理的布置与规划，并且将方案转换为文字的文种。也正因其特性所致，在行政类公文中，安排中所涉及的事项往往都会比较确切与具体。虽然有的安排会同时提及几件不一样的事，但基本上都会围绕同一个重心进行。

1. 安排的分类

1）以期限作为划分依据

根据不同的时间点，安排可划分为月安排、周安排和日安排等。

2）以性质作为划分依据

根据性质的不同，安排可划分为学习安排、会议日程安排、生产活动安排等。

3）以表现形式作为划分依据

根据不同的表现形式，安排可划分为条款式和表格式。

2. 安排的写作格式

安排的公文结构非常简单，内容往往只包括标题和正文两部分。

1）标题

如果是上级对下级安排某一事项，那么就会通过"事由＋文种"的结构作为

标题；如果只是某单位内部的自行安排，一般来说也不用设置标题。

2）正文

安排的正文往往会因涉及事项不一而有不同的写法，但是一般而言都会包括以下三项内容，如图4-4所示。

图4-4 安排的正文内容

① 写清楚撰写安排的依据和目的。这部分内容就像是计划的前言，但是相对而言语言更加简洁，通常都是以"根据""为了"等介词短语作为开头。有的只会谈及安排的依据，有的只会对目的作简单介绍。

② 写清楚撰写安排的事项。这部分的内容要做到条理清晰，同时也要周密具体，可通过列项进行表达。

③ 写清楚撰写安排的具体要求或者相关措施。针对需要安排的事项，应当就怎么着手，提出切实可行的措施。

与规划、计划等文种不同，安排的正文完结后，整篇公文也就结束了，并不需要再额外作结尾。

接下来以《乡镇下半年财政预算工作安排（2017年）》作为示例，以供参考和学习。

乡镇下半年财政预算工作安排（2017年）

一、下半年预算安排

上半年我镇财政预算执行情况相对良好，下半年预算安排将在年初预算调整的基础上，再进行合理调整，以实现全年预算支出安排。

2017年是我镇深化财政改革、加强财政管理、争取财政收入取得新突破的关键一年，做好财政工作，对维护社会稳定，促进社会各项事业的全面发展具有十分重要的意义。2017年下半年财政预算安排的指导思想是以发展经济、服务一方为己任，以立党为公，理财为民为职责，培育新的经济增长点，管好用好各项资金，确保收支基本平衡。预算安排的原则是预算收入方面，在发展经济提高效益的基础上，努力挖掘第一税源，开辟第二税源，培植第三税源，大力招引总部经济，增加镇级收入。预算支出方面，根据《预算法》第十二条、第三十五条规定"地方各级预算应当遵循统筹兼顾、勤俭节约、量力而行、量入为出、讲求绩效、收支平衡的原则"来编制，规范政府收支行为，强化预算约束，公开透明预算制度，保障经济社会健康发展。根据上述指导思想，我镇2017年下半年财政预算安排是：

2017年下半年预算支出安排3569.7万元（剔除政策性短收部分），主要突出安排教育、社会保障和农业水利支出、镇区基础设施配置、环境整治、农业结构调整项目支出等方面。确保民生支出达到3100万元，保证民生支出占预算支出的85%以上。

二、下半年工作措施及建议

下半年，我们将紧紧围绕全年目标，结合我镇实际，采取有效措施，确保做到应收尽收，应征尽征。

（一）实行会办制。加强与国税地税部门联系，协调配合，发挥优势，定期会办，查找不足，分析原因，对症下药，对异常企业加强监管，开展风险应对，敦促企业足额缴税。

（二）加强收入责任。进一步加强收入责任，将收入分解到月，细化到天，具体到人，确保收入组织工作有人抓，有人管，抓得严，管得实，出实绩。

（三）加强帮办服务。对本镇招商引资企业加大帮办力度。及时兑现优惠政策。对本土企业，深入企业和老板座谈，让企业老板解放思想，转型升级，产品更新优化，在市场竞争中立于不败之地。

（四）做好基础性工作，建立税源台账，摸清税源底账，有针对性指导企业入库，巩固既有税源，避免税源流失，夯实税基。

（五）加强总部经济规划。上半年，我镇财政收入得益于招引工作实绩的认定。我们将按月通报招引工作情况，督促无实绩的单位或个人，尽力谋划，创新招引方式，着力以商招商，强化载体招商。加快招引工作，确保下半年再突破。

（六）加快预算支出的进度。进一步优化支出结构，将"保工资，保运转，保民生"，放在首位。严格按"三重一大"的相关制度，按预算安排支出。同时加快预算执行力度,加快我镇重点项目资金的拨付,此外,进一步压缩行政性开支,缩减"三公经费";节约可用财力,用于保障民生等重点项目。

4.5 要点:撰写要点时要注意与计划相区分

要点,顾名思义就是通过简洁的文字将目标对象的工作等重点扼要地反映出来。

1. 要点的特点

要点在某些方面的特点与计划相似,但其属于粗线条计划,具有以下两个明显的特点。

1)内容集中,具备针对性

要点所反映的就是某一事项的核心内容,并且通过精练、概括、扼要的文字表达出来,具备十分明显的针对性。

2)格式不严,灵活性明显

要点并不是绝对固定式的,可以根据实际情况进行增加或删减,灵活性比较明显;不仅如此,在层次上也不会有很严格的格式要求,思路能够有一定的跨度。

2. 要点的写作格式

要点由标题、主送单位、正文三个部分组成。

1)标题

要点的标题大多数都是由"制发单位""适用时间"及"工作要点"三方面形成。

2)主送单位

要点大多数都是机关内部使用的普发性文件,因此基本上不会写受文单位。

3)正文

有的要点会写前言,但不是全部,前言也不是必要的。如果是写前言的要点公文,往往会在前言中写明要点目的、依据、方针、要求等,文字字数没有严格要求,点到即止最好,不需要展开阐述。写完前言后,开始逐一将要点列出来,讲清楚为什么做、做什么事等。整体而言,要点的思路结构允许出现较大的跨度。

3. 撰写要点的注意事项

1）紧扣特征

在拟定要点时，一定要区分其与计划的不同，切勿将二者的行文格式混淆，这就需要撰写者紧紧扣住要点的特征来实现。

2）力求简洁

要点内容集中，具备针对性，因此阐述时尽可能扼要地将重点表达出来，无须过多修饰，更不需要展开细说。

接下来以《2019年教育信息化和网络安全工作要点》作为示例，以供参考和学习。需要注意的是，由于篇幅问题，在此摘录的内容有所删减。

2019年教育信息化和网络安全工作要点

一、工作思路

以习近平新时代中国特色社会主义思想为指导，深入贯彻落实党的十九大精神，全面落实全国教育大会、全国网络安全和信息化工作会议精神，围绕加快教育现代化、建设教育强国、办好人民满意的教育，以"育人为本、融合创新、系统推进、引领发展"为原则，坚持稳中求进工作总基调，深入落实《教育信息化"十三五"规划》和《教育信息化2.0行动计划》，实施好教育信息化"奋进之笔"，加快推动教育信息化转段升级，积极推进"互联网+教育"，坚持高质量发展，以教育信息化支撑和引领教育现代化。

二、核心目标

一是全面落实党中央国务院对教育领域网络安全和信息化的战略部署。加强教育部网络安全和信息化领导小组的统筹领导，深入实施《教育信息化2.0行动计划》，印发加强"三个课堂"应用的指导意见，编制《中国智能教育发展方案》，举办国际人工智能与教育大会。

二是推动数字资源服务普及，不断扩大优质教育资源覆盖面，提升教育服务供给能力。成立国家数字教育资源公共服务体系联盟，实现省级平台全部接入体系，完善大资源开发利用机制，"一师一优课、一课一名师"活动晒课100万堂，认定800门国家精品在线开放课程。

三是网络学习空间应用不断深入，全国师生网络学习空间开通数量新增

1000万个，继续推选网络学习空间应用优秀地区40个和优秀学校200所。完成中小学校长和骨干教师"人人通"专项培训6000人，推动逐步实现"一人一空间、人人用空间"。

四是网络条件下的精准扶智持续推进，继续开展面向"三区三州"教育信息化"送培到家"活动，举办3期管理干部培训班和3期中小学校长培训班，举行信息化教学设备捐赠、优质数字教育资源共享、教育信息化应用服务等活动。

五是典型案例的辐射带动作用充分彰显，出台百区千校万课引领行动实施方案，统筹教育信息化各类试点和培育计划的实施，启动认定第一批20个典型区域、200所标杆学校、2000堂示范课例，编制教育信息化创新应用系列案例集，推广典型经验。

六是教育治理能力显著提升，印发关于加强新时代教育管理信息化工作的指导意见。有序推进"互联网+政务服务"，做好教育部直属机关政务信息系统整合共享工作，建立政务信息资源目录和数据溯源图谱，促进学生数据的贯通和教师数据的复用。

七是数字校园建设与应用加快推进，印发《高等学校数字校园建设规范》，开展学校联网攻坚行动，全面改善学校网络接入和带宽条件，中小学宽带接入率达到97%以上、出口带宽达到100Mbps以上，并探索采用卫星通信等多种技术手段实现学校互联网全覆盖。

八是智慧教育创新发展行动有序开展，指导宁夏"互联网+教育"示范区和湖南教育信息化2.0试点省建设，支持设立5个以上"智慧教育示范区"，组建15个教育信息化创新实践共同体。

九是师生信息素养全面提升，完成义务教育阶段学生信息素养评价指标体系和评估模型设计，开展对2万名中小学生信息素养测评。启动互联网+教师教育创新行动，印发《关于实施全国中小学教师信息技术应用能力提升工程2.0的意见》，完成教育厅局长教育信息化专题培训900人。

十是教育系统网络安全保障能力显著增强，出台落实党委（党组）网络安全责任制评价考核办法，制定关键信息基础设施保护规划，开展教育系统关键信息基础设施认定工作，制定教育系统数据安全管理办法，建立线上线下相结合的网络安全培训机制，着力打好防范化解重大风险攻坚战。

三、重点任务

（一）加强教育信息化和网络安全统筹部署

1. 做好教育信息化和网络安全统筹部署与协调

加强教育部网络安全和信息化领导小组的统筹领导，组织落实党中央国务院的重大决策部署，研究审议重大问题和重要政策文件，落实"一带一路""互联网+"、大数据、云计算、人工智能、智慧城市、信息惠民、宽带中国、网络扶贫等重大战略的任务安排。

……

35. 建立常态化的网络安全保障机制

制定出台党委（党组）网络安全责任制评价考核办法。根据中央网信办、公安部的统筹部署，开展网络安全检查。开展教育系统网络安全专题研讨班。

4.6 【案例】商业计划书怎样写更能吸引投资人

随着时代的发展，商业计划书也需要不断完善。但是商业计划书的形式即使再多，一份合格的商业计划书还是要包含 8 个重要元素。

1. 企业及产品介绍

就像人们去面试一样，企业首先需要对投资者来一个自我介绍，说明企业的业务方向，接下来计划涉及哪些业务，让投资者能够及时了解企业的基本信息。接下来企业可以介绍自己的产品，通过介绍产品给投资者留下好印象。在介绍产品的时候，企业要简洁明了地将产品特色给表达出来，特别是产品优势，应该将产品的核心竞争力及时展现出来。比如说某一家企业的业务方向是生产工厂机器，主要追求产品的高效性与便捷性。然而在商业计划书的介绍中，却介绍了机器的环保问题，最后结果恐怕是不太理想。此外，在介绍过程中，企业切忌"说空话"，应该实事求是。

当然，企业将产品介绍完毕后，还可以展现产品项目的进程，如目前进行到什么阶段，还可以向投资者展示该项目的发展前景，这样才有可能吸引投资者。

2. 团队

团队是投资项目的重要元素，如果说团队零散、整体质量不高，那么哪怕是再好的项目，投资者也会认为该团队支撑不起该项目，从而选择放弃。

在介绍团队的时候，企业只需把核心人物给介绍出来即可，因为这才是投资者比较看重的地方。核心人物一般选择 3～5 个，介绍顺序由职位高低来决定。企业介绍团队内容一般包括履历、股份情况等，让投资者能够了解到比较关心的内容。

3. 市场

有些企业在介绍产品情况时，总是忍不住夸大产品在市场中的份额。然而，投资者都是十分专业且精明的人，他们可以迅速判断出来介绍的真假。因此，企业在介绍市场规模及产品在市场中的份额时，应该力求客观。

在介绍市场状况时，企业还可以介绍客户需求，将之与市场状况结合起来。比如，某企业主营生鲜产品，如今市场客户基本上都要求"绿色无污染，味道纯天然"，而这家企业可以突出自己的优势，将其"性价比最高的生鲜产品"的特点表现出来。

4. 财务状况

财务状况是投资者量化企业未来价值的重要参考依据，一般情况下，企业应该在商业计划书中介绍五年之内对于财务的预测。企业介绍财务状况时，资产流动性、收益预测，以及资产负债表预测都是需要着重介绍的因素。当然，介绍起来也会有一些小技巧。比如，介绍资产流动性，流动性预测在越近的时间内，所要预测的内容就要越具体，时间越远就要越粗略。财务状况必须要以专业的形式出现在投资者面前，因此企业最好向专业的会计师或者财务人员请教制作方法。

5. 营销策略和盈利模式

将产品销售出去是企业生产产品的目的，同时也是一件非常挑战企业能力的事情。因此，在制作商业计划书时，企业可以将营销策略中的主要消费人群、营销渠道、价格定制等内容加入其中。营销的目的就是盈利，因此在介绍营销的环节中，企业还要将盈利模式给加到商业计划书中。投资者普遍对有明确盈利模式的项目感兴趣，如果企业在短期内无法实现盈利，也要对未来的盈利情况作出综合考量，并判断出盈利情况。如果投资者在商业计划书中看到企业短期无法盈利，又不能确定何时盈利的话，那么投资者是不会考虑投资该企业的。

6. 竞争对手

竞争对手必然是投资者最想看到的内容之一，毕竟每个人都想花费时间与金钱在最具竞争力的事情上,这样一来,盈利的概率就会比较大。因此,企业要把竞争对手及其实力、在竞争过程中企业自身的优势等内容都展现出来。当然,企业主要展示的还是通过与竞争对手相比较后所占有的优势,并阐述为何能够在竞争中取胜。

7. 融资说明

这个项目需要多少钱?这些钱的用途都是什么?这无疑也是投资者比较关心的内容。如果一个好的项目大夸海口要50亿,但是又说不出个所以然来,恐怕投资者是不会认可企业的融资需求的。只有当企业将资金用途阐述清楚,并且按照实际需求制定需求,让投资者明白钱都是花在刀刃上的,投资者才会慎重考虑企业的需求。因此,在商业计划书中,企业应该要说明融资金额、出让多少股份、资金用途等内容。通常来说,融资金额一般都是满足一年半左右的资金量。

8. 退出机制

不论是企业还是项目,都会有起有落,因此,大多数投资者不会长期占据企业股份,在获取相应利益后,也会适当选择抽身。而当投资者想要抽身时,在股票上市、出售企业还是买回这三种形式中选择哪一种,这也是企业在商业计划书中应该说明的问题。

以上8个因素就是一份合格的商业计划书的必备要素,在这个基础上,如果在一些细节上加以润色,想必书写一份优秀的商业计划书也是指日可待的事。接下来,以Airbnb的商业计划书为例,看看其是如何获得融资的。

Airbnb成立于2008年,创业距今已达十多年,其总部位于美国加州旧金山市。Airbnb是一个旅行房屋租赁的服务型网站,用户通过计算机端、移动端等使用Airbnb可完成在线预订房屋程序。Airbnb在成立十多年间,业务覆盖全球,而在2017年1月,Airbnb实现首次盈利。如今Airbnb估值超过300亿美元,可与希尔顿一争高下。

2016年,网络上有一份关于Airbnb早期的商业计划书广为流传,引起大众热议。从这份商业计划书中的内容来看,这应该是Airbnb在早期天使融资时所制作的商业计划书。这份商业计划书全文只有14页PPT,内容简洁明了,清晰地将Airbnb的商业模型、市场痛点及对策都表达出来。正是凭借这次成功的天使轮融资,Airbnb才有机会发展到如今估值超300亿美元的大公司。相比之

第 4 章　行政类公文：传导工作信息与努力方向的重要文书

下,如今大部分创业公司的商业计划书动辄数十页甚至上百页,让投资者感到眼花缭乱。

下面通过图片看一下 Airbnb 早期的商业计划书是什么样子的,并通过这份计划书分析成功的商业计划书应该如何制作,从而发挥其对创业公司来说的重要作用。

Airbnb 商业计划书的第 1 页主要描述了企业的服务类型,并没有花里胡哨的过多修饰,投资者一目了然,如图 4-5 所示。

图 4-5　Airbnb 商业计划书的第 1 页

在 Airbnb 商业计划书的第 2 页中,描述了市场当时的痛点并且给出了解决方案,如图 4-6、图 4-7 所示。

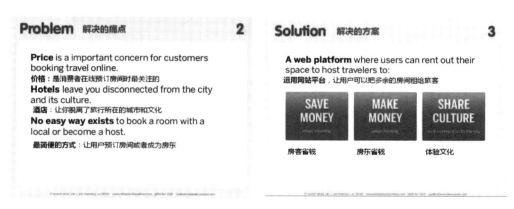

图 4-6　Airbnb 商业计划书的第 2 页　　图 4-7　Airbnb 商业计划书的第 3 页

同时,Airbnb 在其商业计划书的第 4 页中列出了相关网站数据,从而验证这一市场的可行性，如图4-8所示。

Airbnb在商业计划书第5页中列出了市场规模，如图4-9所示。事实上，这个数据低估了市场规模，但影响不大。

图4-8　Airbnb商业计划书的第4页　　图4-9　Airbnb商业计划书的第5页

在Airbnb的商业计划书的第6页中，着重介绍了其主要产品，并阐述了操作方法，如图4-10所示。

Airbnb从一开始就为自己制定了清晰的盈利模式，因此，第7页商业计划书自然是用来介绍其商业模式的，如图4-11所示。

图4-10　Airbnb商业计划书的第6页　　图4-11　Airbnb商业计划书的第7页

在Airbnb商业计划书的第8页，其通过案例、合作伙伴等方式较为详细地叙述了该公司的推广方式，如图4-12所示。

竞争对手是商业计划书中必不可少的内容，Airbnb将其放在了第9页，并分线上、线下、贵的、便宜的四种形式进行了比较,如图 4-13 所示。

图 4-12　Airbnb 商业计划书的第 8 页　　图 4-13　Airbnb 商业计划书的第 9 页

　　Airbnb 商业计划书的第 10 页是企业的项目优势,也是一个企业制胜的秘密武器,如图 4-14 所示。每个企业的项目优势不怕别人知道,关键还是要看该企业的执行程度。

　　在 Airbnb 商业计划书的第 11 页中,将其核心团队作了充分的介绍,展现出其团队分工很明确,职能互补的优势,如图 4-15 所示。

图 4-14　Airbnb 商业计划书的第 10 页　　图 4-15　Airbnb 商业计划书的第 11 页

　　在第 12 页中,Airbnb 展示出其公司目前已经受到了社会各界的关注,从而侧面印证了项目的可行性,如图 4-16 所示。

　　用户体验是一个产品需要重点考虑的问题,用户对产品的认可程度很大程度上取决于用户体验。因此，Airbnb 在第 13 页的商业计划书中选取了部分用户的发言，通过用户发言验证产品的可发展性，如图 4-17 所示。

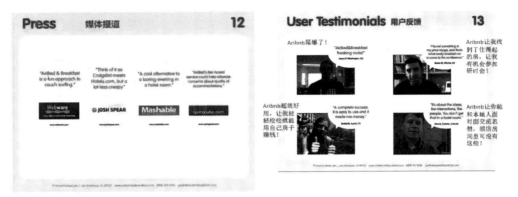

图 4-16　Airbnb 商业计划书的第 12 页　　图 4-17　Airbnb 商业计划书的第 13 页

在商业计划书的最后一页中，Airbnb 明确提出了融资条件，并且制定了今后的战略目标，让投资者吃了一颗定心丸，如图 4-18 所示。

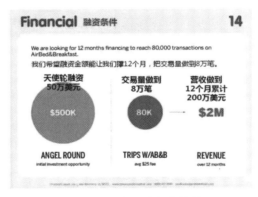

图 4-18　Airbnb 商业计划书的第 14 页

Airbnb 最后获得融资的因素有很多，但这份商业计划书功不可没。当然，随着企业的不断发展，更多的报表、产品及更复杂的内容都要加到商业计划书中，但简洁明了仍是其不可改变的重要表现形式。一份好的商业计划书就是这样，简洁明了的界面却能将要素讲得清清楚楚，从而起到促进融资的重要作用。

第 5 章

规范类公文：为具体工作提供标准、设定制度

规范类公文是政府机关在执行公务活动的时候必须要遵守的规章制度，具有一定的法律效力。不论是个人还是机构，在从事某类工作的时候，都必须要根据相应的规范类公文当中的具体要求来行事。因此，本章将详细介绍规范类公文的相关要素，以供大家学习和参考。

5.1　文种特点：规范类公文5大特点在公文结构上的体现

什么是规范类公文？简单来说，所谓的规范类公文就是政府机关在执行公务活动的时候必须要遵守的规章制度，具有一定的法律效力，是一个完整的规范体系。政府机关人员在执行公务的时候，必须要按照规范类公文当中的标准进行，不能违反其中的标准，比如国家各级政府机构颁布的条例、决定、规定、规则、细则、准则、办法、章程等。

1. 规范类公文的分类与特征

在对规范类公文进行整理、总结过后，可以将其分为三种类型，分别是义务性规范、禁止性规范及授权性规范。详细来说，义务性规范就是"有什么事情，是你一定要做的"；禁止性规范就是"有什么事情，是你千万不能去做的"；授权性规范就是"有什么事情，是你可以去做的"。

相对来说，规范类公文具有很强的稳定性，具有很长的适用时间，如果没有新的规范类公文取代旧的规范类公文，那么无论是在什么时候，都必须要根据规范类公文当中的具体规定行事。义务性规范及禁止性规范可以说是硬性要求，每一位行政工作人员在从事相关工作的时候都一定要严格按照规定当中的内容行事，无论是谁都不能违反其中的规定，否则就会受到处罚，轻则给予批评或是行政处分，重则追究法律责任。

2. 规范类公文的结构

1）总体结构

通常情况下，一份规范类公文主要会有以下内容，即公文的标题、日期（可以是公文发布的日期、公文通过的日期，也可以是公文批准的日期）、章题（如果有需要，还会有节题）、正文部分。

公文的标题通常情况下分为3个部分，分别是发文机关、事由和文种。日期指的就是公文生效的日期，通常情况下是具有权威性的组织或是机构审议通过的时间，需要在公文标题下用圆括号表明具体的时间。章题其实就是对章节内容进行简要概括。正文部分就是规范类公文的主要内容，一篇规范类公文需要在正文部分当中准确地表达出具体的规范内容。

2）正文结构

通常情况下，正文部分的内容有制定依据、制定目的、有关定义、适用范围、具体规范、主管部门、施行日期、奖惩办法、施行方式，以及相关说明等。在实际操作的过程当中，通过使用条文形式写作前面所说的内容，每个条文还可以分为几个具体的内容，如款、项、目等。每一条、每一项、每一目都需要在前面加上数字来表示，而款则不需要，如"第×款"，其中的×可以用阿拉伯数字来表示，也可以用汉字来表示。如何排序也是有讲究的，通常情况下，条文是以整个文件为一个单位来进行排序的，别的都是以上一个层次为一个单位来进行排序的，如第一条：第一项、第二项……第二条：第一项、第二项……如果条文的数量过多，那么还可以设置章，如果章的数量还是太多了，那么还可以再设置节。

通常情况下，一篇规范类公文的首部都是具体规范当中具有共同性、普遍性、原则性及表达制定依据、制定目的、有关定义，以及适用范围的条文，按照一定的顺序来进行排列，对于这一部分，我们称之为"总则"。如果是使用分章表达的方式，那么总则就是公文的第一章。

"总则"后面，是根据一定的逻辑关系来进行分类集中编排的条文，这些条文的内容则是具体规范当中的各项规定。如果是使用分章表达的方式，那么就可以对这些条文进行总结归纳，将同一类的内容划分到一章当中。对于这些条文，我们称之为"分则"。

"分则"后面，通常是一些表达奖惩办法的条文，既可以把这些条文作为"分则"当中最后的内容，也可以把这些条文单独划分成为一个"罚则"。如果是使用分章表达的方式，则在必要的时候，需要将这部分条文独立划分成为一个章，章题可以使用"法律责任""罚则"或是"奖励与处罚"等命名。

"罚则"后面，通常是表达施行日期、施行方式，以及一些相关说明的条文，根据一定的标准进行排序。对于这部分条文，我们称之为"附则"，如果是使用分章表达的方式，那么我们可以直接把这一部分内容的章题命名为"附则"。有关主管部门的内容既可以放在"总则"当中进行表述，也可以放在"分则"当中进行表述，还可以放在"附则"当中进行表述，究竟要放在哪一部分，就要根据实际情况决定了。

3. 撰写规范类公文的注意事项

撰写规范类公文的注意事项如图 5-1 所示。

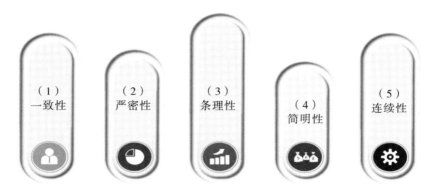

图 5-1　撰写规范类公文的注意事项

（1）一致性。一篇规范类公文可不是随随便便就能够写出来的，在撰写时必须要充分考虑到公文的一致性。简单来说，就是公文当中的内容一定要和国家的法律、党的政策方针，以及一些其他的规章制度、法规保持一致；一定要与上级机关的有关规定一致；一定要与同级机关的有关规定一致；与自己制定的其他规定保持一致；与已经执行的相关规定保持一致；本文件当中的内容要保持一致，也就是说同一文件当中表述相同概念要用同样的词语；公文当中规定的标准要与制定机关的职权一致，否则制定机关根本无权处理。

（2）严密性。一篇规范类公文的内容一定要紧密结合，思路必须要严谨，在撰写时必须要按照相关的结构来进行，必须要做到语言准确，表述清晰。要用准确的语言来描述规范类公文约束的对象、施行范围、施行方式；文件当中规定的要求必须要具备准确的、具有可行性的检查标准、衡量指标；要用清晰的语言表述与权力、职责及义务相关的规定，并且要明确地表明时间要求。在表述具体的条款时，一定要使用坚定的语气来表示，不能模糊不清，除非必要，否则不要轻易使用"大概""一般"等词汇；在对具体的要求进行修饰的时候，除非必要，否则不要轻易使用"拟""暂""准备"等词汇；在表述具体的范围时，必须要详细列出，避免使用"等"字。

（3）条理性。一篇规范类公文必须要具备条理性，一定要做到合理地对内容进行分类、能够突出主题，内容的层次一定要做到清晰、分明，文章的内容排列一定要做到合理有序。如果规范类公文不具备条理性，那么就会导致杂乱无章，根本无法看懂公文当中所要表达的内容。在撰写规范类公文时，必须按照一定的条理来进行，只有这样才可以让文章的各部分内容具有连贯性与系统性，方便理解和阅读。

（4）简明性。一篇规范类公文当中通常会有大量的条例及内容，阅读起来相当费劲，因此在撰写的时候，一定要尽可能地做到明确周详，用词尽量简洁，要有利于读者更好地理解、更好地记忆，也方便执行。公文的表达方式应尽可能以说明为主，只需要说明具体内容即可，无须表明具体的理由，也无须对条例进行分析、议论，更无须对条例的内容进行解释和列举。在文字方面，应该尽可能地做到简洁精确、高度概括。除非必要，否则不要轻易使用生僻的术语，词句应简单易懂。

（5）连续性。通常情况下，一篇规范类公文不可能是独立的，公文与公文之间是具有连续性的，后颁布的公文需要继承先前颁布的公文当中的内容。因此，在撰写公文的时候，必须要找到大量的相关文件，查阅大量的相关文件，一丝不苟地对这些文件进行对照分析。如果在必要的情况下，需要停止使用旧的公文，转而使用新的公文，那么必须要明确表明废止原有文件当中的相关规定。

5.2 章程：组织章程与业务章程在撰写时的不同

章程属于规范性文书，我们可以把章程简单地理解成为一种规章制度。它是社会团体或组织在经过一系列流程后才能够制定的，是社会团体或组织的组织规程及办事规则。

对于社会团体或组织来说，章程是一个最基本的行动准则与纲领，在短时间内章程是十分稳定的，能够持续地发挥作用。如果在必要的情况下，需要对章程进行更改或是重新修订，那么还需要通过一系列的手续及程序才能够进行更改，如需要团体成员代表或全体成员或一半以上的成员审议通过后，方可更改。特别是政府机关的章程，具有极强的稳定性，除非必要，否则不能轻易更改。

章程所能够产生的作用主要是用来对社会团体或组织的内部成员进行约束，由社会团体或组织当中的每一位成员自觉遵守执行。

1. 章程的分类

章程主要有以下两种类别。

第一种类别是组织章程，是由社会当中的各式各样的组织制定的，主要作用是明确规定组织内部的性质、宗旨、人员构成、任务、纪律措施、活动规则等。

第二种类别是业务工作章程，是由社会中的各式各样的单位组织制定的，主要作用是表明自己的基本要求、业务性质、运作方式，以及行为规范等。

2. 章程的格式

一般情况下，章程的格式分为两个部分，一个是标题，另一个就是正文。

1）标题

一般情况下，章程的标题由两个部分组成，前面是社会团体或组织的名称，后面是这篇公文的文种。需要注意的是，我们需要添加一个小括号在标题的下方，在其中写上该章程是由哪个会议审核通过，以及该章程生效的时间。章程还分为两种类别，一种是正式章程，另一种是非正式章程，通俗点的叫法叫作"草案"。如果该章程已经通过了相关组织的代表大会的审议，已经正式生效，那么就属于第一种；如果该章程尚未通过相关组织的代表大会审议，尚未正式生效，那么就属于第二种，同时还需要在标题的末尾加上"草案"来表明。

2）正文

一篇完整的章程，正文部分主要由三个部分构成，按照顺序依次是总则、分则、附则。总则部分，通常是从总体上来说明组织的宗旨、性质、任务，以及作风，我们还可以将其称为总纲。分则部分，通常会详细阐述成员、组织、经费三个方面的内容。

成员方面，主要是该组织的成员具有什么样的义务，享受什么样的权利，加入组织需要什么样的条件，以及组织的纪律等；组织方面，主要是详细阐述组织的级别，由什么样的机构组成，有什么样的职务位置等；经费方面，主要是详细阐述组织的经费主要使用在什么地方，由什么渠道来募集经费等。

最后，正文还有可能会有附则部分，这通常是补充说明该章程的解释权、修改权，以及制定权。

3. 章程的写作方式

在撰写章程的时候，需要特别注意三个方面的问题，如图 5-2 所示。

图 5-2　撰写章程的时候需要特别注意的三个方面

首先是在用词方面，尽可能实现既简洁又明确。在实际操作的过程当中，要不断地反复思考，用什么词汇才能够做到既十分简洁，又能够准确地表达出想要说明的内容。

绝大多数的情况下，章程都是直接使用词语的直接意义的，根本无须通过修辞手法对词语加以修饰，词语的意思必须清晰明确，最好不要用有歧义的词语，让人在阅读的时候能够方便理解。

绝大多数章程所使用的表达形式是条文，我们将其称为断裂行文法，用这种方法撰写出来的文章，段落与句子之间、段落与段落之间存在跳跃性。因此，在撰写章程的时候除非必要，否则不要轻易使用一些关联词语，如"因为……所以""虽然……但是"等。

其次是在结构方面，章程的结构必须严密谨慎。一篇章程通常情况下会有很多的内容，在撰写的时候一定要做到环环相扣，让整篇章程成为一个整体，而不是一篇又一篇独立的文章。我们可以按照这样的顺序来写：由总到分，一般情况下，在分的部分先描述与成员相关的内容，再去描述与组织相关的内容；在组织这一部分，应该由大到小来排序，先是全国组织，然后到地方组织，最后是基层组织；先描述组织内部的具体情况，再描述组织外部的具体情况。

最后是在条款方面，章程的条款要尽量实现单一和完整的要求。单一，是指一个条款表达的意思只有一个,千万不能把多个意思放在同一个条款当中表达;完整,是指一个完整的意思由一个单独的条款来表达,千万不能拆分成几个条款,这样表达才可以被正确地执行与引用。

5.3 办法:工作管理办法与实施文件办法范例对比分析

办法属于规范类公文的一种,是由政府机关制定的。通常情况下,主管部门会以国家提出的政策方针作为基本依据,对本系统、本部门的公务活动或是工作作出规范化、具体化的指导。简单来说,就是政府机关部门在遇到事情的时候,应该通过什么样的方式去处理;在遇到问题的时候,应该通过什么样的方式去解决。

1. 办法的分类

办法适用范围十分广泛,对于各级各类机关都适用。并且办法的类型也不止一种,在此只列举以下两种。

1)工作管理办法

通常情况下,工作管理办法制定的依据是相关的法律,不过工作管理办法是独立的,它不是由某个条例或是法律衍生出来的。我们可以将工作管理办法看成是对法律的补充,是行政管理部门对法律当中无法具体涉及的工作进行的安排。举个例子,在 2000 年《中华人民共和国国务院公报》第 7 号上发布的《水利基本建设项目稽察暂行办法》第一条规定:"为规范水利基本建设行为,加强国家水利基本建设投资管理,提高建设资金使用效益,确保工程质量,保证稽察工作客观、公正、高效开展,特制定本办法。"这里就详细说明了实行行政管理的性质。接下来以《水利基本建设项目稽察暂行办法》作为示例,以供大家参考和学习。需要注意的是,由于篇幅问题,在此摘录的内容有所删减。

水利基本建设项目稽察暂行办法

(1999 年 12 月 7 日中华人民共和国水利部令　第 11 号)

第一章 总则

第一条 为规范水利基本建设行为,加强国家水利基本建设投资管理,提高

第5章 规范类公文：为具体工作提供标准、设定制度

建设资金使用效益，确保工程质量，保证稽察工作客观、公正、高效开展，特制定本办法。

……

第四条 水利部所属流域机构和地方各级水行政主管部门应对稽察工作给予协助和支持。

项目法人及所有参建单位都应配合水利基本建设稽察工作，并提供必要的工作条件。

第二章 机构、人员和职责

第五条 水利部水利工程建设稽察办公室（以下简称"稽察办"）负责水利基本建设项目的稽察工作，其主要职责是：

（一）开展对水利基本建设项目的稽察；

（二）对水利建设项目违规违纪事件进行调查；

（三）负责稽察特派员的日常管理；

（四）配合国家计委重大建设项目稽察特派员办公室工作；

（五）承担部交办的其他任务。

……

第八条 稽察人员执行稽察任务时遵循回避原则，不得稽察曾直接管辖区域内的建设项目，也不得稽察与其有利害关系的人担任高级管理职务的建设项目。

稽察人员不得在被稽察项目及其相关单位兼职。

第三章 稽察工作内容

第九条 稽察人员与被稽察项目是监督与被监督的关系。稽察人员不参与、不干预被稽察项目的建设活动。

……

第十八条 根据工作需要，稽察特派员可以就第十一条所述部分内容或其他事项组织专项稽察。

第四章 稽察程序和方式

第十九条 稽察办根据年度水利基本建设计划安排，结合工程规模、工程投资结构、工程重要性和工程建设情况等因素，选定稽察项目，下达稽察通知书。

……

第二十八条 稽察特派员在稽察工作中发现紧急情况，应立即向稽察办专项报告。

第五章 稽察报告及整改

第二十九条 稽察报告一般应当包括下列内容：

（一）项目前期工作、设计工作情况及分析评价；

（二）项目建设管理情况及分析评价；

（三）项目计划下达与执行情况及分析评价；

（四）项目资金使用情况及分析评价；

（五）工程质量保障体系和工程质量现状等情况及分析评价；

（六）存在的主要问题及整改建议；

（七）稽察办要求报告的或者稽察特派员认为需要报告的其他内容。

专项稽察报告的内容根据专项稽察工作具体任务和要求确定。

……

第三十二条 对严重违反国家基本建设有关规定的项目，根据情节轻重提出以下单项或多项处理建议：

（一）通报批评；

（二）建议有关部门降低设计、监理、施工、咨询、设备材料供应等有关单位的资质，吊销其资质证书；

（三）建议有关部门暂停拨付项目建设资金；

（四）建议有关部门批准暂停施工；

（五）建议有关部门追究主要责任人员的责任。

第三十三条 对项目的整改情况，稽察特派员应适时跟踪落实，必要时可进行再次稽察。

第六章 稽察人员、被稽察单位权利和义务

第三十四条 稽察人员依法执行公务受法律保护，任何组织和个人不得拒绝、阻碍稽察人员依法执行公务，不得打击报复稽察人员。

……

第四十三条 被稽察项目有关单位和人员有下列行为之一的，对单位主要负责人员和直接责任人员，由稽察办建议有关方面给予党纪政纪处分；构成犯罪的，移交司法机关依法追究法律责任：

（一）拒绝、阻碍稽察人员依法执行稽察任务或者打击报复稽察人员的；

（二）拒不提供与项目建设有关的文件、资料、合同、协议、财务状况和建设管理馈况的资料或者隐匿、伪报资料，或者提供假情况、假证词的；

（三）可能影响稽察人员公正履行职责的其他行为。

第七章 附则

第四十四条 已按本办法规定进行稽察的基本建设项目，水利部一般不再组织内容重复的检查。

第四十五条 本办法由水利部负责解释。

第四十六条 本办法自颁布之日起施行，《水利工程建设项目巡视检查办法》同时废止。

2）实施文件办法

通常情况下，实施文件办法就是为了能够顺利实施法规而制定并发布的公文。与管理办法相比，实施文件办法并不具备独立性，而是具有很强的派生性。举个例子，在2000年《中华人民共和国国务院公报》第5号上发布的《中华人民共和国海关实施〈行政复议法〉办法》，这一实施办法从标题上就明确地指出其具有派生性，简单来说，这个实施办法的制定就是为了让海关能够顺利实施《中华人民共和国行政复议法》。此外，如《2000年曾宪梓教育基金会〈优秀大学生奖学金计划〉实施办法》同样属于实施办法。接下来以《中华人民共和国海关实施〈行政复议法〉办法》作为示例，以供大家参考和学习。需要注意的是，由于篇幅问题，在此摘录的内容有所删减。

水利基本建设项目稽察暂行办法
（海关总署令 第78号）
第一章 总 则

第一条 为防止和纠正违法的或者不当的海关具体行政行为，保护公民、法人或者其他组织的合法权益，保障和监督海关依法行使职权，根据《中华人民共和国行政复议法》（以下简称《行政复议法》）、《中华人民共和国海关法》（以下简称《海关法》）及有关法律、行政法规，制定本办法。

……

第五条 海关行政复议机关履行行政复议职责，应当遵循合法、公正、公开、及时、便民的原则，坚持依法行政、有错必纠，保障海关法律、行政法规的正确实施。

第二章 海关行政复议范围

第六条 有下列情形之一的，公民、法人或者其他组织可以依照本办法向海关申请行政复议：

（一）对海关作出的罚款，没收货物、物品、运输工具，追缴无法没收的货物、物品、运输工具的等值价款，没收违法所得，暂时停止或者取消给予特定减免税优惠，暂停或者取消与办理海关手续有关的经营资格，暂停报关员的执业或者吊销报关员的执业证书及其他行政处罚决定不服的；

……

第八条 海关工作人员不服海关作出的行政处分或者其他人事处理决定的，依照有关法律、法规的规定提出申诉，不适用本办法。

第三章 海关行政复议申请

第九条 公民、法人或者其他组织认为海关的具体行政行为侵犯其合法权益的，可以自知道该具体行政行为之日起六十日内向有管辖权的海关提出行政复议申请。

海关的具体行政行为（包括作为与不作为）是持续状态的，提出行政复议申请的期间自该具体行政行为终了之日起计算。

因不可抗力或者其他正当理由耽误法定申请期限的，申请期限自障碍消除之日起继续计算。

……

第十六条 两个以上的复议申请人对同一海关具体行政行为分别向海关复议机关申请复议的，海关复议机关可以并案审理，并以后一个申请复议的日期为正式受理的日期。

第四章 海关行政复议受理

第十七条 海关行政复议机关收到行政复议申请后，应当在五个工作日内进行审查，对不符合本办法规定，有下列情形的行政复议申请，决定不予受理：

（一）申请人不是认为海关具体行政行为侵犯其合法权益的公民、法人或者其他组织的；

（二）不属于本办法第六条规定的行政复议的范围的；

（三）超过法定申请复议期限，且无本办法第九条第三款规定情形的；

（四）已向人民法院提起行政诉讼，人民法院已经依法受理的。

决定不予受理的,应当制作《行政复议申请不予受理决定书》,并送达申请人。

……

第二十四条 行政复议期间海关具体行政行为不停止执行;但有《行政复议法》第二十一条规定情形之一的,可以停止执行。决定停止执行的,应当制作《具体行政行为停止执行决定书》,并送达被申请人。

第五章 海关行政复议审理与决定

第二十五条 行政复议采取书面审查的办法,但是有下列情形之一的,复议机构可以向有关组织和人员调查情况,听取申请人、被申请人和第三人的意见:

(一)申请人提出要求、经复议机构审查同意的;

(二)申请人、被申请人对事实争议较大的;

(三)申请人对具体行政行为适用法律、行政法规、行政规章有异议的;

(四)案件重大、复杂、疑难或者争议的标的价值较大的;

(五)复议机构认为有必要向有关组织和人员调查情况,听取申请人、被申请人和第三人意见的。

……

第四十四条 公民、法人或者其他组织对海关具体行政行为在法定期限内不复议、不起诉又不履行的,海关可以依法申请人民法院强制执行,或者依法强制执行。

第六章 法律责任

第四十五条 海关行政复议机关、海关行政复议机关工作人员,以及被申请人有《行政复议法》第三十四条、第三十五条、第三十六条和第三十七条规定情形的,依照《行政复议法》的规定处理。

第四十六条 上级海关发现下级海关及有关工作人员有无正当理由不予受理行政复议申请、不按照规定期限作出行政复议决定、徇私舞弊、对申请人打击报复或者不履行行政复议决定等情形的,应当向有关海关提出建议,并制作《处理违法行为建议书》,该海关应当依照《行政复议法》和有关法律、行政法规的规定作出处理,并将处理结果告知上级海关。

第七章 附 则

第四十七条 复议法律文书的送达,依照有关法律的规定执行。

……

第五十二条 本办法施行前公布的有关海关行政复议的海关规章或其他规范性文件，与本办法的规定不一致的，以本办法的规定为准。

第五十三条 本办法自1999年10月1日起施行。1991年11月19日海关总署发布的《中华人民共和国海关行政复议实施办法》同时废止。

2. 办法的写作格式

1）标题

通常情况下，办法的标题分为两个部分，前面是该办法的主要内容，后面是该办法的文种。主要内容有三个方面，一是该办法的适用范围，二是该办法的基本事项，三是该办法的阐释依据。比如，《统计上岗资格证书颁发实施办法》《储蓄存款利息所得个人所得税征收管理办法》《国务院〈关于职工工作时间的规定〉的实施办法》。如果该办法尚未正式生效，处于暂行或试行阶段，那么还需要在标题当中明确标出，如《外商投资企业采购国产设备退税管理试行办法》。

2）办法的制定依据和制定时间

通常情况下，需要在标题下面加一个括号，位于正中的位置。括号中标明该办法制定的依据和制定的时间，格式有很多种，如由什么会议来审议该办法及该办法审议通过的时间；该办法是在什么时候制定的，以及负责审议通过的会议名称；该办法的发布机关，以及该办法第一次发布的时间，还有修订的时间。

如果该办法是随着通知和命令同时发布的，那么就不需要给该办法加上制定的依据及制定的时间，但如果未来要单独适用该办法，那么就应该把原来随着的通知和命令的发布时间加在该办法的标题下，用括号括入。

3）正文部分

办法的正文部分通常会使用两种写法，一种是总则、分则、附则式写法，另一种是直接分条式写法。如果该办法的正文部分内容十分复杂，那么就可以使用前者；如果该办法的正文部分内容十分简单，那么就可以使用后者。

（1）总则、分则、附则式写法。

通常情况下，总则部分会详细阐述该办法制定的依据、目的、适用范围、意义，以及实施部门等内容。以《第五次全国人口普查办法》为例，该办法的第一章的内容就是总则，其中详细阐述了该办法制定的依据、目的、普查标准时间、领导机关、责任机关，以及经费来源。通常情况下，分则部分会详细列出该办法具体的实施步骤、实施方法、实施要求，以及实施措施等，对于这些内容，可以分为几章来写。同样以《第五次全国人口普查办法》为例，该办法的第二章到第五章的内容就是分则，依次是"人口普查的对象和登记原则""人口普查的宣传和准备工作""人口普查的登记和复查工作""人口普查人员的选调和培训"，其中详细说明了实施要求、实施方法等内容。通常情况下，附则部分会补充说明该办法的一些补充规定、某些特殊规定，以及该办法的生效时间。同样以《第五次全国人口普查办法》为例，其中的附则详细阐述了实施细则的制定权、该办法的生效时间，以及补充说明部分边远地区不便进行人口普查的特殊情况。

（2）直接分条式写法。

这种写法就比较简单，直接一条一条写下来即可，该办法的制定依据、制定目的，以及宗旨等内容写在最前面，该办法的实施步骤、实施方法和实施措施等内容写在中间部分，要求和补充规定写在末尾部分即可。

5.4 规定：结构与撰写时的注意事项

规定的概念是什么？在这里，引用朱悦雄主编的《新应用写作》中的一句话进行说明："作为文种的规定就是领导机关或职能部门为贯彻某政策或进行某项管理工作、活动，而提出原则要求、执行标准与实施措施的规范类公文。"

在所有的规范类公文当中，规定具有最高的使用频率、最广泛的使用范围。通常情况下，规定是由职能部门或是领导机关制定的，目的是能够让相关人员清晰地知道在处理某些特定的事物，以及工作时应该使用什么样的措施。规定属于规范类公文的一种，下级机关及所属部门一定要贯彻执行上级领导部门所制定的规定。制定规定，是为了能够让某项法律、法规能够更好地落实，具有一定的局限性，同时规定对于相关人员来说还具有很强的约束力。此外，因为规定的内容相当详细，其还具有较强的可操作性。

1. 规定的结构

规定主要由两个部分构成，分别是首部与正文。

1）首部

规定的标题、规定的制定依据、规定的制定时间等内容都包含在首部当中。

①标题。通常情况下，规定的标题可以分为两种：一种标题是由规定的文种及事由组成的；另一种标题，除规定的文种及事由之外，还要再加上发文单位一项。

②规定的制定依据、规定的制定时间。通常情况下，这两项内容需要在标题下方注明，用括号括入。部分规定是与其他文种同时发布的，如"命令"及"令"这两种。

2）正文

规定的正文部分，通常情况下可以分为三个部分，依次是总则、分则、附则，如图5-3所示。

总则部分，通常情况下是详细阐述制定规定的依据、缘由、适用原则、指导思想，以及规定的适用范围等内容。

分则部分，通常情况下是详细阐述规定具体执行的依据，以及规定的实质性内容。

附则部分，通常情况下是对规定进行补充说明，如相关的执行要求等内容。

图 5-3　规定的正文部分

规定的正文部分通常有两种表述形式，一种是章条式，另一种是条款式。

在撰写规定的时候，通常需要将规定的制定目的、制定依据写在正文的开头，并且需要写得足够详细、足够具体。如果有需要，还可以在规定的开头加上制定规定的原因，在这里，以《县以上党和国家机关党员领导干部民主生活会若干规定》为例，这篇规定的开头部分内容是：

第一条　为了落实全面从严治党要求，坚持和完善县以上党和国家机关党员领导干部民主生活会制度，根据《中国共产党章程》和《关于新形势下党内政治生活的若干准则》《中国共产党党内监督条例》等有关党内法规，制定本规定。

通常情况下，我们会使用条款式写法撰写正文的主体部分，需要把内容详细地划分出来，每一项内容用一条来表示，假如说内容过于简单，那么就无须再去为其单独分一条来写，直接写出即可。一般会在正文部分的结尾加上一些习惯用语，如"本规定自×年×月×日起施行""本规定自发布之日起施行"等。

当然，除了上面所说的一些习惯用语外，正文部分的结尾也可以写一些别的内容，如规定的解释权所属单位。在这里，同样以《县以上党和国家机关党员领导干部民主生活会若干规定》为例，这篇规定当中的结语部分内容是：

第二十一条　本规定由中央组织部负责解释。

第二十二条　本规定自2016年12月23日起施行。1990年5月25日中共中央印发的《关于县以上党和国家机关党员领导干部民主生活会的若干规定》同时废止。

2. 撰写规定的注意事项

在撰写规定的时候，除了需要按照上述的格式来写之外，还需要注意以下几个方面。

（1）在遣词造句方面，应尽可能地做到精练，要达到言简意赅的程度。此外，句与句之间还应该要做到连贯、条理性强。

（2）在用词方面，应尽可能地做到使用单一意义的词语，除非必要，否则不要轻易使用带有歧义的词语。

（3）在制定依据方面，一定要做到有法可依，要以党和国家的政策方针、法律法规作为基本依据，要与自身的权限一致。制定规定千万不能够超出自身所拥有的权限，也千万不能与党和国家的政策方针、法律法规起冲突，更不能违反。

（4）在制定规定的时候，千万不能肆意妄为，否则会产生很严重的后果，因此，在制定规定时必须要充分考虑规定的可行性。尽可能做到具有清晰的界限，条款内容具体。此外，还必须要清晰地表述"能做什么""不能做什么"，如果违反了规定，会受到什么样的惩罚等也需要清晰地表述出来。

3. 规定的分类

规定主要有两种类别，一种是具体事宜，另一种是方针性政策。

（1）从规定涉及的对象及针对的问题角度来看待，两者并没有什么不同，两者所涉及的对象都是大部分的事及人，而不是某些特定的或少部分事及人，两者所针对的问题都具有普遍性和一般性。

（2）从规定所具有的法律效力和约束力角度来看，两者并没有什么不同，两者的法律效力都来自规范的公文内容，以及法定作者的法定权限，效力涉及的空间、时间、机关、人员等都包含在内，两者都具有非常强大的约束力，并具有一定的强制性。

（3）从规定产生的程序方面来看，两者并没有什么不同，两者都需要经历非常严格的审批手续后方可发布，正式公布的程序也十分严格。

（4）从公文的遣词造句方面来看，两者也大致相同，都需要做到高度概括、准确、通俗、简洁、规范。

（5）从规定的效用原则来看，通常情况下，两者都是实行"后法推翻前法""不溯既往"的原则，简单来说就是，发布了新的文件后，"旧文件"马上废止，一切规定以新文件当中的内容为准；在发布规定前所涉及的人和事不作追究，规定的效力只对文件生效后所涉及的人和事生效。

5.5 条例：如何以因由、条规、施行说明彰显条例的法律效力

条例属于法规性文件的一种，是由国家最高行政机关、党的最高领导机关、国家立法机关，以及地方立法机关制定的，主要作用是对团体、机关的职权、组织、活动、工作，以及成员的行为，或对某些特定的重大事项办理作出的较为系统、全面、原则的规定。条例这一规范性文件通常情况下是由国家制定或批准的。条例主要是被用来规定国家的经济、政治，以及文化等几个方面的要求与准则，此外，还可以被用来规定某些专门人员所具有的权限及任务，某些机关所具有的职权及组织等方面的内容。

一些决定、命令、通告、决议等与法规性公文联系较为紧密的公文，以及一些现行的规定、条例、办法等法规性质的公文具有很强的法律效力，只有法律法规能够超越它们。条例是党政机关和国家权力机关根据法律、运用法律的一种规范行使，根据相关的法律肯定国家的政策、方针。条例具有双重属性，一是党政机关公文，二是法律条文；条例有两方面的作用，一是法律约束力，二是法律的

指导作用。条例是单位、机关、个人在相关方面的行为准则。

1. 条例的特点

条例的特点如图5-4所示。

（1）从内容方面来看，条例具有法规性

（2）从时效方面来看，条例具有稳定性

（3）从制发方面来看，条例具有独特性

图5-4 条例的特点

1）从内容方面来看，条例具有法规性

条例是国家机关使用的一种立法性手段，目的是对国家生活中的部分准则进行调整或控制，在基本法律制定之前，条例是一种单项法规；条例是在基本法律制定之后，贯彻实施基本法律之前的细则化、具体化，最终使得具体实施基本法律得到一定的保障。在条例正式发布，正式生效后，条例中所涉及的内容、对象，一定要根据条例中规定的内容行事，否则会受到行政、法律或是经济上的处罚。

2）从时效方面来看，条例具有稳定性

当条例正式发布，正式生效后，在很长的一段时间当中都是不会被轻易改变的，能够长时间约束条例中所涉及的人和事。

3）从制发方面来看，条例具有独特性

国务院办公厅于1987年4月21日颁布了《行政法规制定程序暂行条例》，在这一条例当中，清晰地阐明了条例的制发者一定要是国家行政机关或是国家权力机关，以及得到了这些机关授权的组织，由地方各级人民政府，以及国务院各部门制定的规章是无法被称为"条例"的。党派团体、企事业单位的职能部门是无法使用条例行文的，从而使得条例的约束力及权威性得到了保证。

通常情况下，在颁布条例前，会设置一个试行的阶段。在试行期间，观察该条例存在的各种问题，并想办法去解决这些问题，对条例进行修改，在完成补充及修改后再正式生效，成为某些特定的范围内具有约束力及法规性的文件。

2. 条例的结构

通常情况下，条例主要可以分为三个部分，依次是标题、签署、正文。

1）标题

通常情况下，条例的标题可以大致分为两种，一种是"条例的内容（或适用对象）+文种（条例）"，另一种是"制发单位+条例的内容（或适用对象）+文种（条例）"。国务院于1988年6月5日颁布的《全民所有制小型工业企业租赁经营暂行条例》就属于前者，《中华人民共和国进出口商品检验条例》就属于后者。条例会设置一个试行的阶段，在这个阶段当中不断发现条例存在的问题并加以修改，因此这部分条例需要加上"试行""暂行"等词汇，位置放在文种（条例）的前面。

2）签署

通常情况下，签署的内容是条例通过的会议、时间，以及施行的日期、公布的日期等。在标题下方标明，用括号括入。比如，《全民所有制小型工业企业租赁经营暂行条例》（1988年6月5日国务院颁布）这一条例就只有公布的日期；《××市市政管理暂行条例》（1988年12月1日××市九届人大常委会第五次会议通过，1989年5月1日发布），像这样的条例，除公布的日期之外，还加上了通过的会议和时间；《中华人民共和国居民身份证条例》（1985年9月6日第六届全国人民代表大会常务委员会第十二次会议通过，1985年9月6日中华人民共和国主席令第29号公布，1985年9月6日起施行），像这样的条例，既有公布的日期，又有通过的会议和时间，还有施行的日期。

3）正文

通常情况下，条例会使用条目式、总分式这两种结构来写正文部分。在撰写条例时，一定要在正文部分清晰地阐述因由、条规和施行说明。

①因由。通常情况下，需要将制定条例的政策依据，以及法律依据写在正文部分的开头或是前言，还需要将发布条例的政策依据，以及法律依据也写上，此外还需要清晰地阐述制定条例的目的是什么、原因是什么，以及清晰地说明该条例涉及的范围、涉及的对象。因由部分的末尾，通常会使用"特制定本条例"作为过渡句。

②条规。一篇条例当中，最重要的部分就是条规，这一部分的内容可以写得很多，也可以写得很少，具体写多还是写少需要根据条例的具体内容确定。但

不管写多还是写少，都必须要遵循一个原则，条规部分的内容必须要有"条"和"例"。"条"的主要作用是说明"什么事情是必须要做的，什么事情是不能做的"，是从正面的角度对条例进行详细说明的条文。"例"的主要作用是说明"必须要做的事情没有完成应该如何处理，做了不能做的事情应该如何处理"。在撰写条例的时候，通常会使用前"条"后"例"的结构。主要内容是"条"，"例"只是对"条"进行补充说明的。在撰写"条"的时候，可以将"什么事情是必须要做的"及"什么事情是不能做的"放在一起写，但"例"却不行，必须要单独写"例"。

③施行说明。通常情况下，施行说明的内容是条例的修改权、解释权、生效时间，以及废止时间；该条例适用的范围；该条例与其他文件的相关事宜。简单来说，施行说明就是在具体实施条例时需要注意的事项及具体的要求。

在这里，我们需要补充一个内容：根据国家发布的相关规定，规章是不能被称为"条例"的。

3. 撰写条例的注意事项

在撰写条例的时候，必须要收集大量相关的党的政策方针、相关的法律法规，并深入研究，在制定条例前必须要进行一次深入调查，确保条例的可行性与合理性，在具体实施条例的过程当中如果遇到了问题，则应该对这些问题进行全面的分类与概括。应该对条目进行认真、细致的梳理，要对条文当中的内容进行说明，要清晰地阐述说明的细则与分类、说明的程序与步骤。所有的条文都必须做到明确、具体。一定要明确规定相关的人和事及机关单位，一定要清晰地说明相关的时间、数字、地点、条件、方法及措施，用词要准确，不能模糊。此外，条款的主从关系与并列关系要明确。

5.6 细则：细则是为了对既有文件进行解释、补充与延伸

什么是细则？简单来说，细则是由相关的部门或机关根据实际情况制定的，目的是能够对部分条例、法令及规定作出更具体、更详细的补充及解释，方便下级人员或机关执行。在研究应用写作的时候，细则也是非常重要的一个部分。通常情况下，细则是由制定原条例、法令及规定的机构制定的，此外，原制定机构的下属职能部门也可以制定细则。制定细则通常是为了弥补原条文当中存在的缺

陷，或者说是漏洞，因此，细则通常是与原条例、法令，以及规定配套使用的。

在具体的环节方面，国家制定颁布的法律或是上级机关制定的规定，以及条例等是无法做到细致入微的，想要每一个具体的环节都有明确的规定，几乎是无法实现的。因此，相关的管理部门应该要根据实际情况，对规定及条例等内容作明确的解释及补充说明。此外，在施行同一部法规时，地区不同或是单位不同，可以根据地区的实际情况或是单位的实际情况作出更细致的处理。

因此，部分法规在制定完成，正式颁布的时候，都会在结尾加上这样的语句："各地要结合本地区的情况，制定出实施细则，并于×年×月×日前报××办公厅""本条例（规定）由××部门负责解释"。

1. 细则的特点

细则的特点如图 5-5 所示。

图 5-5　细则的特点

1）派生性

前面我们说过，细则是为了能够让下级人员或机关能够更好地去执行才制定的，细则并不具备独立性，细则一定要与法律法规配套使用，因此可以说细则是某个特定的法律法规的派生物。举个例子，《中华人民共和国台湾同胞投资保护法实施细则》就是为了能够更好地施行《中华人民共和国台湾同胞投资保护法》而制定的，如果没有后者，那么就不会有前者。

细则一定要与法律法规配套使用，因此制定细则只是为了能够对原文进行更详细的说明，更细节化及进行补充说明，弥补原文当中存在的漏洞，使其变得更加周密、更加具体、更加详细。细则只能够对原文进行补充，而不能超出原文的内容范围，更不能违背原文当中的相关规定，重新制定原文当中的内容。

2）解释性

细则的作用，就是对原文当中的细节部分进行解释，使原文中的具体规定，以及重要词语更加具体、更加明确，可行性更强，因此我们说细则具有解释性。以《国家行政机关工作人员贪污贿赂行政处分暂行规定实施细则》（以下简称《细则》）为例，这部实施细则对《国家行政机关工作人员贪污贿赂行政处分暂行规定》（以下简称《暂行规定》）进行了解释说明，让该规定当中的概念变得更加清晰。该实施细则的原文如下：

《暂行规定》第九条、第十一条所称"较大损失"是指有下列危害结果之一的：

1. 造成直接经济损失五万元以上的；
2. 造成不良政治影响，有损国家的信誉、形象和威望的。

《暂行规定》当中的"较大损失"并没有一个清晰的界限，并没有说明达到什么程度才算得上是"较大损失"，因此，细则作出了解释，让这一概念变得更加清晰。

3）补充性

前面我们说过，法律法规或是条例、规定无法做到细致入微，无法规定每一个具体的实施环节。因此，细则需要对相关文件进行补充说明，让其更具可行性。以《暂行规定》为例，其中的第六条是这样说的："国家行政机关工作人员利用职务上的便利挪用公款的，应当根据其数额及其他情况，给予行政处分。"内容当中并没有详细说明"数额"及"其他情况"的范围，内容不够具体，因此，《细则》对这一条内容进行了补充说明，使其更具体、更详细，原文如下：

根据《暂行规定》第六条，对挪用公款尚未构成犯罪的，依照下列数额及本《细则》第六条规定的"其他情况"给予行政处分：

1. 数额在五千元以上的，超过三个月，但在被发现前已全部归还本息的，给予撤职至开除处分；
2. 数额在三千元以上的，不满五千元的，超过三个月未还的或者归本人进行盈利活动的，给予记大过至撤职处分；
3. 数额不满三千元，超过三个月未还或者归个人进行盈利活动的，给予记过至降级处分；

4.挪用公款归个人使用未超过三个月的，给予记大过以下处分；数额在五千元以上的，给予记大过至撤职处分。挪用公物归个人进行非法活动或者被发现后不退还的，依照《暂行规定》第四条的规定给予行政处分。

挪用公物归个人使用的，参照挪用公款给予行政处分。

在对相关文件当中不够具体的内容进行了补充说明后，相关人员能够更好地处理这一问题，可行性也得到了大幅度的提高。

4）详细性

除了上述的几个特点外，细则还具备详细性的特点，内容十分详细，关于细则的详细性在这里就不过多阐述了，上述的例文也充分说明了这一点。

2.细则的内容

1）标题部分

细则的标题部分主要有两个部分的内容，一是细则的标题，二是细则的制发机关及日期。

①细则的标题。通常情况下，细则的标题格式有两种，一种是地区+法（条令、规定）名称+文种，另一种是原文标题+"实施细则"，如《国家行政机关人员贪污贿赂行政处分暂行规定实施细则》《中华人民共和国安全法实施细则》。

②细则的制发机关及日期。通常情况下，需要标明细则的制发机关名称及发布的具体日期，在标题下方正中间用括号括入；或是标明细则的修订日期或批准日期，以及修订机关或批准机关的名称。如果细则是与通知、命令同时发布的，那么就可以不用标明。

2）正文

一篇细则最主要的部分就是正文部分。在正文部分，需要对相关文件进行更加详细、具体的补充，更清晰、更严密的阐述，以及更具体的规定。但需要注意的是，细则的内容必须要符合相关文件当中的内容，只能是作出补充说明、具体阐述，不能更改相关文件当中的内容，也不能制定新的内容。

通常情况下，会使用条款式写法或章条式写法来撰写一篇细则。

①条款式写法。如果细则的内容相对较少，比较简单，通常会使用条款式写法进行撰写，条款式写法直接一条一条来写，无须分章。开头的部分，通常是写

细则的制定目的、依据、指导思想,以及基本原则;中间的部分通常是写细则的补充、规定及解释;末尾的部分通常是写细则的执行要求。

②章条式写法。如果细则的内容相对较多,较为复杂,通常会使用章条式写法进行撰写。撰写时,通常会按照总则部分、分则部分,以及附则部分的格式来进行。

细则的开头部分就是总则部分。总则部分的内容一般是对细则的制定目的、依据、基本原则、指导思想,以及实施机关进行说明。总则放在正文部分的第一章,用条来进行表述。

分则是一篇细则当中最主要的部分。分则部分的内容一般对相关文件当中的内容进行补充说明、加以解释,作出更详细的、更具可行性的规定。分则部分的内容分为若干章,然后再把每章的内容分为若干条。

细则的结尾部分就是附则部分。这一部分的内容一般是阐述细则的执行要求。

3. 细则的写作要求

首先,不管是什么样的细则,制定的目的都是能够让某一法律法规得到更好的执行,因此在撰写细则时,一定要在开头部分详细地写出细则制定的依据,有多少条依据就需要写上多少条。

其次,细则最主要的作用就是对原文进行补充说明,以及加以解释,因此细则具有一定的辅助性和补充性。并且细则还有一个非常重要的特点——"细"。因此,在撰写细则时应该着重将相关的内容写得详细、具体。

再次,细则的内容具有一定的相对独立性,在撰写细则的时候,必须要强调逻辑顺序,细则条文当中的内容必须要做到一项一事,不能将几件事放在同一个条文当中。

最后,撰写细则的时候,一定要有充分的依据,不能凭着自己的想法撰写。简单来说,就是一定要将上级机关颁布的相关法律法规作为基本依据,然后再结合自身的实际情况,写出更详细、更具体的实施细则。

5.7 【案例】××科技公司日常管理章程案例分析

章程这类规范性文书自身的约束感比较显著,因此不少中高层都会设定一套合理、完备的公司章程,即便在创业初期,这项工作也非常重要。有了这套章程,公司才能在法律允许的基础上顺利经营下去,但首要前提是章程内容必须足够规范。为了能够更好地理解与章程撰写有关的知识,在此对××科技公司的日常管理章程进行分析。

××科技公司日常管理章程

第一章 总则

第一条 公司宗旨:为了规范本公司的组织和行为,保护公司、股东和债权人的合法权益,维护社会经济秩序,依据《中华人民共和国公司法》(以下简称《公司法》)及其他有关法律、行政法规的规定,制定本章程。

第二条 公司名称:××科技公司。

第三条 公司住所:××市××区××路。

第四条 公司经营范围:提供各类技术开发、技术转让、技术咨询服务。

第五条 公司是企业法人,有独立的法人财产,股东以其认缴的出资额为限对××科技公司承担责任。

……

第二章 公司注册资本

第八条 公司注册资本:30万元人民币,实收资本为30万元人民币。

第九条 公司增加或减少注册资本,须经代表2/3以上表决权的股东通过并作出决议。公司减少注册资本,还应当自作出决议之日起10日内通知债权人,并于30日内在报纸上公告。公司变更注册资本应依法向登记机关办理变更登记手续。

……

第四章 公司机构及其产生办法、职权、议事规则

第十七条 股东会由全体股东组成,是公司的权力机构,行使下列职权:

1. 决定公司的经营方针和投资计划;

2. 选举和更换执行董事,决定有关执行董事的报酬事项;

3. 审议公司的年度财务预算方案、决算方案;

4. 股东按出资比例分取红利。公司新增资本时,股东可按出资比例优先认缴出资。

第十八条 股东会会议分为定期会议和临时会议,并应当于会议召开 15 日以前通知全体股东。定期会议应于每年 1 月按时召开。代表 1/10 以上表决权的股东、执行董事、监事提议召开临时会议的,应当召开临时会议。

……

第八章 附则

第三十条 公司登记事项以公司登记机关核定的为准。

第三十一条 公司章程经全体股东签字盖章生效。

……

鉴于公司的完整章程篇幅过长,只截取该公司日常管理章程中的几个重要部分。根据这一案例,能够分析出该公司章程在内容的制定及撰写方面的可取之处,如图 5-6 所示。

图 5-6 ××科技公司的章程撰写优点

1. 结构规范

制定公司章程时,需要严格按照其基本结构去进行,这是因为该类型文书原本就具备较强的规范性、严谨性特征,且结构较为固定化。可以看出,该公司日常管理章程的撰写者在行文时就非常重视章程的结构。

从整体结构来看,章程涵盖了标题与正文两大主体,而从正文继续细分,可以看出总则、分则、附则这三大必备要素也没有任何一个被遗漏；而如果从结构的规范性来看，撰写者对内容进行了合理的拆分，不会使其显得过于拥挤。从章节的分配来看，撰写者具备较强的逻辑思维能力，主要体现在该科技公司的章程从总则到附则的内容顺序十分明确，不存在内容顺序混乱化的情况。

2. 内容完备

内容完备的前提是撰写者把握住了规范性的章程结构，否则如果在框架的搭建上就出了问题，再向其中填充内容也就很有可能不够完整或出现偏差了。

虽然没有放出完整的章程内容，但从其现有的几章来看，该公司章程中需要具备的几个基础要点还是存在的，如公司的宗旨及相关介绍、公司机构及相应职权等。撰写者并没有完全按照固定流程进行内容设定，而是对公司实际情况预先做好了充分调查，对某些重要度较强的必备要点更是投入了较多的精力，如与公司资本有关的问题。

3. 简洁凝练

撰写公司章程最应避免的就是无意义的长篇大论，而该篇公司章程则完全不存在这个问题。这是因为撰写者使用了简洁凝练的语言，使每一句话都具有意义，且其或许在初次完稿后又对内容进行再次提炼，目的是使章程能够得到进一步的简化。

4. 表述准确

从章程内容上可以看出，撰写者对每一句话、每一个词的表述都足够准确，章程中没有任何会令人产生歧义的内容出现。公司章程可以涉及许多专业性用语，这一点没有问题，但同时也要对内容进行梳理，做到在保证章程专业性的基础上使其能够便于被他人理解。撰写者充分考虑到了章程的受众这一层面，毕竟其并不是私人专属，而是面向公司大部分员工的。

5. 内容实用

撰写者非常明确，撰写公司章程并不是为了走流程、单纯将其视为一个公司的装饰物，而是要确实发挥其约束力的作用，且要具备一定的可操作性。换句话说，章程中提到的内容可以被实现。比如关于股东职权方面，既然章程中所有规定已经经过全体成员表决通过，那么股东在行使个人权利时就是有所依据的，而超出内容规定的行为自然不被允许。该案例中的章程实用性较强，相关人员可以顺利将内容应用于实际的职场生活中。

第 6 章

凭据类公文：促成双方达成共识之余严防出现漏洞

签合同、签协议，这些都是职场环境中的必备事项，基本上每个公司都会有这样的经历。而无论公司规模大小，但凡涉及这些具备法律效力、牵涉自身利益的公文，作为负责人就必须格外谨慎，否则很有可能陷入被动状态或直接掉进对方所布置的陷阱中。为了避免这种现象出现，就必须要熟练掌握各种凭据类公文的应用技巧，以防止自己处于劣势。

6.1 意向书：作为谈判依据的意向书如何建立承诺又留有余地

意向这一概念本就带有一种有所需求的行为倾向意味，而意向书则是在此基础上帮助一方向另一方传递某种设想的文书，可以当作双方在正式签订某些具备法律效力的商业合同之前的参考依据。不过，尽管意向书看似会更随意一些，但其本质上仍然是商业社会中会涉及双方利益的应用文书，因此公司不能忽视意向书撰写规范的重要性。

当具有合作意图的双方当事人想要进行协议书的签订时，要先拟定一份意向书，其所发挥的作用就是为后续工作打牢基础，使双方在进行交涉时可以有所凭据。

1. 意向书的特点

在撰写意向书之前，一定要了解意向书所具备的几大特点，这样才能使意向书更加高效地保障双方利益，具体内容如图 6-1 所示。

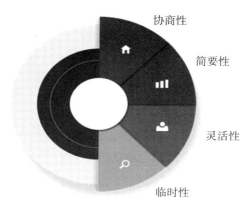

图 6-1　意向书的特点

1）协商性

意向书本就是一种非正式的协议，因此该应用文书也并不像其他正式合同一样具备较强的强制性，而是更偏向于以协商式的文字来帮助双方达成共识。协商性这一特点的主要作用是能够使最终决策更加合理化，也因此决定了意向书的整体风格走向，即会更多地使用一些带有假设的语言。

2）简要性

意向书所起到的作用主要是为正式协议做铺垫，且其所涉及的应用领域比较狭小，只专注于双方的合作方向，因此更偏向于篇幅、内容的简略化，而不会像某些商业合同一样动辄几十页。

3）灵活性

灵活性在意向书几种特点中占据了比较突出也比较重要的地位，与协商性特点的关系比较密切。基于其灵活性的特点，如果双方当事人中的某一方想要对文书中的某一条内容进行修改，或是添上一条新的意见，在意向书的沟通场景中完全可以实现。这就好像某个模型被正式打造出来之前，其模型设计图一定会被相关人员反复修改一样，为了使后续工作能够更加顺利，允许灵活调整，这就是意向书存在的意义。

4）临时性

意向书并不完全具备法律效力，有很大一部分原因也是其具备临时性特点。在双方进行非正式的协商谈判时，双方提出的观点、意见会被一一记录下来，而后这些内容就会在意向书中得到体现。一般情况下，在协议书签署完毕之后，意向书的任务也就完成了。

如果将意向书的四大特点综合起来，我们会看到其整体的应用方向是可选择范围较大、具备较多可协商空间的。不过，即便其与正式协议相比的随意性再明显，也终究是应用于商业领域、牵涉双方利益的文书。

2. 撰写意向书时需要遵循的原则

作为谈判的依据，撰写者在书写或修改意向书时一定要注意遵循以下几点原则，如图6-2所示。

图6-2 撰写意向书时需要遵循的原则

1）如实反映协商内容

根据意向书的临时性特点，能够明确意向书会将双方的相关协商事宜记录下来这一作用，这就要求意向书所呈现出的双方意见表述内容必须准确无误。意向书的风格的确比较灵活，但这也是在基于双方都认可的前提下，而不能由着某一方去虚构、修改另一方的表述事项，这样的行为会严重影响双方的后续交涉，甚至会使合作关系直接破裂。

2）坚持平等互利

意向书尽管只是一个参考依据，但也能直接影响正式合同的内容走向。除极少数情况以外，大多数的当事人双方想要进行合作都是因为希望自己能够从中获利，这意味着如果在协商过程中出现只有某一方不断地提出超标要求，而另一方处于十分被动的位置且无法取得相应利益的情况时，这份意向书的平衡性就会被打破。

双方要想合作愉快，就必须做到以下两点：第一，要保证双方都能有所收获，不能毫无约束地将自己的要求全部施加给对方；第二，要坚持自己的合理立场，不能过分退让，不能无条件接受对方提出的所有要求。只有这样，才能使意向书的协商作用得以充分体现。

3）注意结构完整

虽然意向书只是一份临时性文书，但该有的基本结构却不能少，因为随意并不等于草率，如果连主要构成部分都不完整的话，就很难被当作谈判依据使用。意向书的构成主要包括三大部分，即导语、正文及结尾，这其中正文部分的重要程度最高，也是撰写者最需要严谨审核的内容。

在意向书的正文内容中，一般包括双方的合作事项、合作要求及双方需要承担的义务责任等，这些内容一旦在意向协商过程中被确定下来，就会在后续被应用到合同的正文内容中。因此，一定要注意保证意向书结构的完整性，这对于双方来说都很重要。

4）内容留有余地

对某些曾经进行过多次协商、具备较丰富协商经验的撰写者来说，他们往往会非常注重意向书中内容留有余地这一点，主要表现在语言不会过于直白，而是会偏向比较笼统、宽泛的风格。比方说避免过多地使用具体数字或相关量词，不会在罗列相关事项时过于琐碎，另外会在结尾处给出带有"未尽事宜予以补充"

第6章 凭据类公文：促成双方达成共识之余严防出现漏洞

等词句的明确表述。

的确，双方进行合作的基础就是给出彼此的承诺，只有建立了承诺才会产生依据，但这与内容留有余地也并不冲突。语言过于精准化在意向书中并不是什么好现象，不过笼统也不等于含糊不清，只是为了能够有效规避相关的风险问题而已。

5）避免涉及违规内容

意向书的法律效力较弱，但并不是说其完全不具备法律效力，具体程度还要根据意向书中的条款内容、义务规定，以及用词形式等进行评判。

比方说意向书中如果涉及某些保密条款，撰写者就一定要加以重视，因为这类条款的敏感性很强，通常在双方签署文书的前提下是具备法律效力的。因此，撰写者一定不能抱着"意向书不会为法律效力所限制"这一错误理念去进行内容撰写，如果意向书中的内容触碰到了法规的界限，那么当事人需要承担的风险压力可就大了。

综上所述，撰写意向书时需要注意的地方其实有很多，其语言的笼统性在进行协商时所发挥的作用也很明显，因此一定不要忽视文书用词的影响力。

6.2 协议书：撰写协议书时应重点把握的6个核心要素

6.1节中重点介绍了与意向书有关的应用知识，而作为意向书的主要作用对象，具备法律效力、走入正式阶段的协议书应该要受到当事人更多的重视。根据协议的依据内容来撰写协议书，就像将概念图合理转化为3D模型的过程，每一个环节都需要格外谨慎，只有这样才能看到良好的模型效果。本节会对撰写协议书时需要注意的核心要素进行详细讲解。

与意向书相比，二者最明显的区别点就在于协议书所具备的法律效力以及强制性这两个关键点上。协议书在正常情况下一经签署就会产生法律效力，而任何一方如果出现了违反规定的表现，就必定要承担起自己应背负的法律责任，并要接受相应的惩罚。因此，为了尽可能降低一系列风险问题出现的概率，就一定要在了解协议书基础结构的基础上将重心放在把握6个核心要素之上，如图6-3所示。

图 6-3　撰写协议书时应注意的 6 个核心要素

1. 内容合法化

法律对于协议书来说就像一把双刃剑，既会给予其相应的保护，也会使其在某些情况下受到制裁。因此，在进行协议书的撰写时，撰写者务必要对协议书内容的合法性予以重视，即一定要在我国法律规定的范围内去设定相关的条款内容或进行适当修改，否则的话，这份协议书将不会被法律承认。

那么，在哪些情况下，协议书会被归入无效范围内呢？主要包括三种情况：其一，协议书内容中有违法违规的信息；其二，在签署协议书时，有一方不具备法律规定的签署资格，如是未成年人或精神处于非健康状态的人；其三，其中一方处于被威胁、被欺骗等非正常状态中。如果协议书涉及这三种情况，那么该协议书就是不具备法律效力的，还有可能因触犯法律而受到惩戒。

因此，在撰写协议书的阶段，一定要格外重视上述内容中的第一种情况。严重损害了对方利益、会在社会中产生不良影响，或是具有明显诈骗嫌疑的内容等，这些都是绝对不允许出现在协议书中的。此外，在查阅相关法条时一定要注意其时效性，法律会与时俱进、不断变革，如果想要将协议书的安全系数提到最高，就要经常关注法律内容的改变。

2. 条款要具体明确

协议书在撰写时不同于意向书具有笼统性，其中所有罗列出的条款内容都必须保证既要完整也要明确，不能带有任何模糊的诱导倾向及疏漏之处。即便某些协议书中存在的疏漏或错误并非是撰写者刻意制造的，但也同样会影响到双方的正常合作事宜，特别是协议书中与价款、数量等关键词有关的内容，更要在撰写时格外严谨，并且要做好复审的工作。

不同的合作模式有不同的条款规定，有一些适用性比较强的条款，如协议时间、履行期限、违约责任等，这些条款都要尽量做到越具体越好。如果条款内容有所欠缺，那么就有可能导致双方在后续过程中产生一系列纠纷问题，并且解决起来往往会比较棘手，这些都是可以避免的问题。

3. 语言要精准

撰写协议书要求撰写者具备较强的文字应用能力，因为协议书是一种非常正式的文书，如果用词不够精准，会导致协议双方就责任问题出现争执情况。

比方说某地的法庭就曾受理过这样一起案件：当事人A、B属于借钱与被借钱的关系，因B没有在双方的约定期限内将借款还清，双方就此事上了法庭。这里有一个重要条件，即A的手中有一张欠款凭据写着"还欠款××元"——看到这里，你是不是会觉得这个案子会很好解决？但实际上，因A没有考虑过文字的发音问题，没有仔细斟酌凭据中的用词，"还"这个字在该场景中的语义其实非常模糊。

我们都知道"口说无凭"这个词的意思，但有时候即便有了看起来很可靠的凭证，在某些特定语境中其实也会出现表述有歧义的情况。因此，不要忽视协议书中的每一个词、每一个字，甚至连看似不起眼的标点符号也要在仔细斟酌后才能使用。不然的话，只会使自身利益受到影响，即便自己真的是占理的这一方，也难以进行有效的分辩。

4. 整体框架要完整

协议书要保证总体框架的完整性，并且要将框架中涵盖的每一个要素都处理到位，在书写时要以实际的合作事项与合作形式等客观信息为依据，而不能根据个人的主观意愿去进行。

一般情况下，协议书的整体架构也比较简练，同样可以将标题、正文、落款这三大常规构造当作结构标准，并按照先后顺序依次进行内容填充。从本质上讲，这些要素不存在地位高低一说，但有些要素需要被投入更多的关注度，如正文部分中与价格、承诺、如何解决纠纷等内容有关的要素一定不能出现缺漏情况。

5. 规范书写格式

协议书的书写格式不但会影响到双方的观感，而且还有可能会决定其是否能够具备法律效力。某些协议书尽管没有出现违规内容，但就格式而言却非常不标准,这同样是撰写者需要注意的问题。

比方说根据法律规定,协议书中的某些重点、敏感内容如承诺或责任限制等,这些都要用足够醒目的方式予以标注。不论是对字体进行改变还是使用相应的符号,都一定要使其变得明显,这样做一方面能够体现出当事人对于双方合作这件事的诚意,另一方面也是自身本就应尽到的义务。此外,还要注意一些细节问题,如行距、字体、字号等,以及要对盖章的地方进行预留处理。

6. 不得随意修改

要知道,一旦双方签署了协议,那么就不能再像意向协商阶段一样随意、灵活了。先不说协议生效后如果再想修改某些内容有多么烦琐,单说另一方是否会同意配合进行内容修改就很难保证。况且,如果协议被反复修改,那么在某种程度上协议的限制感也会被削弱,双方的合作也会变得很不稳定,甚至有可能因为意见不统一而从搭档变成对手。为了避免这种情况,在进行协议书撰写时一定要格外细心、谨慎,以免出现之后再去修改的麻烦。

无论公司想要进行的合作重要性如何,都不能抱着敷衍了事、随意撰写的心态对待协议书,公司的主要管理者也要明确这一点,务必要选择综合素质、能力都比较强的成员负责撰写工作。

≫ 6.3 合同:商业合同的基本格式与重点条款设置、审核技巧 ≪

合同也属于协议的一种,且通常会专门用于商业领域中。在现阶段,由于社会的发展速度越来越快,商业活动也随之变得越发频繁,在社会中的存在感也变得越来越明显。但凡是处于正常发展路线中的公司,或多或少都会接触到一些商业合同,如果不能掌握与合同有关的基本知识,以及在合同审查方面的重要技巧,就很容易使公司陷入危险状态。因此,作为公司的管理者,一定要熟悉商业合同的相关应用。

商业合同是能够保障双方利益、并对双方产生约束力的有效协议,因此其正式性是显而易见的。不论是站在撰写合同的角度,还是站在审查合同的角度,作为当事人都必须明确合同在商业活动中的重要意义。

1. 商业合同的基本格式

下面，先来看一看商业合同的基本格式，如图 6-4 所示。

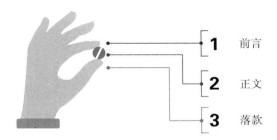

图 6-4　商业合同的基本格式

1）前言

商业合同的前言一般比较简单，不会占用过多的篇幅。前言所起到的主要作用是对一些基本信息的概括，主要包括签约双方当事人的姓名、联系方式和所属单位等，要注意首次出现时必须是全称的形式，在后续内容中才能进行简写，否则会影响商业合同的合规性，且当事人的数量并不局限于两人。此外，前言中还需要出现双方的具体住址信息，那种临时变动性很强的住址不可以出现在商业合同中，必须保证住址的固定性。

2）正文

无论是哪一种类型的文书，正文都是最重要的构成部分，商业合同也不例外。下面列举几项比较常见的正文要素。

①合同货品

货品是当事人双方的利益交会点，也是商业合同中需要被重点审查的核心内容，如货品类型、质量、数目和交货日期等。

②相关价款

价款问题一旦确定，双方就必须履行各自的义务，如谁承担哪一部分费用、如果出现质量问题谁负责进行赔款、赔款的具体数字是多少等，这些内容的清晰化会降低双方产生利益纠纷的概率。

③保密协定

保密协定专门用于某些特定领域，如应用了高新技术的产品等，这类保密条款要侧重于违约责任与赔偿内容这些关键点上。

3）落款

落款即商业合同的结尾，同样也是能够使合同生效的关键之处，因为在这里当事人需要完成签字及盖章等重要事项。如果在落款处出现了问题，那么商业合同依然是无效的。

2. 商业合同中重点条款的设置

商业社会的复杂与残酷众所周知，因此即便双方即将确定某个领域的合作关系，想必也没有人会不假思索、全心全意地相信对方，如不质疑对方的任何一个要求、对合同中的商务条款草率略过等。诚信的确是签署合同的必备品质，但诚信与谨慎也并不矛盾。没有人可以百分之百确信条款中不会存在任何问题，因此一定要学会用合理的方式设置重点条款，可以列举几个常用且关键的商务条款内容进行分析，如图6-5所示。

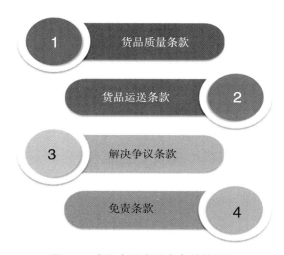

图 6-5　商业合同中重点条款的设置

1）货品质量条款

就像买衣服时总会出现买家秀与卖家秀差异度较大的情况一样，有时候一方是看在样品质量非常不错的前提下才选择与另一方合作的，然而拿到实际货品以后却发现根本不是那么一回事儿，其质量程度甚至还不如样品的一半。如果不预先利用条款设定对这类问题进行有效预防，那么公司就很有可能会在受蒙骗的情况下吃亏。因此，必须在商务条款中注明样品必须与正式供应的货品质量保持一致等内容。

2）货品运送条款

随着现代科技的日益发达，货品的运送方式也开始变得更加多样化，这对某些公司来说尽管是一件好事，但也要因此而改变自己的常规思路。比方说如果选择水运的方式，那么附加部分的费用应该由哪一方承担、承担比例是多少等，这些问题都要考虑到的。

3）解决争议条款

虽然大多数人都希望商业合作可以顺顺利利、不出岔子，但在合作前也要做好日后万一出现争议的心理准备，否则如果真等出了事再去协商解决方式，效率就会非常低下。在设置该条款内容时，可以侧重于如何协商、协商地点等内容。

4）免责条款

有些时候，尽管负责供应货物的那一方确实想要按期交货，但却遇到了某些无法预测或无法抵抗的意外情况，如海啸、火灾等严重事故。这种情况一般可以免除责任，即不需要赔偿或可以降低赔偿标准等，但需要在条款中注明对意外情况的限定，否则本就属于特殊领域的免责内容将会变得复杂化。

3. 常见的商业合同审核技巧

公司若想在商业合作中掌握主动权，就必须将各个方面的工作都做到最好。特别是在合同拟定完成后的双方审核阶段，当事人一定不能掉以轻心，而是要学会使用相关的审核技巧，避免自己掉入合同的漏洞陷阱，常见的审核技巧如图 6-6 所示。

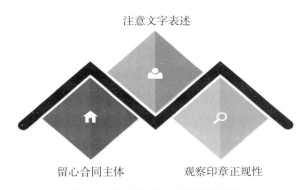

图 6-6　常见的商业合同审核技巧

1）留心合同主体

合同主体内容通常会放在商业合同的较为靠前的位置上，因此会使许多人放松在这方面的警惕，只是迅速看过一眼就急于向下审核正文内容。这是一种非常草率且具备较高风险的行为，有些不诚信的合作方就很容易利用这一点做文章。比如说将不具备特定资质的人写到主体位置上，一旦得手就会导致另一方陷入完全被动的境地中，因为这种时候的商业合同是不具备法律效力的。

2）注意文字表述

通常情况下，某些重点内容会在商业合同中被着重标注出来，但如果合同中没有明显体现，审核人就要提高警惕了。某些意味不清、指代不明的文字必须经双方协商后进行修改，务必要使其保持最精准、最清晰的表述状态，这就要求审核者具备较强的文字筛查能力。

3）观察印章是否正规

商业合同如果想要生效，就必须使用能够被法律承认的合同专用章，并且要盖在正确的位置上。需要注意的是，如果对方想要拿出各类业务章来盖章，那么这种行为是绝对不允许的。

6.4 收条：收条等简短凭证如何做到不产生任何歧义、纠纷

收条还有一种说法叫收据，即一方按照规定收取另一方借款时所开具的收款证明，但收条并不能成为正规的凭证。因此，尽管其在当前广泛存在于各类商业活动领域，却因其规范性达标程度较低而常常会使双方产生难以调解的矛盾。如何正确利用收条？如何使其法律性、正规性更加明显？如何避免一系列无意义的纠纷？我们会在本节进行详细阐述。

收条虽然也能够反映双方在金钱或物资交易方面的关系，但其不同于内容丰富的合同类文书，一般情况下篇幅会非常简短，有时候简短的几个字就能够表述完毕。不过，表述完毕不代表该收条的内容会完全合乎规范，生活中就有许多因收条撰写不规范所引发的法律纠纷事件，我们可以说一个比较容易被理解、但同时也最容易使当事人掉入陷阱的案例。

小王和小张俩人是朋友关系，某天小王向小张借了3万元，在签下借条的前提下约定好半年之内将这笔钱还清。在这半年里，小王陆陆续续还给了小张2万元，表示最后一笔钱也会很快通过银行转账的形式还给对方，并要求小张先开具

一张3万元的收条。因与朋友比较熟悉，认为其不会欺骗自己，且自己有借条及银行转账的证据，小张便爽快地写了一张收条。然而小张没有料到，在已经过了约定的还款日期一个月之后，小王也没有将借款全部还清。在屡次讨要借款无果的情况下，双方闹到了法庭上。

原本信心满满认为自己可以胜诉的小张，最终却以败诉收尾。这是为什么呢？归根结底，问题还是出在那张3万元的收条上。在法庭中出示了这张收条的小王几乎掌握了绝对的主动权，而小张完全没有足够有力的证据证明对方没有还清欠款，因为小王表示最后1万元是以现金形式归还的，而小张说得再多也无法为自己增加胜诉的可能性——收条已经"证明"了一切。

这个案例在因收条而产生纠纷的事件中，已经算是比较基础且程度比较轻微的类型了。而还有许多人因为没有深刻了解收条、没有重视其撰写的规范性而吃了亏，如果放到商业活动的场景中，可就不只是1万元那么简单了。如何避免自己卷入类似的收条旋涡中呢？我们可以参考以下几点技巧，如图6-7所示。

图6-7 避免因收条产生纠纷的技巧

1. 检查收条措辞

别看收条只有短短几行字、薄薄一页纸，然而有许多人就吃亏在了这方面，认为就这几个字并不会有产生歧义的风险，殊不知有时候篇幅越短反倒越需要将其重视起来。举个例子，我们可以分析一下"××日已收到××2万元，现还欠款1万元"这句话，乍一看似乎很正常，但如果细品之下，就能够发现这句话很容易产生两种不同的含义。

究竟是"已经还款"还是"尚未清偿"？其实，就大部分案例来看，这张收条的真实信息应该是后者。然而法律往往最看重证据，含糊不清、容易引发歧义的措辞并不能让被借钱的那一方在法庭中据理力争，因为在其他条件也不甚充分的时候，法官不能根据自己的主观臆断进行评判。

因此，如果不想让自己陷入有理没处说的不利局势中，当事人就必须仔细检查收条中的措辞，每个字都要核对清楚，确保文字内容没有任何模糊倾向。要善用指向清晰的词语，明确表示收到了多少，而不要将收条反变成欠条。

2. 遵循标准格式

如果不能确定自己所写的收条是否有歧义，除要好好检查收条中的文字内容以外，最好还是先根据标准的收条格式来写，这样才能进一步提升收条的安全保障性。比较基础的收条结构至少要包括三大要素，即标题、正文与落款，而其中每个部分都有各自所蕴含的关键要点。

标题也就是收条的证明，可以适当加上一些关键词，如"定金收条""餐补收条"等这类指向明确的内容。正文则是收条中最容易出现问题的部分，简单概括一下其内容就是收到了谁交付的什么东西、收到的东西或金额的多少。注意数字一定要足够准确，要在清点完成、确认无误的状态下才能在收条中填入相关内容，草草了事就是在为自己制造风险。

此外，正文部分中出现的人名或单位也一定要仔细核对。在落款部分，要写上经手人也就是收到钱或物的人的真实姓名，如果存在代收者，也一定要清晰标注出代收的关键词。

3. 关注收条时间

收条时间位于收条的结尾部分，也就是落款的正下方。不要忽视收条时间的重要性，要保证年、月、日一个不差，且日期必须能够与收钱物的日期精准对应，差一天都有可能导致收条的规范性被削弱。尽管某些情况下没有时间的收条也具备法律效力，但这种情况无疑会使产生纠纷的风险加剧，最好还是尽可能地保证稳妥。

4. 要使法律生效

写收条有时也会因各种不正确的行为而导致其无法生效，当事人一方面要注意保持收条的完整架构，另一方面要尽可能使还款信息具体。比方说"今收到××银行转账××元"，如果可以的话还要添上对方的身份证号码等详细信息，

第 6 章 凭据类公文：促成双方达成共识之余严防出现漏洞

这样才能尽量避免自己不会陷入法律纠纷中，即便真的走上了法庭，也有理有据、有所凭借。

5. 采取打印形式

许多人习惯了以手写形式来撰写收条，这种行为的风险性其实很高，因为不能确定对方是否会在收条上修改或添加内容，如果采用打印的形式就会使这种风险有所下降。此外，无论当事人决定采取哪种形式，都要在收条中注明"一式两份"的内容并做到彻底落实。

此种操作可以减小对方在收条中使绊子的可能性，曾经就出现过类似这样的案例，即双方对质时一方拿出了被篡改过的、与事实不符的手写收条，而另一方却无法拿出对应的证据来反驳对方。如果提前做好一式两份的准备，那么任凭对方修改收条中的任何内容也不会对自身造成威胁。

》》 6.5 聘书：聘书与劳动合同的一体两面 《《

聘书在过去的存在感其实不是很强烈，但在近年来被应用的程度却在逐渐提升。聘书顾名思义，即当相关单位、机构希望能够聘请某些特定人员时需要向其发放符合规定的文书，主要起到的是一个信息传递、加强彼此之间联系性的纽带作用。不过，要将聘书与劳动合同区分开。尽管二者都具备法律效力，但所存在的差异点还是比较突出的，如果没有将二者进行明显区分，很容易产生纠纷。

劳动合同指的是员工在入职后与用人单位签署的文件，是一种双向的行为，这也是其与聘书之间的最突出区别——聘书具备较强的单向特征。也就是说，劳动合同只有在双方达成共识的基础上才会签订，而聘书则类似于一封邀请函，对方是否会接受这一"邀请"还是未知状态，用人单位并没有绝对的强制力。

1. 聘书的基本格式

能够应用到聘书的场合一般都非常正式，因为拥有被聘请资格的大都是行业资历较高或具备较强专业能力的人员。用人单位在进行聘书撰写时，必须严格遵循聘书的规定格式。

只有符合基本格式要求的聘书才能体现出用人单位的诚意，先不说对方是否能够被打动，但能够确定的一点是那些不按照规定格式书写的聘书只会体现出满满的敷衍感，那么成功的可能性就会降低。下面，就来看一看聘书的基本格式。

1）标题

聘书的标题应处于最醒目的中上方位置，不过这一点也不是硬性要求，即不带有"聘书"字样也是被允许的。但为了使聘书整体显得更加美观，最好还是要放上标题，并且将其适当放大。

2）称谓

称谓，即用人单位对指定受聘者所用的称呼，该部分的要点主要包括两个方面：第一，务必要保证绝对不能出现写错受聘者姓名的情况；第二，要注意一般情况下不能直接称呼对方的姓名，而要在姓名后边接上"同志""老师"等对应的称谓。

称谓有两种合理写法，一种是常规的直接顶格形式，另一种则是以"兹聘请""特聘请"等用词开头或穿插在正文内容中。

3）正文

虽然聘书的篇幅非常短小，但正所谓"麻雀虽小，五脏俱全"，聘书正文中会涵盖许多要素，其中某些基本要素是聘书中必不可少的内容。我们可以简单概括一下聘书中通用性比较强的内容要点：第一，用人单位要注明需要受聘者做什么，或是要其担任什么样的职位；第二，要写出具体的聘任时间，要以年月日的形式向受聘者传递从初始日到截止日的期限信息。

但凡是正规单位发出的聘书，其正文内容会涵盖上述三大要素。

4）结尾

结尾主要是用来进一步提升聘书的整体规范感，就像商业活动中双方交涉完毕后一般都会以握手或口头表达形式彼此示意一下一样，是一种体现自身礼节的行为。

5）落款

落款部分同样也能够体现出用人单位的正规程度，即是否在落款处注明了单位全称或领导姓名、是否有相应的落款日期、是否加盖了单位公章。这三项属于聘书落款处的必备要素，哪一项都不能漏掉。

2. 撰写聘书时的注意点

聘书与劳动合同在整体格式上有一定的相似性，但从其篇幅与具体的表述内容来看，就很容易发现二者的显著差别了。此外，二者在进行文书撰写时的侧重方向与相关要求也各不相同，下面分析撰写聘书时应该注意的地方有哪些，如图 6-8 所示。

图 6-8　撰写聘书时的注意点

1）保持语言精练

如果按照规定的聘书格式进行撰写，那么一般情况下聘书不会出现篇幅过长的情况。换句话说，聘书的主要作用就是向受聘者表示一种需求意向，因此其重点并不在于聘书的用词有多么优美，而是要让受聘者在最短时间内就能理解用人单位发送聘书的意图。此外，在撰写聘书时还应注意通篇内容的流畅度、完整性，要用最精练的语言将聘任内容清晰表述出来。

2）表述准确无误

用人单位在撰写聘书之前，一定要提前在内部商讨好受聘者的工作任务，这样做一方面是因为能够在聘书中更加明确地表述出对任务、职位的安排，另一方面能够避免出现受聘者应约而来之后再去对其工作内容进行变更的情况。

有些聘书在正文部分的表述就不够清楚、准确，导致受聘者根本读不懂自己需要负责哪些方面的业务，还有些单位在聘书中呈现的内容与签约后的实际情况大相径庭，许多矛盾、纠纷也因此产生。不论是为单位自身的信誉度考虑，还是为受聘者权益考虑，都一定要用简洁明了、不会产生歧义的语言陈述内容。

3）端正自身态度

聘书与劳动合同的不同点在这里也有所体现，前者需要突出自身的诚意与谦虚感，而后者则处于相对平等的位置上。聘书就相当于单位在招揽优秀人才方面的需求，如果能够与对方成功签约，单位就必定会从中获得一些好处。因此，撰写者要端正自身态度，用词不可过分强硬，一定要使对方感受到自己是受重视、受尊重的。

4）避免错字情况

通常情况下，简短的几行字中出现错字或语病，会比满满几十页的纸张中出现相同错误要严重得多。试想一下，如果你在简短的聘书中发现了错字，即便只有一个字，你是否也会觉得对方的态度不端正或是单位不靠谱？为了避免受聘者产生这种想法，撰写者在正式发出聘书前一定要多检查几遍，特别是受聘者姓名这类比较关键的内容。

5）整体效果美观

聘书在印制时不需要有多少额外的点缀、装饰，只要保证整体效果美观大方即可。撰写者可以在文字形态、文本间隔、边界空间等细节之处下手，比方说应用比较广泛的烫金体就既美观又正式。

此外，还要注意一点，聘书与劳动合同都是单独存在的，谁也不能取代另一方。即便聘书中含有对受聘者相关待遇的规定内容，也不能代替劳动合同的作用。因此，单位必须明确，只签署聘书却不提供劳动合同的行为是绝对违规的，一定要走正规的合作路线。

6.6 【案例】劳动合同中怎样做好义务规定为竞业协议做铺垫

劳动合同是每个就职员工都必须签署的协议文件，且并不存在偏向哪一方的情况。正规的劳动合同就像一个不偏不倚的天平一样，使协约双方都能享受到同等程度的权益保护，同样也会使二者受到相同的约束。某些机构常常会忽视劳动合同内容的制定所蕴含的重要意义，只是从网络中随意参考一套固定模板而几乎不加改动，这其实是一种相当不负责任的行为。

完整的劳动合同中一般会包括签约主体与合作期限、职责内容、违约责任等内容要素，而就最近的发展情况来看，用人单位对于劳动者违约责任的重视程度变得越发强烈。换句话说，在合同中为劳动者设定的义务规定要求与过去相比越来越严谨。劳动合同的基础结构框架尽管没有较大变动，但为了与时代发展的步调保持一致，用人单位必须不断调整劳动合同施加于劳动者身上的约束力，要使其保持在适当范围内，过于极端也不可行。

那么，是什么导致了这样的改变呢？这就要从竞业协议这一新时代的主角开始说起。竞业协议的主要作用就是保障用人单位的正规权益，特别是在某些高新领域，如 IT 技术、产品研发类公司等，竞业协议的存在能够使公司更高效地把控内部的中、高级员工。简单来说，如果某些员工会经常接触到公司的核心、机密类信息，那么这类员工就需要签署竞业协议，以保证这些信息不会通过各种渠道传播出去，否则其受到惩罚就是情理之中的了。

不过，竞业协议终究还是不够完善，某些员工对于签署竞业协议的抵抗情绪也很强烈。有时候用人单位的初衷是为了保护内部的重要研发成果、留住核心人才，结果反倒出现了形势恶化的情况。此外，大部分公司中普通劳动者所占比例一般都不低，为了最大限度地降低公司的经营风险，管理者就要从劳动合同入手，目的是为竞业协议做一个良好的铺垫。那么，用人单位该如何对劳动者进行合理的义务规定呢？可参照的技巧如图 6-9 所示。

图 6-9 做好劳动合同义务规定的技巧

1. 准确撰写保密协定

保密协定也是劳动合同中的重要构成部分，只不过在过去往往没有那么具体，而是寥寥几句就会直接翻篇。当前，与保密协定有关的内容则变得越发详细而缜密，对于撰写者的要求也越来越高。首先简单概括一下保密协定中常会涉及的内容。

第一，保密义务人一旦签署了协定，就必须做到不能在未经公司许可的情况下以任何方式、任何途径将保密内容传播出去。比方说将带有商业机密的纸质资料遗失在被允许区域以外的地方，或者是在日常交流的时候以口头形式使相关信息被泄露，这些都属于违约行为；第二，义务人不得将商业机密应用于非合同规定、允许的场所，如义务人利用公司机密为自己谋求私利的行为同样属于违约范畴。

上述两大方面的内容是保密协定的关键，撰写者一定要准确用词、完整阐述，不能出现任何的疏漏情况，要尽可能全面地将与之有关的每一项条款都梳理清晰。

2. 严格设定保密范围

不同类型的公司所经营的业务领域也不同，因此其在保密范围上也存在差异。比方说金融类公司与科技类公司的保密侧重点就完全是两个方向，所以撰写者一定要根据公司的实际经营情况，以及对应员工主要接触的业务内容这两点进行范围划分。

此外，还有一点需要注意的是，出于对公司发展趋势的考虑，撰写者可以使用类似"包括但不限于"这种含义的句子，在清晰阐明保密范围的同时也要为自己留有余地。比较常见的机密内容包括4项，如图6-10所示。

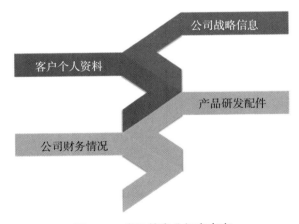

图6-10 常见的商业机密内容

1）公司战略信息

公司管理层中有很大一部分人都会参与公司的重大战略会议，并能够倾听到战略决策全过程中透露出的重要信息点，如未来的市场发展计划、投资倾向等。

这些内容如果被泄露出去，竞争对手很有可能会先发制人，因此要做好这方面的保密规定。

2）客户个人资料

在金融、银行这类行业领域中，客户资料的丢失、流出很有可能会导致公司出现巨大的经济损失，还有可能遭到客户的投诉，引发一系列关于隐私问题的法律纠纷。

3）产品研发配件

不论是调料类产品，如老干妈辣酱、海天蚝油等，还是技术类产品，如智能设备、芯片等，但凡是主营领域涉及创新研发的公司，都更需要注重对保密协定的应用。

4）公司财务情况

除公司每年要依法公开的经营信息以外，具体的财务内容，如公司当前的盈亏状况、所获利润等，都是不能随便对外公布的。

3. 不得采取欺瞒手段

虽然劳动合同关于保密协定这方面的内容主要是站在用人单位的角度考虑的，但也不能单纯抱着让劳动者签署协议的目的去欺瞒对方，如故意模糊语义、隐藏部分关键内容、利用有歧义的文字去误导劳动者等，这些行为同样是不合规矩的。

用人单位想要保护机密内容无可厚非，但前提是需要与对方坦诚相待，劳动者如果无法接受条款规定可以再进行下一步的协商，却不能在其尚存困惑的情况下去诱导对方。要知道，虽然职场中双方可能是上下级的关系，但在签订劳动合同时，双方是平等的。

4. 避免过分压制劳动者

这里指的过分压制主要有两方面的含义：第一，采取强制、威胁等手段去迫使劳动者签署协议，如以开除为理由使劳动者陷入被动局势等；第二，撰写者所设定的保密内容已经明显超出了合理范围，比方说要求劳动者永久不得从事与现就职单位相同领域的工作，这一条是不具备法律效力的。用人单位必须在法律允许的范围内公平公正地设定协议内容，而不能借此机会去压制劳动者，这样做很容易使事态进一步恶化。

5. 明确规定违约责任

用人单位要格外重视关于违约责任方面规定的严谨性,即如果劳动者存在泄露商业机密或损害公司利益的事情,要承担怎样的责任,如支付多少罚金或予以怎样的处分等。在撰写这方面的内容时,与金额数量有关的内容一定要在双方达成协定的基础上谨慎填写,如果数字有误,会给合同双方带来麻烦。

第7章

会议类公文：彰显领导才华并传达领导讲话精神

不论是职场还是校园环境，都少不了各类会议与活动，特别是在职场中，每一场重大会议的召开都必须有讲话稿或者开幕词、闭幕词的存在。作为公文的撰写者，不仅要保证公文能够与应用场景相适配，并且要具有较强的敏锐力，一定要在明确领导意图的前提下再进行公文撰写。可以说，会议类公文尽管各有各的特点，但大多数都需要清晰地把握主线脉络。

7.1 文种特性：需领导宣读，主题、主线、主调应重点把握

无论从事何种职业，在生活中或多或少都会接触到这样的场景：公司开年会，上级进行的总结式发言；大型活动开幕，主持人将开幕词当作活动正式开始的标志。无论活动规模是大是小，但凡涉及需要领导上台宣读的环节，相关撰写者就必须要落实好领导在会议或活动中需要用到的公文内容，而该项工作对撰写者的专业能力要求一般很高。

在正式场合的会议类文书，容不得半分差错，除了要避免某些低级错误的出现以外，还需要明确一点，既然是由领导负责宣读，就一定要揣摩好领导想要达成什么样的会议效果、想要传递哪些信息或精神、理念。此外，会议类文书的类型比较多样，因此撰写者还要考虑到相应的场合问题，不过大多数情况下还是要将领导的意图放在第一位。

简单来说，撰写者要遵从一个通用性原则，即不是"我想写什么"，而是"我要写什么"。但凡宣讲的主角不是自己，就必须尽可能抛掉所有具备干扰性的主观意识，要以客观的态度去撰写相关公文。在此，撰写者需要注意三大关键要点，也就是该类型公文的主要特性。

1. 主题

我们在日常交流时经常会用玩笑般的语气说出"你为什么总是抓不住主题"类似这样的话，但如果主题这个定义真正放到公文撰写的场景中，就会发现把握主题这件事的难度其实很明显。为什么在参加各类演讲比赛时，会觉得写演讲稿没有那么困难呢？本质上还是在于主体发生了改变，揣摩他人的心理、目的永远比自我构想要复杂得多。

在会议类公文中，主题存在的作用与正式进行服装裁制工作前的尺寸丈量环节相同，如果尺寸出现错误，那么服装将很难呈现出最合适、美观的效果，会议类公文也是如此。如果撰写者没能明确抓住领导想要传递的中心思想，那么公文就是不具备应用意义、完全不合格的。那么，我们该如何去寻找公文的核心内容呢？可以参考以下几个实用技巧，如图7-1所示。

第 7 章 会议类公文：彰显领导才华并传达领导讲话精神

图 7-1 精准把握会议类公文主题的技巧

1）控制自我观点

撰写者一定要明确自己的立场，即是为领导撰写公文，而不是自己上台讲话。因此，尽管撰写者不能将自我观点全都驱逐出大脑，但却可以控制这些主观想法出现的频率与其对公文内容的干涉程度。当然，这并不是说撰写者一定不能在公文中加入自己的理解内容，如果应用程度适当，与领导意图相比所占比例较小，那也是完全没问题的。

2）多去参加会议

常去参加有领导存在的会议或活动，可以帮助撰写者更加高效、精准地把握公文主题。在会议中，撰写者需要多多观察领导的动态，包括领导在会议中发表的言论、对某些热点问题的关注度，并且最好能够将这些信息记录下来。当领导明显表示出对某个事件非常感兴趣时，撰写者就要对该事件进行深入分析，并从中挖掘出有意义的信息内容。

3）及时解决问题

公文的主题选取会直接定下公文在后续撰写过程中的整体基调，因此撰写者要谨记：如果有不确定的问题一定要及时与领导进行沟通，而不要担心因次数过多会令领导感到不耐烦。

要知道，会议类公文是要应用到正式场合中的，如果因顾虑太多而没有与领导进行良好的交流，就无法获取更多具备参考性的意见，从而导致公文与领导的意图偏差甚远——这无疑会使领导失望。不过，这些工作最好在公文主题敲定之前全部落实到位，并且每一次向领导反馈问题时都要尽可能全面，这样才能使自身的工作效率更高。无论如何，务必要避免出现不懂装懂这种不端正的态度。

4）结合具体场景

在某些会议目的指向比较明确的场景中，撰写者会更容易对公文主题进行定位。比方说公益类活动、签约仪式等，这类场景的主题就比较明确、清晰，再结合领导的喜好、习惯等，就能敲定出方向正确的公文主题了。

2. 主线

当撰写者确定了公文的主题之后，就可以开始对主线进行详细设定了。与主题相比，公文主线的灵活性会更明显一些，即便在中途出现方向上的偏差，如果能够及时调整过来也不会有什么问题。但是，为了减少在修改正文内容中所耗费的时间，撰写者还需要明确几个撰写过程中常会用到的原则，如果能够遵循这些原则进行撰写，公文的主线就会变得更加顺畅而清晰，如图7-2所示。

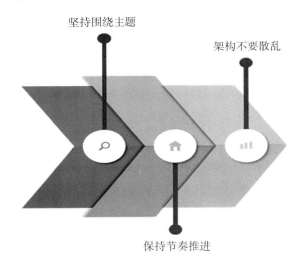

图 7-2　撰写主线的原则

1）坚持围绕主题

其实如果撰写者能够明确紧扣主题这一点的话，公文的主线即便不能说绝对正确不出岔子，基本上也不会有什么太大的问题。打个比方，如果你的前方是一片果林，而你的预设目标是摘取桃树的果实，那么你就会专注于这个方向，而不会看向其他的果树。只要撰写者对于主题的定位无误，那么主线也会随之变得更加清楚。

第 7 章　会议类公文：彰显领导才华并传达领导讲话精神

2）保持节奏推进

紧扣主题是保证主线内容不跑偏的基础，不过如果是作为要在正式场合由领导演讲的公文来说，仅仅做到基础是远远不够的。一篇优秀的会议类公文，能够使倾听者可以非常轻松地跟上演讲者的思路，而不会觉得难以理解、跳跃度太大。

如果撰写者的经验比较丰富，那么对于主线推进节奏的把握情况应该会比较好；如果其撰写经验不太多的话，就要多去查找资料、参考一些能够达到合格线的公文，并从中学习如何梳理自己的主线撰写思路，慢慢地就可以把握住行文节奏了。

3）架构不要散乱

想要使会议类公文的架构不要散乱，撰写者就可以多用一些与主题有关的关键词，并增强其在正文中的存在感。关键词的反复出现既有利于增强撰写者的思路稳定性，也能够进一步将听众的注意力凝聚起来。

3. 主调

如果公文应用在正规的活动场景中，其主调通常都要在规矩、郑重的基础上增添一抹积极向上的色彩。具体的公文主调还要根据不同的应用场景去进行调整，但无论如何，那种消极、颓丧的风格绝对不可取，即便有一丁点这样的念头也会直接被打回来。此外，会议类公文虽然不至于过分沉闷，但也不能太过于欢快。即便是某些比较轻松的大型户外活动，也要使公文主调保持在适度范围内，要避免走向两大极端。

7.2　讲话稿：场合、篇幅、针对性、得体性为核心要素

讲话稿的应用主体一般不存在限制，不过应用场景多为各类目的较明确的会议，如校园宣讲会、环境保护会议等。如果讲话者是领导的身份，撰写讲话稿的人就一定要具备灵活的思维能力与较为专业的文字撰写、总结功底，否则将难以使文稿在会议中达到预期的讲话效果。本节会对讲话稿的各个核心要素展开详细探讨。

大多数人都听过"什么场合就要说什么样的话"这句话，就讲话稿这一文稿

类型来说，在正式开始搭建其框架之前，务必要先确定文稿的对应场合是什么。并不是所有会议都能直接套用同一套讲话模板，比方说公司进行年终总结时的会议与企业之间进行多方交流的会议，这两大会议的目的不同、形式不同，因此也促使讲话稿必须跟随场合变化而有所调整。不分清场合就去撰写的讲话稿就像不和谐的音符一样，总会令人感到格外突兀。

讲话稿的基础结构中包含标题与正文两大主要组成部分，而就正文这部分内容来说，撰写者需要注意的不仅仅是文稿的观点、质量等，还应将其篇幅控制在合理程度范围内。那么，将什么当作程度把控的衡量标准呢？通常是提前预设好的时间。

假设留给讲话人的时间比较短，那么讲话稿的篇幅自然不宜过长，否则容易出现超时或讲话过于仓促的情况；反之如果时间比较富余，撰写者就要适当对文稿的正文内容进行扩充，以避免由于讲话者提前结束而使得讲话环节出现留有大片空白的情况。一般来说，在了解到讲话所需的时间后，撰写者就已经能够判断出该篇文稿的大致字数了。

为了使篇幅能够更精准地卡到规定时间，撰写者还需要在写作过程中按照正常速度朗读几遍，以此来对后续篇幅进行更适当的调整。了解了讲话稿的基本信息以后，再来介绍讲话稿自身所具备的几大特点。只有做到真正领会这些特点，撰写者在行文时才会更有方向感，具体内容如图 7-3 所示。

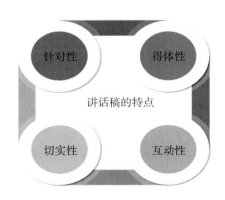

图 7-3　讲话稿的特点

1. 针对性

讲话稿的针对性主要指的是文稿所要表达的中心思想是否能够与对应环境相

契合,也就是前文提到的场合问题。不过就针对性这一点,还需进行更详细的梳理,因为大多数场合下能够影响讲话稿主题的要素都比较丰富。

以最普通的总结类日常会议为例,文稿撰写者需要考虑到这几个问题:第一,会议是否存在明确的主题?第二,是否与领导进行了讨论?领导有哪些目的与指示?第三,与会的对象或者说听众都是什么身份?撰写者必须对这三大问题进行解答,且答案不能模棱两可,要根据调查或亲身接触去获取有效的数据、信息,否则很容易使文稿的主题、主线都变得模糊。

撰稿者一定要明确讲话稿针对性这一特点的重要程度,它并不仅仅只会受到某单一要素的影响。受众的背景、领导的习惯,不要忽略每一个与会议有关联性的要点,要尽可能对这些确定内容进行更加深入的挖掘,这样才能使讲话稿更加切题、更能完美融入相应场合。

2. 得体性

无论讲话稿的篇幅是长是短,其文稿所用语言的得体性特点都是始终存在的。一篇合格的文稿既要体现出"讲话"的通俗性、易理解性,又要把握好通俗程度,不能使其真的像我们的日常交流那样随意。简单来说,具备得体性的文稿应该会使听众产生这样的感受:可以跟上讲话者的思路,能够毫不费力地听懂其想要表达的观点,并且会觉得这篇讲话稿的规范程度很明显。

要知道,讲话稿的作用是清晰传递出来自领导的意见,或者对现存问题进行总结、给出具体的改进措施等,而不要将其当作学术类论文来写。当然,如果某些场合中受众的专业程度大都很高,撰写者也要适当应用一些专业性概念来提升讲话稿的质量,但从整体来看还是要将语言的简洁易懂风格当作主要撰写方向。

3. 切实性

在撰写讲话稿时,撰写者要切忌出现语言过于空泛的情况。一般情况下,有问就要有答,如果单纯罗列出一大堆的问题或意见,却不给出或点不透相应的解决方法,听众就会产生一种云里雾里的感觉。

对当前情况进行总结只是领导进行会议发言的目的之一,其更深层、更关键的目的往往是后续部分,也就是领导想要提出的指导性观点或任务,会产生较强的号召效果。因此,一定要让讲话稿变得有意义,而不是将问题全部都留给听众去解决,这就不是讲话稿而是疑问收集报告了。

4. 互动性

讲话者需要在现场进行发言,因此不论是为了维持现场的讲话气氛,还是为了改善受众的倾听效果,撰写者都必须使讲话稿体现出互动性的特点。

会议的严肃、庄重与符合大众口语习惯的语言表述并不冲突,毕竟大多数会议都是向着解决某一问题的方向而去的,咬文嚼字、晦涩难懂的讲话稿难以引发讲话者与受众的互动。想要形成良好的互动氛围,就要将问题说清楚、将理论观点进行透彻剖析。会议不是常规课堂,不需要将问题留到"课后"解决。

一般情况下,当领导需要在会议中发表相关言论时,就先要将一些关键信息传递给撰写者。但凡是比较正式一些的会议场合,讲话稿的撰写者都不会仅仅只有一个人,因为这将难以保证文稿的质量。而撰写团队中的成员在工作过程中也不能过于"独立",一定要及时与领导及其他组内成员进行高效沟通,这种集体形式有利于使文稿主题更准确、用词更严谨,有问题也能及时通过讨论得到解决,有漏洞也会在相互检阅的时候被筛查出来。成员在撰写时要多去查找相关资料,浏览的实用信息越多,将理论转向实践的概率就越大。

此外,如果想要使讲话稿所发挥的作用更加显著,撰写者在写法上还需要注意以下几点:第一,文稿结构要清晰,从整体上看要具备较强的行文逻辑性,不能毫无层次感;第二,在明确领导指示的基础上适当提升讲话稿主题的新颖度,某些已经被反复提起、众人都耳熟能详的观点就不要再重点阐述;第三,讲话稿内容既要引起受众兴趣,也要具备一定的号召力、感染力,但要注意文稿中出现的要求、提议一定要合乎规范,要避免正文中出现一些明显超标、难以实现的内容。

7.3 演讲稿:演讲稿的撰写特征及其同讲话稿的区别

何谓演讲稿,即演讲者于公开场合发布某些观点的文稿。近年来,社会中关于演讲活动的讨论度也在逐渐提升,大学校园也是各个演讲者的主要阵地之一。不过,也常会有人认为演讲稿同讲话稿并无不同,其实二者的差异点还是很明显的。

1. 演讲稿的撰写特征

两类文稿在当前的应用都比较广泛,因此我们需要在厘清演讲稿基本撰写特征(见图7-4)的同时将其与讲话稿进行对比,这样才能够在日后应用时分别把握好两类文书的正确撰写思路。

图7-4 演讲稿的撰写特征

1)针对性

针对性这一点在会议类公文中被提及频率非常高,在不同类型的文稿中也有不同的针对方向,而对演讲稿来说,针对性即为演讲者所提出的思想或理论恰好是受众所关注的内容,二者精准对接才能说明文稿的针对性特点得到了良好应用。社会效应比较好的演讲主题一般会借助于近期出现的时事热点,要明确演讲并非教学,它的主要作用是向人们传递、宣传某些信息,而不是打着演讲的幌子去科普、讲解某些专业知识。

此外,除了演讲稿的选题要具备针对性以外,撰写者还需要关注本次演讲活动的受众及所在场合。比较有代表性的场合包括学校、集会、竞赛等,不同的场合决定了演讲稿需要设计不同的演讲内容及塑造不同的文稿风格。演讲稿的成功性并不在于文稿所提出的理论有多么高端,而是其内容能否被听众充分理解,只有能够被听众接受的演讲稿才算得上具备显著针对性。

2)条理性

演讲稿首先要让演讲者"好讲",才有可能实现听众的"好听"效果。如果演讲者自身在通读演讲稿的时候都觉得磕磕绊绊、十分拗口,那么听众就更难以理解文稿内容了。因此,这就要求撰写者必须在语言上下功夫。要使文稿具备较强的条理性,至少在读起来的时候不能跳跃性过大、不能出现不顺口的情况,撰写者要尽量避免使用过长的语句,以及听众认知度较低的词语、典故、事例等。

3）鼓动性

鼓动性是演讲稿有别于其他文稿的最突出特点，也是演讲稿的核心要点。鼓动性并不在于表面意义上的现场气氛有多热烈或是演讲者的肢体语言有多丰富，而是要搭配内容具有足够深度的演讲稿，与之良好结合使听众可以从内心被调动起相应的情绪。

基础的演讲稿至少需要达到能够引导听众思路、使其不会走神或兴趣缺失的程度，而处于优秀等级的演讲稿则能够有效激发受众的心灵共鸣感。如果撰写者想要通过演讲稿更好地利用这一特点，就要多去推敲演讲稿的主题，并在那些具备感染力的内容上着重笔墨。

4）口语性

让听众能听明白、听顺畅，这是演讲的最基础要求。口语化的表达可以使听众产生一种彼此正在日常交流的感觉，更有利于在演讲现场去调动听众的互动情绪。

试想一下，如果你根本听不懂演讲者正在讲些什么，那么在你面前的演讲者再怎么慷慨激昂也是没用的，其根本原因就是听众无法跟上演讲者的思路——这无异于一场失败的演讲。因此，撰写者要尽量采用口语化的表述方式来撰写演讲稿，不要出现过多的生僻字、文言文，要降低句子的理解难度，使其变得更加常规化。

5）整体性

既然说到了"整体"这一概念，就意味着撰写者在修订演讲稿的过程中，必须要看得更加全面化，方方面面都要考虑到位。

首先，需要放在第一层首要位置中去考虑的必然是外界因素，即演讲环境与听众信息。如果听众的年龄层较低，撰写者就不适宜写太多过于深刻的社会观点，而是要写一些能够贴近其生活、符合其兴趣点的内容。

其次，还要做好关于演讲稿篇幅的构思，因为演讲者必须在规定时间内结束，超时可能会对后续的活动造成影响。

最后，演讲稿完成后，演讲者就要根据文稿内容做好对自身的演讲训练，如较重要的肢体行为、语速快慢、重音位置等。一场受到听众称赞的演讲活动从来都是具备较强整体性的，演讲者与文稿内容需要完美融合才能打动听众。

第 7 章 会议类公文：彰显领导才华并传达领导讲话精神

6）灵活性

灵活性，即演讲者在现场随机应变能力的体现，因为演讲稿中的内容只能帮助演讲者将主线梳理清楚，一般不存在一字不变完全照稿朗读的演讲情况。在与听众互动如听众发出质疑或想要进一步深入讨论时，如果演讲者完全没有进行事先准备，就不能及时给听众一个良好的回应，因此演讲稿中的内容也要相对灵活一些，要留有让演讲者能够控场的空间。

2. 演讲稿与讲话稿的不同之处

梳理了演讲稿在撰写时需要注意的基本特点之后，我们再来分析一下演讲稿与讲话稿的不同之处，如图 7-5 所示。

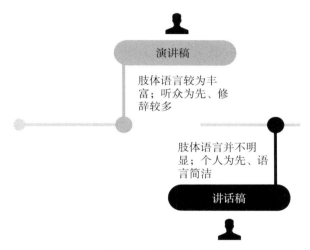

图 7-5　演讲稿与讲话稿的不同之处

1）肢体语言

与演讲稿相比，肢体语言在讲话稿的应用场景中存在感比较弱。尽管领导在进行讲话时也不至于像木头人一样全无动作，但也不会使其幅度过大，更多的是在语调及神态方面的变化；而演讲稿中的"演"字则已经点出了其对于肢体动作的依赖性，像振臂、耸肩、摆手等都是最基础的肢体动作，具体还要结合演讲稿的内容确定。

2）侧重方向

两类文稿在撰写前都需要寻找主题，但之后的方向却有着明显的区别：演讲稿倾向于"听众更喜欢什么"；而讲话稿的定位点则在于"我想要传达什么"。前者会将听众放在第一位，再结合个人观点去进行文稿撰写；而后者侧重如何对问题进行总结和剖析、如何给出实际的意见。

3）文字描述

演讲稿的主题更加丰富，适用场合也比较多样化。由于环境与目标的不同，演讲稿在撰写过程中的语言会更通俗、更具感召力，撰写者可以多用一些修辞手法，并可适当增强演讲稿中的情感色彩；而讲话稿与之相比会显得更平淡一些，通篇的语言更偏向简洁明了、实事求是的风格。

总体来说，演讲稿与讲话稿各有特点，尽管二者有所区别，但在地位上并无高低之分，具体还要以讲话人所在的场合特点为依据作选择。

7.4 开幕词：为会议阐明性质、定下基调、进行议程安排

开幕词是所有正规活动或会议中必不可少的内容，其作用相当于在跑步比赛中，裁判为运动员吹响口哨的那一刻，能够体现出宣告会议开始的意味感。别看开幕词的篇幅比较短小，如何从短短几行字中将一系列重点内容都表述清楚，这可不是一件容易完成的事。开幕词需要起到引导性作用，因此整体方向一定不能出现偏差。

作为普通听众，我们或许对开幕词的印象还停留在说一些祝福语的阶段，但在那些正式的大型场合中，开幕词无疑是非常重要的存在，其涵盖的内容也不像人们所想的那样简单。首先来看一看开幕词的基本特点有哪些，如图7-6所示。

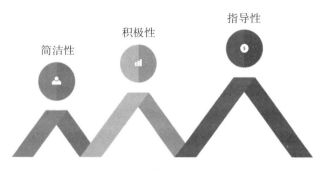

图7-6 开幕词的基本特点

（1）简洁性。

开幕词就像书本中的引言一样，所占篇幅不会太大，能够达到简洁明了将信息传递给与会人员的效果即可，时间也要尽可能控制在几分钟之内。

（2）积极性。

但凡是要应用到开幕词的场合，其语言风格即便不会过于热情、欢乐，也要直指积极方向，并要突出语言的口语性、通俗性。

（3）指导性

开幕词一般由会议或活动的主持人以自然讲话的形式说出来，之所以具备指导性是因为其能够引导听众的思想，开篇即要点明会议的性质，使听众能够从开幕词中听出本次会议的重点内容是什么。

撰写者要以开幕词的常规结构为参考，要注意每个部分都具有哪些关键点，在重点部分不能出现疏漏。此外，开幕词虽然不像邀请函那样需要重视整体的视觉效果，但也要做好格式的调整、将重点信息进行突出标注。

1. 标题

开幕词在标题上的设定比较灵活，有三种基本形式，其中的某些关键词位置可以根据会议类型进行相应变动。

第一种类型是我们所熟悉的常规写法，即简简单单一行将会议主题与具体文种相结合的标题，如《中国妇女第十二次全国代表大会开幕词》，有些标题也会将文种更改为致辞、演讲等。

第二种类型会在常规标题的基础上加上相应致辞人的姓名与称谓，如《××同志在第×届会议上的开幕词》，有时也可以不加称谓。

第三种类型的标题会比较长，因其采取的是复合式形式，即主、副标题同时兼具，如《开放合作，命运与共——在第二届中国国际进口博览会开幕式上的主旨演讲》。

2. 称谓

称谓，即对与会人员身份的表示，同时还要结合会议的自身性质。虽然称谓通常只会占据几个字的空间，但也要力求绝对精准。常见的开幕词称谓包括各位同志、女士们先生们、各位同事、各位代表等。

3. 正文

开幕词正文是撰写者最需要倾注自身注意力的核心部分，因为这部分内容中,体现了开幕词的指导性特点。我们同样可以将其分为三大部分进行内容梳理。

1)开头

开幕词在开头位置没有明确的内容规定,但语言要简明扼要,具备一定的总结性。在这部分比较通用的要素包括对在场人员进行诚挚的问候;对会议的召开表示庆贺;向某些在会议中作出了贡献的人员表示感谢;直接宣布会议的开始等。上述几个要素可以单独使用,也可以将其综合起来,具体还要看实际的会议情况,但一定要在开头营造出热烈的会议氛围。

2)主体

主体是正文中的重中之重,换句话说,开幕词中的所有精华几乎都浓缩在了该部分内容中。因此,撰写者必须使以下几项内容都能得到恰当的比例分配。

第一项内容,即点明本次会议的意义是什么,撰写者要带着"我们为什么要召开这次会议"这个问题对意义进行阐述。该项内容具备较强的引领性,因为要使与会人员明确自己的与会原因,所以在这里的语言必须准确而直白,不要故意绕弯子。想要对会议的意义进行定位,撰写者就要简单介绍召开会议的背景,要同时总结过去与当前的重要信息点,不要出现无关内容。

第二项内容,即敲定会议的基调,也就是要阐明会议的主要思想,并要对会议安排进行简单介绍。在指导思想这方面,撰写者要根据领导们的身份及主题内容进行定位,如遵循××思路、以××为中心等都是对指导思想的体现。无论如何,指导思想一定要正确、积极、符合政治规范。

第三项内容,即向与会人员提出会议的具体要求,换句话说,要让其明确自己的任务有哪些。撰写者需要在开幕词中给出具体的解决措施,或者是在以后的主攻方向,可以留有余地但要确实可行,而不是毫无意义的泛泛而谈。

在上述三项内容阐述完毕后,撰写者还应进行一个完美的收尾,一般会侧重于寓意美好的祝愿类内容,如"让我们迈向更广阔的领域""让我们更加迅速地成长"等。在收尾阶段,还可以使用一些比喻、排比等能够使内容更具感染力的修辞手法,目的是调动与会人员的共鸣情绪,起到一种激励、鼓舞的作用。

3)结束

该部分与上述的收尾内容不在同一个位置,而是会在正文收尾的换行处,用词只要保证简单、规范即可，如"预祝××大会圆满成功"或直白的"谢谢大家"等。

撰写者需要明确，开幕词的质量是否达标取决于自己有没有抓住会议的主旨。特别是在某些专业场合，如各种形式的代表大会、研讨会这样的高级会议中，要提前收集、查阅充足的往期资料，这样才能做好开幕词中的相关总结性工作。此外，不要使用会引起歧义的词语或句子，语言要通俗且具有鼓动性。

7.5　闭幕词：更侧重总结性与号召性的闭幕词写作技巧

一场会议或活动如果想要达成足够圆满的效果，就必须要同时包含开幕词与闭幕词两大主要部分。前者位于会议的初始阶段，宣告着会议的召开；而后者则承担起了关闭会议帷幕的角色，负责为本次会议画上一个圆满的句号。本节会着重阐述闭幕词的写作技巧。

1. 开幕词的特点

闭幕词同开幕词的地位同样重要，缺少哪一个都会影响会议的完整性。不过，二者之间的区别要素也有很多，从闭幕词的特点中就能够清晰地看到。我们先来简单了解一下闭幕词有别于开幕词的特点包含哪些，再在掌握了二者特点的基础上去进行闭幕词的撰写，如图7-7所示。

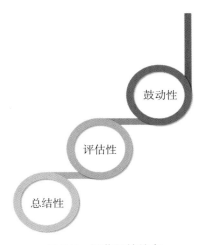

图 7-7　闭幕词的特点

1）总结性

在会议的进程逐渐推进至结尾部分时，闭幕词就需要站出来对会议进行良好的总结。总结性是闭幕词的核心特点之一，因为一场会议无论规模大小都会涉及许多复杂内容，所以闭幕词就要涵盖会议中的重点内容，如精神、成果等，并对其予以肯定。

2）评估性

评估性特点需要在闭幕词对会议内容进行总结过后才能得以体现，二者在这一点上有明显的区别。就像考试的时候一个人为你客观罗列各科目的成绩，另一个人为你进行综合评级，如优、良、中、差一样，二者尽管都带有概括性色彩，但不会面向相同的方向。

3）鼓动性

就鼓动性这一点来说，似乎是开幕词与闭幕词所共有的，差别主要体现在二者的鼓动目的上。就前者而言，其作为指挥者、引导者，需要利用鼓动性的特点去使与会人员能够迅速调整自己的情绪，并跟随开幕词的节奏去逐渐投入到会议中；而从后者的视角来看，在闭幕词出现的时候会议基本上已经对各种重点问题进行了讨论，并提出了新的指导意见。闭幕词的鼓动性目的就会因此而发生改变，即鼓动所有与会人员可以提高完成任务的积极性。

2. 开幕词的写作技巧

尽管闭幕词的篇幅通常也不会很大，但撰写者同样要在撰写过程中多去关注一些细节问题。毕竟，只有闭幕词的质量足够好，才能够在过程比较顺利的基础上将会议的整体效果再向上拉一个档次。闭幕词的写作技巧，如图 7-8 所示。

图 7-8　闭幕词的写作技巧

1）与开幕词相呼应

闭幕词与开幕词在分工明确的同时又要具备首尾呼应的关联性，即开幕词是什么格式、什么写法，闭幕词就同样要保持高度一致性。虽然这并不是说二者要完全相似，字句都要斟酌比对着前者来进行撰写，但在某些关键点上要避免出现不统一的情况。比如标题，开幕词使用的标题是什么形式，闭幕词就要套用相同的形式，这样才能达到统一协调的效果。

2）保持结构完整

闭幕词的基本结构同样是"三件套"，即标题、称谓、正文。除标题以外，在撰写称谓这一部分时也要注意与开幕词的相符度，如果前面用了"各位同事"，闭幕词也要用相同的称谓开头。此外，在正文部分，撰写者还有以下几个方面需要注意。

第一，要显示出闭幕词的总结性特点，在正文的开端要用简短的语言进行概括，即会议持续了多长时间、围绕着什么样的会议主题、会议的效果怎么样；第二，对闭幕词正文的撰写要讲求层层推进、要具备清晰的逻辑感，总结的跳跃性不能太大；第三，如果会议规模较大、重点内容较多，那么闭幕词正文的篇幅也可以相对增加一些，但要保证每一句话都具有意义。此外，适当使用修辞手法并不属于赘述的范畴。

3）语言通俗易懂

撰写闭幕词的原则就是会议可以高级化、专业化，但闭幕词却不能也变得"高级"起来。这里指的高级并不是说闭幕词中不能出现一些专业性的概念，而是说撰写者还是要尽量贴合最容易被理解的表达方式，在主持人进行口语表达时不要出现过于拗口或难以在瞬时被消化的句子。

4）风格热情积极

如果想要体现出闭幕词的号召性、鼓动性特点，撰写者就必须使闭幕词的行文风格变得更加热情洋溢。否则的话，如果闭幕词的整体风格乃至结尾都平淡如水，将会难以使与会人员产生被激励的感觉。

会议召开的目的并不是形式主义，而是要使任务都能落到实处，使人们都能自愿、积极地参与到推动任务快速完成的活动中。虽然这也属于人们的职责，但受到了热烈鼓舞的工作状态与没有任何感召力的工作状态差异度很大，前者更容易使任务的完成时间提前，使其完成质量更好。因此，撰写者要把握好闭幕词风格的火候，既要规范、庄重，也要体现出文字的感染力，使与会人员能够更具信念感。

5）要客观评价会议

闭幕词通常要对会议予以肯定态度，但在对会议进行评价的时候也要具备针对性、客观性，不要一味地只知道夸赞，还要对现有问题进行强调。因此，撰稿人不能让自己的臆断占据过多位置，一定要切实掌握会议中的各种情况，并要将会议记录当作撰写闭幕词的依据。虽然闭幕词的篇幅不算大，但撰稿者要查找的各类资料、报告可并不少。

6）会议总结要全面

闭幕词的核心在正文部分，其中涉及的关键内容可以适当增加撰写力度，主要包括会议中需要讨论的主要事项、会议的指导精神、会议的意义等。其中，会议的指导精神也需要注意与开幕词相符，或者说在其正式被敲定之后就需要贯穿全过程，没有再去改变的空间。

在撰写会议的意义这一部分内容时，撰写者要注意一定要使其召开的意义更加深远，要根据会议的性质、规模与来宾情况进行归纳分析，像某些大型会议就会将意义扩展至全球化的层面上。此外，有一些在会议过程中没有被提到的要点，闭幕词需要予以补充。总而言之，作为会议的最后一个环节，闭幕词一定要尽可能地做到全面。

7.6 简报：简报的一般分类与相应写作原则

简报，顾名思义就是内容比较简短的汇报类文书。简报在职场领域的应用十分广泛，大多数公司都会应用到简报，其主要作用就是对相关人员传递具有意义的总结性信息，这对于提倡信息透明、公开的公司来说十分重要。如果领导不能定期获悉某些工作或重要项目的推进情况，那么这些事的风险性就会增强。因此，简报的存在还是非常有必要的。

1. 简报的一般分类

简报在不同性质的公司中有不同的作用，同时其书面形式也会有所区别，关键还是要看简报被归在了哪一类型中。在进行简报分类时通常有许多的划分标准,且不同类型的简报在应用时有不同的侧重点。我们可以从大的角度来看,站在适用性较强的层次,将简报的性质作为划分点,梳理出几种比较常见的简报类型,如图 7-9 所示。

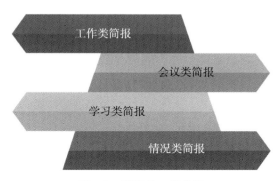

图 7-9　简报的一般分类

1）工作类简报

该类简报可以算是应用最为广泛的一种,内容会根据不同的信息传递对象而变动,如上级领导、同级部门等,通常会以综合性与专题性这两种内容形式呈现。在进行工作类简报的写作时,撰写者一般会将目光定位于近期工作中出现的新问题、部门中的新情况、各类具备反馈交流价值的工作新动态等。

2）会议类简报

会议类简报就比较好理解了,其与新闻报道有一定的相似性,即当公司召开特定会议时,撰写者就需要将会议中讨论到的重要事项、问题都归纳到简报内容中,还要将会议进程、与会者情况等基本信息都添加进去。此外,并不是公司中的会议都用得上简报,某些规模较小、只是普通员工之间进行日常交流的会议就不必应用简报了。

3）学习类简报

某些教育领域会较多地应用到学习类简报,但并不是常规意义上的知识教学,而是对某些教育活动、会议中相关情况的总结。比方说专题党课的开展、对中层教育人员的培训,学习类简报中需要呈现出对这些活动基本信息的概括,以及重要的活动动态、指导精神等。

4）情况类简报

如果说上述三个类型的简报作用多为对某些问题进行及时反映,那么情况类简报的作用重点就在于使上级能够获得更多具备参考性的信息。该类简报适用于各类行政机关、企事业单位等，领导不仅需要掌握某些工作中出现的情况，还要及时了解哪些问题是员工或社会近期最关注的。

2. 简报的写作原则

简报这类文书虽然在某些单位中十分常见，但作为普通员工通常只会看到简报撰写完毕后印制出来的最终成果，却不知道在撰写一份简报的过程中有多少注意事项、要耗费多少时间。虽然说熟能生巧，但简报在本质上不同于一般的报告性文件，因此每一次撰写都要遵循相应的写作原则。简报的写作原则，如图7-10所示。

图 7-10　简报的写作原则

1）抓住核心问题

简报的篇幅之所以会比较简短，一方面在于撰写者对文字的运用能力，另一方面则在于其是否能够准确抓住问题中最核心的要点。这其实就是在上述内容中提到的对文章主旨进行定位的重要性，一篇简报无论字数多少，撰写者都需要在进行阐述时紧扣主题，该主题将成为整篇文章的有力支撑点。

那么，怎样才能抓住核心问题呢？撰写者可以参考以下两个方面：第一，在定位关键点之前，撰写者首先要站在全局性角度去进行观察，而不要局限于自己的岗位环境，除非上级有特定的要求；第二，要注意提高自身在寻找、分析问题时的敏锐性。简报虽然在某些场合中是用来汇总问题的，但如果能够及时在问题产生小苗头、还未扩大之前就将其记录到简报中，那么这份简报将更有意义。

2）挖掘热点问题

某些单位因自身的性质，需要比普通单位更加关注热点问题。换句话说，领导需要的是具备较强影响力、能够产生促进作用的代表性问题。撰写者需要明确领导想要借简报去实现什么效果,因此在挖掘到热点问题之后,要对其进行详略得当的描写,重点部分要更细致、更具感染力,使阅读者能够从中有所领悟或受到鼓舞。

3)具备前瞻性

如果想要做好撰写简报这项工作,就要求撰写者既要有全局观又要有前瞻性思维能力,只是看看当前而不面向未来,很难使简报更加出彩。但是,撰写者不能仅凭个人经验或推断去对某些事情进行预测,而是一定要有可供参考的现实依据。为了能够使某项工作可以更加顺利地开展,撰写者就必须尽可能看得更遥远,比方说对某些事物发展的趋势进行预测等。

4)内容真实客观

简报尽管是以某个人或团队的名义撰写而成,但其内容却不能完全按照撰写者的看法、喜好去设定。大多数简报都是对客观事物进行记录或是对当前存在的问题进行总结报告,尽管其通常只会在单位内部传递、共享,但仍然具有一定的权威性。

特别是会议类简报这种需要对会议重点内容进行记录的类型,更是不允许出现任何的虚假内容。撰写者当然不需要完全按照原句进行撰写,但至少不能改变某些观点的真正含义、不能歪曲相关人员的讨论结论,换一种说法就是让简报阅读起来更加顺畅,而不是让简报的公信力下降。

5)语言精简化

撰写简报的关键就在于"简",撰写者完全不需要就某个观点展开长篇大论,而是要尽可能将语言变得更加精简。一篇优秀的简报,每一句话都有意义,阅读者可以用最短的时间将简报中的问题梳理清楚。如果涉及一些必须将篇幅扩大的主题,撰写者也不要因追求简洁而省去某些同样重要的内容,不必强行将其放在同一期中进行汇报,可以转到下一期的简报内容中。

6)注意时效性

当某些重大问题出现时,撰写者不仅要第一时间发觉,还要迅速动笔、找准方向,做到以最快的速度将问题汇总成稿。试想一下,如果某项活动中存在较多需要立即反馈到上级的问题,然而从成稿到印制、发稿总共用了一周左右的时间,那这篇简报还有意义吗?即便领导了解到了问题,也已经过了解决问题的最佳时机。因此,撰写者一定要注意简报的时效性,既要求快也要图稳,不能因为快而使简报的内容质量下降。

7.7 【案例】某文化节启动仪式开幕词案例剖析

只有理论的话会略显薄弱,因此需要根据应用于正式场合中的具体开幕词进行深度剖析,以加深自己对开幕词的认知程度,并从案例中汲取一些比较实用的知识。下面,就来看一下某地区旅游文化节的开幕词。

在××旅游文化节开幕仪式上的开幕词

尊敬的各位领导、各位来宾,女士们、先生们:

大家上午好!

春风拂面,在这个春暖花开的美好时节,在××这块美丽神奇的土地上,我们相聚在这里,共同参加首届"××·杨梅旅游文化节"的开幕仪式。在此,我谨代表中共××县委,向旅游文化节的成功举办表示热烈的祝贺!同时,向莅临本次活动的各位领导、各位来宾表示热烈的欢迎!向勤劳智慧的××人民致以崇高的敬意!

自去年以来,××县坚持以科学发展观为指导,紧紧围绕"建设'三区一园'、打造'三个一流'"的工作思路,解放思想,锐意创新,各项工作均取得了令人鼓舞的成绩,在工业园区快速拓展、现代农业独树一帜、新农村建设走向规范化的同时,××旅游也实现了从无到有、迅猛发展的飞跃。尤为可喜的是,××县能够充分依托自身的生态人文资源优势,创造性地把发展乡村旅游与新农村建设有机结合,不仅丰富了××旅游的内涵,而且为新农村建设提供了新的产业支撑,为××县建设新农村探索出了一条产业化之路。今天开幕的杨梅旅游文化节,围绕一村一品,调整产业结构,打造了全省最大的东魁梅生产基地,并依托这一特色基地,开发观光农业,致力塑造乡村旅游特色品牌。

××杨梅旅游文化节融生态观光与现代农业为一体,是××打造文化名县的一个重要载体。希望××县委、县政府精心组织,希望得到社会各界特别是新闻媒体的关心支持、宣传推介,真正把这一节会办好,达到以梅为媒,以节会友,宣传××的目的。以此为契机,把××的青山绿水和四季花果,串点成线,集景成区，进一步打响××都市农业品牌，早日把××建设成××市经济圈内一颗璀璨的明珠！

最后，预祝首届"×× · 杨梅旅游文化节"圆满成功！谢谢大家！

根据该地区旅游文化节中的完整开幕词，我们可以从头到尾对其进行有序分析，看一看该篇开幕词究竟具备哪些值得学习的优点，具体如图7-11所示。

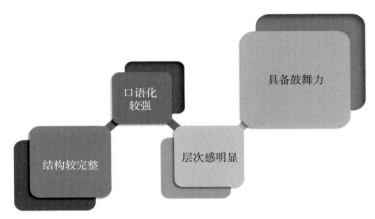

图7-11 开幕词案例中的优点

1. 结构较完整

该篇开幕词从标题到结尾都有严格遵循开幕词的基本格式，因此其整体结构也比较完整，不仅涵盖了所有重要组成部分，并且在内容布置上详略得当、规范得体。此外，该案例的内容篇幅也控制在了适当范围内，以正常讲话速度来换算大概只有几分钟左右，算是比较正常的讲话时间。

2. 口语化较强

口语化是开幕词的重要特点，而该案例的撰写者也的确使口语化得到了较为明显的体现。大多数内容都可以通过口头形式清晰表述出来，既不会使来宾感到难以理解、难以跟上主持人的讲话节奏，也没有使用过长的句子，以及复杂难懂的词语。

其中，有一些专业名词如"产业化之路""产业结构"等对于常年与产品打交道的业内人士来说也比较熟悉，毕竟撰写者需要提前对本次活动来宾的信息进行充分了解，因此在开幕词的撰写过程中也会以他们能够理解的程度当作用词的衡量线。总体来看，该篇开幕词还是以规范性、通俗性语言风格为主，偶尔会穿插一些专业用语，但并不会对来宾造成较大影响。

3. 层次感明显

这篇开幕词的优点还体现在其行文的层次感方面，我们可以从正文开头依次进行分析：首先，撰写者在开篇先对领导及来宾进行了问候与感谢，且所占篇幅比较适当；其次，在致谢过后，开幕词就直接引入了对过去的回顾内容，即对当地近年来所获得的成果进行了概述，着重突出了一些具备竞争力的优异成绩；最后，撰写者还对当前的战略方针作了总结，并进一步在后续延伸出了对未来的展望，以及目标、任务的设定。

从这一整套具备较强针对性的正文内容来看，撰写者对主线的把握比较明确，并且能够精准定位哪些是需要增强力度突出的内容、哪些是不需要占据过多篇幅但也具备参考意义的内容。有着这样清晰的思路，才能使开幕词产生行文流畅、便于理解的效果。

4. 具备鼓舞力

用于文化节开幕仪式中的开幕词，一方面，要起到欢迎来宾、进行礼貌性问候的作用，为开幕仪式拉开序幕；另一方面，则要通过简短的叙述使来宾能够在短时间内了解活动的背景、意义，并要从中受到鼓舞。

在该篇案例中，撰写者应用了较多的激励性语言，并将其自然融入深层目的中——将现有产业做大、形成产业品牌。为了推动该目标能够更加快速地完成，撰写者就必须借助开幕词调动来宾的情绪，使其能够产生一种责任感、使命感。

第 8 章

礼仪类公文：作用于社会交往增强彼此联系

礼仪类公文的关键就在于"礼仪"二字，而为了实现这一效果，就意味着撰写者必须具备扎实的文字功底，且必须要熟悉所写公文类型的基本格式与特点。不同的场合要用到不同的公文，如欢迎领导的到来、设计请柬邀请来宾，每一种都有其自身的注意事项。该类型公文的情感属性一般会比较明显，需要将情感表述与公文规范性平衡起来。

8.1 文书特点：礼仪类文书相较于其他公文类型的7个明显特征

礼仪类文书的应用场景与上述几类文书相比要更加多样化，并不局限于各职场机构中，而且还很贴近我们的日常生活。无论你处于哪种环境中，只要是社会中的一分子，就一定接触过该类文书。不过，如果是某些特定的专业场合，礼仪类文书对撰写者能力要求就会更高，因为它并不是普通人印象中打个招呼、写一些具有尊重意味的话语就能搞定的。

首先，礼仪类文书的类型并不单一，如果按照文书的整体基调来进行划分，可以将唁电、悼词、慰问函分到一个集合中；再将贺信、请柬等具备积极情绪的文书放到另一个集合中。从这些文书的名称中，能看出其所在场景的正式性，其重要程度并不比某些公开场合的讲话稿要低，不能单纯根据常规思路对其进行价值评断。

其次，礼仪类文书在所有公文类型中占据了比较特殊的位置，这里指的特殊无关于地位的高低，而是被其涵盖的特征赋予的。礼仪类文书的特点也与其自身性质有关，撰写者在写作过程也会受其特点引导。下面，就来总结一下礼仪类文书有哪些区别于其他公文类型的特征，如图8-1所示。

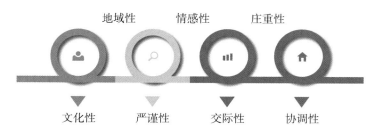

图 8-1　礼仪类文书的特征

1. 地域性

礼仪类文书具有较显著的地域性特征，这不仅体现在文书的内容中，还体现在称谓、修饰语及相应的文书装饰中。像其他的文书类型，如合同、通报等，这些文书尽管在格式、撰写方法及内容上都存在差异，但不会带有过多的地域、民族特色。换句话说，如果由风俗习惯相差较多的不同民族来撰写礼仪类文书，即便作为普通人也能感受到文书的区别，以及各自的民族感。

打个比方，以礼仪类文书中的请柬为例。除了所用文字有明显的不同以外，在常规印象中，受邀者所接收到的请柬是不是均为同一种样式？这样做的用意在于邀请者想要避免由于风格、样式不同所引发的宾客矛盾问题。

维吾尔族则不同，他们在发布请柬时会按照年龄进行样式的划分，在35岁以上的受邀者会收到一封红色的请柬，而在该年龄段以下的受邀者则会收到有着大片花卉图案的请柬。此外，该民族一般不会以信封形式递送请柬，而我们在日常生活中接收到的请柬都会将信封当作能够体现请柬正式感的一个要素。因此，撰写礼仪类文书的时候，一定要注意尊重当地的民俗。

2. 文化性

既然有了"礼仪"二字，那么该类型文书就必然会体现出强烈的文化色彩。从文书的内容上看，如果撰写者的个人能力较强，那么文书就会从词与句的运用中透露出一种文化底蕴感。

比方说某贺信使用了古文的撰写手法："溯湍流而勇上""众志成城，故能称其壮雄"等内容不仅体现出了撰写者的笔力不凡，而且使贺信也变得质量更高。不过，撰写者也要考虑到贺信接收对象的文化水平、理解能力，毕竟贺信的本质还是为了向对方传递喜悦之感，而不是为了炫耀自己的文笔。

如果换一个角度，还可以从文书的书写形式来看。如果是篇幅比较简短的礼仪类文书，有些撰写者就会以书法的形式将内容呈现出来，这也是其文化性的一种显示。

3. 严谨性

虽然说无论是哪种类型的文书，其撰写者都必须抱着严谨的态度，但礼仪类文书的严谨程度无疑会更重一些，因为其会涉及一些比较特殊的场合。像哀悼死者或对某些家中出现意外变故的友人表示慰问，这些场合中的文书都必须保证一个字也不能出错，更不能出现误导性、歧义性语句，否则将引发很严重的后果，这是一种非常不尊重对方的体现。

4. 情感性

礼仪类文书的情感性特点也是其有别于其他公文的核心特点之一，简单来说，如果说其他公文都具有一种公事公办的距离感，那么礼仪类文书就会从内容中体现出一种情感性的特征。虽然不同类型的礼仪类文书，其情感显露程度也有所不同，但或多或少都会令接收者有所感受。

不论是唁电的哀悼感、慰问感，还是贺信的喜悦感、祝福感，都是情感的表达方式。有些场合下，礼仪类文书的撰写是为了礼尚往来、增强彼此的联系感，引发共鸣感。在特殊场合下，礼仪类文书的作用会更加大。

5. 交际性

其他类型的公文虽然也会用来递送消息、具备互动特点，但与礼仪类文书的交际性还是有一些不同的。礼仪类文书的目的并不像其他公文那样"纯粹"，单纯只是为了反馈问题或传递信息，而是更侧重于增进彼此的感情，通过将情感融入文书中的形式使对方感知到，从而使双方的关系能够更加稳定或得到缓和。

礼仪类文书有时可以当作双方关系的一种证明，如婚礼、宴会的请柬等，有时也是职场中为了获取合作机会而发出的，但无论如何，这种交际性都非常明显。

6. 庄重性

礼仪类文书的庄重性体现在其用词与结构方面，从称谓到正文内容都要被严格对待。虽然该类文书的结构不像其他公文一样那么固定，因为要考虑到不同民族、风俗习惯或宗教的因素，但也会受其应用场合的影响而向庄重化发展，无论如何，都不能以敷衍、轻视的心态完成礼仪类文书的撰写工作。

7. 协调性

协调性这一点主要体现在礼仪类文书的用词风格，以及所传递的对象的整体感觉上，就前者而言，礼仪类文书只是一种带有通知意味的联系工具，并不具备强制力，因此撰写者也要斟酌自己的用语是否恰当；而站在后者的角度，他们具有足够的选择空间，在阅读了文书内容后抱有什么态度或是否选择参加都是可以被协调的。

8.2 邀请文书：请柬的基本格式及其内容同个性化设计间的配合

当前，社会上的大多数人对请柬都不会觉得陌生，即便是还未踏入社会的青少年，其中有很大一部分也曾见过请柬的样式。应用于各个重大场景中的请柬本就有着较为显著的庄重感，并且请柬与一般的文书还不尽相同，即普通文书只需将注意力放在内容、格式等基础方面即可，但请柬还需要在个性化设计方面下功夫，目的是能够呈现一个足够美观的视觉效果。

1. 请柬的基本格式

提到请柬，生活中最常见的场景就是婚宴、生日会等，形式比较多样化；而在商业环境中，请柬的应用就比较单一化了，多应用于某些大型会议或活动，如品牌峰会、各个主题的论坛会议等。请柬的存在意义主要是在于非强制性的邀请，能够起到通知、联系的作用，而受邀者也有足够大的自由决策空间。在撰写请柬时，大都要遵循其基本格式。

1）标题

在"请柬"或是"请帖"这两个词中任选其一作为标题都是可以的，但一般情况下前者的应用会更多一些。通常，撰写者会在已经印制完毕的请柬中撰写内容，而无须再去填写标题，但需要提前设计好请柬的艺术形式。尽管仅以正常字体、颜色去设置标题也不能算得上是什么错误，但标题一般是最醒目、最先映入眼帘中的内容。如果能够将标题变得更加美观，请柬的整体效果就会更好一些，越是隆重的场合越要把握好每一个细节。

2）称谓

在撰写请柬的称谓时，首先要注意其规范性，无论请柬是否已经印制完毕，都要再检查一下称谓部分是否有顶格、是否有冒号。其次，在称谓问题上一定不能出错，要分清对长辈、同事、友人等呈送对象在称谓上的区别。比较通用的称谓包括××女士/先生；如果是会议类场景，受邀者皆为职场人士的话，就可以将姓名与职称组合起来。无论如何，一定要注意在称谓中体现出自身的礼节性，直接撰写姓名一般会显得很没有礼貌。

3）正文

请柬的正文通常都很简短，许多请柬在三行左右就可以将正文部分结束，可以采取横向或纵向的形式，纵向要注意自右至左的顺序。在这里，撰写者要注意在短短几句话中要显示出所有的重要信息点，最基础的也要包括时间、地点、内容三大要素。

以某座谈会举例，"为进一步推动××理论的创新，××学院将于20××年×月×日举办××主题座谈会"这句简短的话就直接涵盖了大多数活动要点，让受邀者可以迅速抓住请柬的关键。此外，如果活动比较正式或性质较特殊，撰写者还可以适当在请柬内容中标注出一些注意事项或补充说明，但不宜占用过多的篇幅，挑重点事项放上去即可。

撰写者要明确，请柬的主要作用是向受邀者传递信息。如果信息有所遗漏，无论缺了哪一项都会增加受邀者的负担，因为这原本就是撰写者应该做好的工作；如果信息出现错误，那么问题将会进一步扩大，轻则会影响到双方的关系，重则直接影响活动主办方的口碑。上述内容在请柬中都属于低级错误，因此撰写者一定要仔细检查正文内容。

4）敬语

比较常见的请柬敬语主要包括"敬请光临""此致敬礼""请届时出席"等，如果撰写者想要摒弃常规写法，对敬语进行创新也没有问题，但一定要提前查阅好相关资料，确认自己所写的敬语不会产生其他语义或出现病句问题。此外，敬语部分需要另起一行。

5）落款

落款部分不仅要写上邀请者或单位的名称，还要将邀请日期也一并注明。

介绍了请柬的基本格式后，再来探讨一下请柬的个性化设计这一重要问题。随着时代的进步，请柬的设计感也越发明显，不论是配色的运用还是在请柬图案、文字上所做的调整，我们都能清晰感受到人们对于请柬样式的重视度——不论是受邀者还是邀请者。

但是，尽管邀请者可以根据自己的喜好来对请柬进行相关设计，却不能完全将其当作个人艺术品来看。比方说某重大的学术研讨会，请柬就该使用稳重一些的颜色，大红色请柬在这里就显得过于突兀了。

因此，相关人员在设计请柬时必须考虑到两大方面，即请柬的应用场合与请柬的具体内容。前者无须再多加赘述，而后者则能够帮助设计师进一步明确请柬主题，再配合主题进行更具针对性的设计。

2.请柬的设计技巧

在这里，我们可以参考以下几个关于请柬设计的技巧，如图8-2所示。

图8-2　请柬的个性化设计技巧

1）配合请柬内容

这里指的配合包括两个层面：第一，要配合请柬的文字内容，比方说内容中表明了活动与新产品的签订有关，在设计时就可以将新产品的相关要素放到请柬内或外部封面中；第二，在设计时要考虑到内容的视觉感，如尺寸、间距等，如果请柬内容较多，就需要通过调整边缘等方法使其显得不那么拥挤，无论如何要给人以视觉舒适感。

2）配色要协调

在请柬的配色方面，并没有明确规定必须使用几种颜色，但设计师一方面要注意保持配色协调，另一方面要注意配色与请柬主题相契合。一般情况下，庆祝类场合需要用明亮、热情的色调，而会议类场合则需要以严肃、庄重为主，但也不宜显得过于沉闷。

3）元素不宜过多

有些设计师会在请柬的边边角角加一些新颖的小元素，但要注意请柬的主体风格依然是简洁、大方，而不要将其变成逢年过节时常会见到的那些花花绿绿的贺卡。有些元素如果应用得当，会使请柬的视觉效果更完美，如婚宴类请柬通常会以花朵元素为点缀，再创新一些的话可以借助当前比较流行的图案，或者是将插画、剪影等风格的元素和谐融入其中。

4）不要喧宾夺主

某些请柬乍一看似乎很美观、很具有冲击力，但翻开请柬以后，会发现这份冲击感似乎过于强烈：背景色与文字颜色的融合度过高、各类元素遍及请柬的每一个角落……我们不能随意对其设计感进行评价，毕竟每个设计师都有各自不同的风格，但如果受邀者连请柬内容都无法一目了然地看清楚，那么这份请柬的设计无疑是失败的。

规范性与灵活性这两个特点看似矛盾，应用于请柬中却十分融洽。规范性，即撰写者需重视请柬在各个结构部分中的礼仪感，而灵活性则是要着重考虑请柬的应用场景，二者配合才能使请柬更具效果。

8.3　迎送文书：欢迎词、欢送词、答谢词怎样热情又真挚

迎送文书是礼仪类文书中的重要构成部分，简单来说就是在各公共场合由主家对来宾表示欢迎或感谢的致辞，与开幕词等会议类文书有一定的相似性，但本质上还是不同的。该类型文书的格式比较简单，撰写者需要将更多精力放在内容上，基本要求是在保持用词规范性的基础上能够利用内容传递相应的情感，情感的表达可以说是迎送文书的核心。

先来看几个场景：当某些领导级人物访问某公司时、当某些重要来宾在交流完毕准备返程时、当某灾区领导接受了来自四面八方的物资援助时……这些场景都比较常见，也十分典型，可以分别对应迎送文书中涵盖的三大主要种类，即欢迎词、欢送词及答谢词。其中，前两类一般以主人为主体，而答谢词一般是客人对主方作出的回应。

试想一下，如果你是一名领导，而你的公司将要迎来一批身份非常尊贵的来访者，那么你是不是要对其表示欢迎？在商业社会中，尽管大多数仪式只是在走固定的流程，但作为主方所表露出的态度却很重要。在撰写各类迎送文书的时候，撰写者一定要注意全程都要保持严谨，不能因为文书的基调比较热情而忽视对内容规范程度的斟酌。迎送文书的三大种类各有其撰写特点，不能完全套用同一个写作模板。

1. 欢迎词

虽然欢迎词与欢送词这两个处于一头一尾位置上的文书都很重要，但如果一定要对二者进行程度比较的话，还是欢迎词更胜一筹。这就好比如果某个人给你的第一印象并不好，那么你在后面与这个人的相处就不会很融洽、很密切，无论其是否能够在后期扭转你的看法，这个开端都是非常不利的。

在欢迎词的应用场景中，即便某些主人十分熟悉的来访者，也不能因为私底下的交情而对欢迎仪式敷衍了事。更不要说那些首次访问、抱着试探态度而来的人，欢迎仪式是否庄重、欢迎词是否能够传达出热情友好之感，这些都会影响来访者对主方的观感。那么，在进行欢迎词的写作时需要注意哪些要点呢？具体内容如图8-3所示。

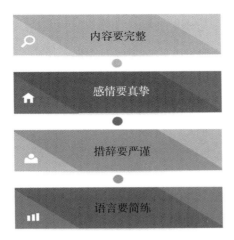

图 8-3　撰写欢迎词的注意要点

1）内容要完整

欢迎词虽然以情感交流为主,但并不能通篇都围绕着"热烈欢迎"这一关键词,在开头与结尾部分着重点明欢迎立场即可。正文需要写一些有意义的内容,如来宾的介绍及所作贡献、本次活动的目标、自身的优势、对过去所做工作的回顾等,具体内容可自行调整,要尽可能将所有关键点都概括出来。

2）感情要真挚

作为双方正式相见的开篇,欢迎词一定要显示出浓重而热烈的感情色彩,除了一些常规性的礼节性问候以外,还可以适当进行创新,但对于古文体一定要谨慎使用。这种写作风格更适用于书面传阅,如果以现场讲话的形式说出来,来宾的思维反应速度很有可能无法及时跟上讲话者的节奏,因为有些古典类型的语句通常需要一定的转换时间。

3）措辞要严谨

上文中提到了关于礼仪类文书的一些注意事项,其中关于民族的风俗习惯这一点就是欢迎词撰写者应注意的。在正式写作之前,一定要对来宾有充分的了解,否则如果因措辞不严谨而触犯到某些少数民族的忌讳,基本上这个欢迎仪式也就无须再继续了。因此,撰写者一定要收集完整、准确的来宾资料,不能漏掉队伍中的任何一个人,这也是对撰写者基本素养的反映。

4）语言要简练

欢迎词的篇幅比较短小,因此撰写者要注意保持语言的简练性,不要在仪式中占用过多的时间,否则反倒会使其预期效果降低。

2. 欢送词

当来宾的访问即将结束时,作为主人就应该为其准备一个相对应的收尾仪式。不过,虽然欢迎词与欢送词之间不存在什么本质上的不同,但在写法上也不能完全参照欢迎词,毕竟开始与结束还是有一些不同意义的。在撰写欢送词时,应该注意以下几点,如图8-4所示。

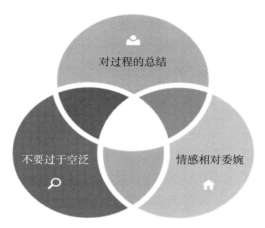

图8-4 撰写欢送词的注意要点

1)对过程的总结

到了要撰写欢送词的时候,就意味着本次访问进程已经快要走到结束点了。因此,作为进程中的最后一个阶段,撰写者就要对过程中的关键内容进行总结,如双方在友好会谈时签订了哪些协约、推动了哪些项目的发展、达成了哪些共识等。这些内容都要在欢送词的正文部分有所体现,但同时要注意以概括为主,不要对相关信息进行过度细化。欢送词只能起到总结作用,详细事项有相应的记录员负责。

2)不要过于空泛

许多欢送词在朗读时听起来似乎很丰富,但如果来访者在过后仔细一琢磨,实际上其实没有什么重要内容,只有用看似优美的语句所堆积出的客套内容,这样很难使来访者产生情感上的共鸣。我们并不是说欢送词要激发出多么感人的送别效果——这也属于不被提倡的用力过猛范畴,但至少要让来访者感受到自身的友好感、亲切感,重在感情的传递而不在语言有多么华丽。

3）情感相对委婉

欢迎词与欢送词尽管都要蕴含着某种情感，但比起热情洋溢的欢迎词，欢送词如果与其在情感表达上保持同种程度未免有些不太合适。因此，撰写者需要适当调整文书用词，以及行文风格，尽量将情感控制在相对委婉的范围内，不要过于突兀，但也要将想要传递的东西表达到位。

3. 答谢词

答谢词就是站在来访者的角度去撰写的，即作为客人这一方在受到主人的热情对待、照顾后，给主人的答谢发言，这也是礼仪类文书中礼节感的体现。在撰写答谢词时，限制性虽然不是很多，但也要注意一些规范性事项。

1）情感同等传递

欢迎与答谢都是相对的，如果主人使来访者体会到了发自内心的亲切感，那么作为来访者自身也要给出同等的情感回馈，即要使情感保持同样的热烈、真挚。每个人表达情感的方式不同，但内敛与冷冰冰的疏离感、客套感也是两个概念，要避免使主人产生不快情绪。

2）答谢要适度

答谢要适度这一点也很重要，就像主人在表示欢迎时也要把握好火候、不能过度热切一样，来访者在答谢词中也不能占用过多篇幅或刻意提高对主人的评价，这样做有时候会产生反效果。

3）呼应欢迎词

与欢迎词相呼应这一点虽然不是必须要完成的，但却也是向主人表示诚意的一种方式。如果答谢词已经成稿且时间还绰绰有余，那么来访者可以对答谢词中的内容进行适当调整。

8.4　喜庆文书：为单位或个人写贺信、贺电的文书有所不同

贺信与贺电，从二者概念上共同的"贺"这个字上，我们就能感受到两种文书所蕴含的情感基调了，这类文书往往要应用于某些值得庆贺的场合中，因此在内容上也要体现出来自文书发送者的喜庆感。不过，虽然二者所表露的情感比较

相似，但在写作与应用上也有一些不同点，我们需要就此进行详细的阐述。

1. 贺电

曾经有一阵，互联网中有一句话非常流行："××向你发来贺电。"这句话在网络中所带有的调侃感比较重，不过我们也可以从句子中的动词看出贺电的一大核心特点，即速度快。从这个特点进行延伸，我们能归纳出几个适用于撰写贺电的场合：某人或某集体取得突出成绩；某具有一定身份、影响力的业界人员过生日；某单位出现了非常重大的喜事等。

如果想要对这些场合中的主体对象发出祝贺，那么一定要注意贺电的时效性。其中以寿辰这一场景为典型，如果在寿辰主角已经过完生日后再收到贺电不但不具备意义，而且还是一种相当失礼的行为。在撰写贺电时，不同的接收对象有不同的写作要求，有几点是基础、通用的，如图8-5所示。

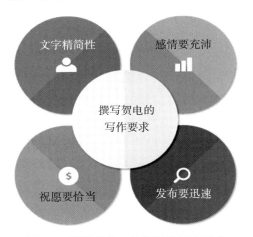

图8-5　撰写贺电时的通用性写作要求

1）文字精简性

以电报形式呈送的贺电需要格外注意贺电的篇幅长短，一方面是对电报的字数计费这一点的考虑，另一方面也是其与贺信的区分，如果字数过多就不具备贺电的特质了。

2）感情要充沛

无论要向谁发出贺电、无论对方是什么身份，贺电中所显示出的真挚祝愿感都必不可少，因为这本就是撰写者发送贺电的根本目的：将个人的美好祝愿或喜悦感传递给对方。因此，撰写贺电时一定要注意在短短的几十、几百字中体现出个人的充沛感情。

3）祝愿要恰当

贺电虽然会将祝贺放在核心位置上，但撰写者也要做到心里有一把丈量尺，不要在不假思索的情况下只知道夸，或者给出一些毫无边际、难以被实现的祝福语。祝愿的真挚性并不在于所定目标有多宏远，而在于是否切实贴近了被祝愿者的实际情况。

4）发布要迅速

发布贺电的关键就在于"快"，因此这就要求撰写者必须在限定时间内通过严谨措辞迅速成稿，而不能在规定日期即将截止的时候再进行内容构思。

上述内容是撰写贺电时的通用性写作要求，其尽管也可以面向不同的接收对象，但因篇幅的限制，导致其在撰写类型方面并不如贺信丰富，但大部分还是可以通过贺电内容完成精准传达的。

2. 贺信

与贺电相比，贺信的篇幅相对来说可以更大一些，二者在形式上也有显著区别，贺电主要以电报、广播等形式发出，而贺信顾名思义则以书信为载体。一般来说，贺信可以打印也可以手写，后者会显得更有诚意一些，但前提是撰写者的字体漂亮大方，能够给人以赏心悦目之感。下面，就来说一说贺信按照主体所划分出的不同类型。

1）个人之间

个人之间的贺信在限制程度上通常是最低的，因为是比较密切的亲朋好友关系，所以会显得更加随心一些，而不会牵扯太多的复杂要素。不过，这也要看具体的关系情况。

如果平日里联系不多，仅仅是彼此认识的关系，那么撰写者就要注意更加正式一些；如果是关系较好、彼此熟悉的友人，在为对方发送贺信时，在用词上就可以不那么拘谨，在注意基本礼节感的同时要更多地体现出自己真心实意的祝福态度。一般来说，个人之间发送贺信的常见场景包括对方在工作或学习生涯中取得了突出成果，或者对方发生了重大喜事等。

2）上级递交下级

由领导撰写贺信给下属，这种行为在职场中也并不少见，不过目的性会更强烈一些。比方说当下属在某段时间的工作成绩非常突出，为单位带来了不少效益，或者是超额完成了相关活动目标，这种时候领导就可以通过贺信向其表示祝贺与鼓励。在贺信内容中，领导需要用简洁的语言概括出下属近期的工作表现及其工作成果，并在贺信末尾部分附上对下属的希望，或者说为其设定一个新的要求，但注意用词不要太生硬。

3）下级呈送上级

当某些困难项目终于被上级攻破或是上级完成了能够对单位有明显好处的任务时，作为单位中的一员，下级就可以在适当时间撰写一封贺信来表示自己的贺喜。不过就像上级会在贺信中对下级提出新的展望、要求一样，下级不能单纯只在贺信中进行情感的表达，还需要抓住上级最想看到的内容——自身的决心与信念感。

4）国家之间

如果贺信的主体上升到了国家层次，那么贺信的正规程度与撰写难度相对于其他几个类型来说无疑会更高一层，因为国家之间的交往会更加郑重而严肃，即便是撰写这类喜庆风格的贺信，也要深思熟虑、字斟句酌。如果是建立了友好关系的国家发生了类似新领导者上任这样的重大事情，贺信中就要表露出适当程度的祝贺感，且所用篇幅不宜过大。

5）平级单位

平级单位之间的书信往来重量要比国家之间轻很多，在贺信内容上也比较常规化。当对方单位取得优异成绩时，为了加强双方的友好关系或合作关系，撰写者既要表示出自己祝贺或赞颂之感，也要注意不要过度地放低自己的身段，双方要在平等的位置上进行交流。

总而言之，贺信与贺电没有本质上的差异，但由于篇幅要求的不同，导致贺信一般用于不太紧急、可以充分表达情感的场合；而贺电则用于某些时效性较低、简单概括即可发送的场合。

8.5 慰唁文书：短小但用词更加讲究的讣告、悼词、唁电

礼仪类文书中既有"喜"也有"悲"，而关于前者我们已经在上文进行了概述，本节主要介绍具有严肃、悲伤风格的慰唁文书。在撰写该类型文书时，

比起常规的礼仪类文书，撰写者在下笔时要更加谨慎。特别是如果要应用的场景覆盖范围很大、庄重程度极高，那么即便撰写者经手的慰唁文书已经足够多，也需格外仔细且小心。慰唁文书可以细分为几个常见类别，如图8-6所示。

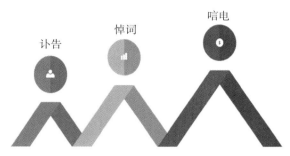

图8-6　慰唁文书的分类

1. 讣告

讣告，即在某人去世后其亲属对外公布消息的一种凶讯，发布讣告的速度一定要快，因为讣告发布的位置排在告别仪式之前，所以有许多东西都要提前准备好。在这个严肃的场景中，尽管逝世者的生前身份、等级会有所不同，但撰写讣告的人一定要平等地对待每一个逝世者。除对外公布所涉及的规模大小不同以外，其他都要按照正常流程去走，包括讣告的格式、内容等。讣告按发布规模可分为以下两大类型。

1）一般式讣告

一般式讣告也就是普通人常用的讣告形式，其在发布时既可以借助常规的文字也可以使用图片、视频等形式。在发布一般式讣告时，一定要使其结构足够完整，尽管讣告的篇幅非常短小。基础的讣告结构主要包括标题、正文及署名。

在撰写标题时，如果想要使讣告更加简洁化，直接注明"讣告"二字即可。如果想要在前面加上逝者姓名也可以，但要注意第一标题字号要略大于正文，第二标题字体不能随意选择，通常以楷书、隶书这类规矩、庄重的字体为主。

在正文部分，讣告的主要作用就是报丧、传递消息，因此撰写者必须要将几项重要内容在正文中展示出来，即逝者的简介包括姓名、身份、因何种原因去世，以及具体的去世时间、地点及终年多少岁，最后要接上关于逝者生平的简要概述。这里，要注意去世时间越精准越好，像×时×分这种就属于常规形式。此外，上述几项内容在一般情况下不能轻易调换位置，否则会有语序不通之感。

在逝者简介撰写完毕后,还要在后面附上关于告别仪式的时间和地点,一定要在提前沟通好且确认无误的基础上再填写。在末尾的署名部分,可以在个人及单位两种名义中任选其一,再换行接上讣告的发布时间。

2)公告式讣告

该类型的讣告之所以会用到"公告"这种字样,是因为逝世者的身份比较特殊,一般是国家级的重要人物。因此,在其逝世时需要向社会外界公布消息,且告别仪式会更加庄重。公告式讣告的行文结构与一般式讣告大体一致,但在正文中要加强对逝者生平方面的撰写力度,如逝者曾就任过哪些职位,在讣告中表示哀思之情的内容也要格外慎重。此外,公告式讣告中通常要在称谓方面加上逝者单位,如"国务院""××委员会"等。

2. 悼词

讣告是在告别仪式之前就需要发布出去的,而悼词则需要应用于告别仪式的过程中,即专门用于哀悼逝者、向其表示尊重的文章。在撰写悼词时,无论撰写者的个人能力有多强大、撰写效率有多高,都要谨记一点:提前拿到足够充分且真实的逝者资料,目的是使悼词中不会出现任何信息上的错误。在写法上,撰写者需要注意以下几个方面,如图8-7所示。

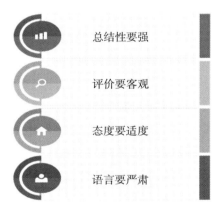

图8-7 撰写悼词的注意事项

1)总结性要强

想要写出一篇达标的悼词,要求撰写者必须具备较强的总结概括能力及针对性思维,虽然悼词并没有明确规定要在多少字以下或是保持在哪一时间范围内,但在告别仪式中占用时间过长终究还是不太提倡的。因此,撰写者要归纳好逝者的生平事迹,将有代表性、有价值的内容写进去,要注意详略得当,其所作出的重大贡献需要着重阐述。

2）评价要客观

虽然说悼词的主要基调是对逝者生平进行称颂,对其优秀的思想作风等作出肯定,撰写者也可以适当对相关内容进行修饰,但要注意不能过分夸大,用词也应保持适度。悼词需要实事求是,对逝者已作贡献可以适当美化,但不存在的事迹不能无端添加进去,也不能过分鼓吹、宣扬,评价一定要足够客观。

3）态度要适度

在告别仪式上,所有人的心情都是悲伤、沉重的,这一点毋庸置疑。但在撰写悼词时,却不能过于沉闷,不要一味营造悲痛氛围,而是要层层推进转向比较积极的方向,也就是常说的"化悲痛为力量"这句话的体现。当然,撰写者同样要把控好悼词的感情走向及程度,主基调仍然是严肃稳重的。

4）语言要严肃

撰写悼词一定要注意语言的严谨性,虽然在感情上可以向积极方向靠拢,但语言却依旧要简朴、严肃,这样才能体现出对逝者的尊重。

3. 唁电

唁电同样是对逝者表示哀悼的文书,主要用于吊唁者由于距离问题或个人原因无法及时到场去吊唁逝者的场合。唁电的基础结构与讣告比较相似,但作用并不是通知,而是表示自己的哀思。因此,其主要内容中需要以简洁、严肃的语言简述逝者的生平,并且在末尾处要表示出自己真切的哀悼之感,还要对家属进行适当的安慰。在进行唁电的撰写时,有三种写作方向可以参考。

1）记叙类

记叙类唁电是多数人最常用、也最常接触的类型,主要走朴实、常规的记叙路线,语言要平实严谨,会将逝者生平与情感表述都体现出来,前者所占比例通常会更大一些。

2）议论类

该类型的唁电适用于某些身份尊贵的人群,因为这类人群的贡献度一般不会局限于某一狭隘层面,而是会扩大到社会的某一较大领域中,社会影响力比较显著。因此,议论类唁电在正文部分需要将其突出贡献与社会这一大层面联系起来,重在阐述逝者所作贡献对社会的意义,并要强调其所提倡的精神、思想。

3）抒情类

抒情类唁电，顾名思义其主要内容会以感情的表述为主，适用于吊唁者与逝者或其家属关系十分密切的场合。但要注意的是，抒情也要适度，要讲求用质朴的语言打动他人，达到能够使逝者家属感到安慰的效果，而不要本末倒置变成一篇情感宣泄类文章。

8.6 公关文书：完成对外发布真实消息的新闻通稿写作方法

对新闻通稿这个概念，我们并不好直接给出评价，因为其灵活性比较强，不像其他类型的文书那样有一种非黑即白的清晰感。当社会或相关单位出现重大事故时，相关部门就要立刻撰写新闻通稿并以最快的速度将其发布，目的是控制不良、虚假言论的传播，并且最好能够利用新闻通稿引导群众。公关文书如果用好了能够为使用者提供较大帮助，用不好反倒会对自身造成损害，因此要掌握其准确的写作方法。

日常生活中，通过各类传媒工具处处都可以接触到新闻。不过，新闻如果与通稿结合到一起，本质就会发生改变，其作用中尽管也涵盖了原本的信息传递性，但更多的是站在当事人或单位角度，能够对舆论进行把控——这同时也是新闻通稿发布者的目的。然而，并不是每一种新闻都有发通稿的必要，某些日常类的新闻资讯完全不需要通讯社操心，他们更关注的是能够在社会中掀起较大水花、引发人们较多议论声的事件。

1. 新闻通稿的基本结构

不同的事件类型会诞生出不同的新闻通稿内容，但在框架上大体比较相似。撰写者可以稍作调整，但如果想要利用新闻通稿稳住紧急事态，还是要按照其基本结构去走。

1）标题

新闻通稿能够得到越多的点击量、浏览量，就意味着相关事件主角能够越快地从困境中脱身。因此，其标题重要性不言而喻。在撰写标题时，可以恰当使用一些修辞手法，一般可以采取常规的单行标题与复式标题两种形式。

2）导语

在导语部分，撰写者要注明通讯社的名称、事件发生的时间、地点，并用最简短的话对事件的主体内容进行概括。

3）正文

正文需要紧跟在导语后面，也是该篇新闻通稿的核心内容。正文的撰写质量决定了通稿发布后的群众反应效果。在正文部分，撰写者需要阐明事件的起因、经过，篇幅长短要根据事件自身性质和严重程度进行设定。

4）结尾

新闻通稿的结尾处仍然需要用概括性的语言去进行总结，但这也只是其基本格式，却不是必备要素，除标题与正文以外的内容撰写者都可以根据自己的判断进行调整或删减。

2. 新闻通稿的常用写作方法

想要写好新闻通稿，首先要了解其基本的框架，然后思考关于写法上的注意要点。相关单位发布新闻通稿，时效性就会变得非常重要，撰写者必须加快速度赶在舆论形成前联络各大媒体将新闻发布出去，这就要求撰写者须同时兼顾好撰写速度与文章质量。下面简单阐述一下具有公关作用的新闻通稿的常用写作方法，如图8-8所示。

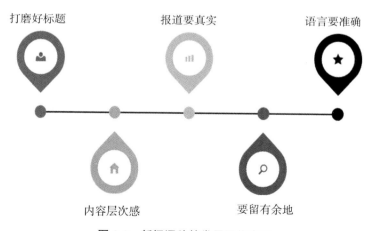

图8-8 新闻通稿的常用写作方法

1）打磨好标题

新闻通稿由各大媒体发布后，也只能起到一个消息的传播作用，但浏览者是否会对其感兴趣、是否会点进去仔细阅览，这个问题就有待确认了。要知道，新闻通稿不像其他有明确指向的递送类文书那样,其不存在强制力,主动权大都在浏览者一方。因此,撰写者需要在新闻通稿的标题上多下一些工夫,使其能够更具吸引力。

不过,毕竟新闻通稿也属于真实性较强的记录、报道类文稿,因此一般不适用于那些走浮夸路线博眼球的标题。那么,如何在常规类写法的基础上尽可能对标题进行优化呢?首先,标题字数不宜过多,整句话也不宜过长,否则会影响浏览者的观感;其次,要在标题内容中体现出所通报事件的关键点,可以适当采用虚实结合的方法。简而言之,标题就是事件大体内容的浓缩,撰写者需要对其进行准确的归纳总结。

2)内容层次感

新闻通稿对文章的逻辑性要求很高,如果一篇文章的逻辑混乱、毫无层次感,这篇新闻通稿基本上就可以被划分到不达标的范围中去了。无论发布方想要传递什么消息,都必须要清晰表述出来,使浏览者能够轻轻松松接收到相应信息,而不会产生做阅读理解的复杂感。

如果想要使文章产生层层推进的节奏感,第一,撰写者自身的功底要深厚,第二,注意将那些能够激发浏览者阅读兴趣的重点内容放在前面,使其能够显示出良好的可读性。毕竟,如果前面的内容过于平淡,那么很少有人会愿意耐着性子坚持读到后面。

3)报道要真实

撰写者要明确,新闻通稿所牵涉的并不仅仅是其自身与浏览者,还会涉及第三个重要主体——媒体。为什么媒体愿意接下这项传播的任务?因为其需要热度,想要掌握第一手信息,从中获取利益。那么,又有哪些新闻通稿是媒体不愿意包揽的?首当其冲就是会使其名誉受损的不真实通稿内容。

无论撰写者想要采取什么样的写作手法,都要保证自己在撰写过程中所阐述的所有内容都是真实的、有据可循的。将真实的信息公布给外界是撰写者基本素养的体现,不虚构、不夸大,实事求是、保持客观,只有这样才能使新闻通稿对浏览者产生信服力。

4)要留有余地

关于这一项写作要点,需要结合上一条综合来看。举个例子,当社会发生某些大型意外事故时，相关城市的管理者必须迅速作出反应安抚大众，但不能采取信息掺假的方式。某些已经产生的真实数据必须如实填写，但同时在表述方式上要留有余地，即不要将话说得太死，否则容易制造更大的恐慌。这两个要素需要平衡，缺少任意一项或某一项占比过重都会使新闻通稿的效果下降，二者需要协调融合。

5）语言要准确

大多数新闻通稿的篇幅都比较简短，而撰写者也要注意所写文字的精准性。第一，要搞清楚说话留有余地并不能和语言有歧义画等号，这是两个概念；第二，在成稿后还要再返回去检查几遍，将没有意义的话直接删掉，最好能够使新闻通稿中留下的每一句话都落在实处。

8.7 【案例】怎样设计出自带传播特质的活动请柬

能够有活动请柬存在的场合，一般来说无论其规模大小，正式程度应该都很高。因此，在这类正式场合中，理所应当要有一个能够与之相匹配的活动请柬。不过，请柬在本质上有着明显的协商感和礼仪感，因此对受邀者来说并不具备强制力。如果某单位在举办活动时希望通过活动请柬提高受邀者到场的概率，就必须从两大方面着手，即请柬内容和请柬外观。

从请柬内容上进行探讨，可以将某公司的周年活动请柬当作例子，仔细分析一下其在内容上有哪些优势。

请柬

尊敬的×××女士/先生：

您好！时光荏苒，岁月峥嵘。20××年××月××日，××公司将走过四周年的难忘历程，在此，我们谨向长期以来关心、支持公司建设发展的各级领导、各界朋友致以最诚挚的感谢和崇高的敬意！四年砥砺春华秋实，岁月如歌谱写华章。四年来，××公司本着做大做强企业的强烈使命，主动适应市场需要，积极进行变革与创新，在市场的磨砺中逐步发展，在激烈的竞争中不断壮大。

历经四年砥砺奋进，××公司已经发展成为拥有职工×人，×个在建项目，年盈利×万元的独具特色的工程公司，施工范围涵盖了铁路、公路、水利水电等领域。四年来，共承揽任务×项共计×亿元，完成施工产值×亿元，为××和××省基础设施建设和经济发展作出了积极贡献。同时，企业建设获得了一系列荣誉，先后荣获全国公路建设施工企业重点工程劳动竞赛"优胜奖"、××市"五一劳动奖状"等荣誉称号。在工程施工中，各项目均多次获业主、监理单位嘉奖，企业形象不断提升，社会影响不断扩大。

为答谢各级领导、各界朋友四年来对公司发展的支持与关爱，公司定于××月××日举行纪念庆典活动，我们诚邀您拨冗莅临，与我们同庆公司四周年华诞。

敬请
光临！

××公司
20××年××月××日

首先，该篇请柬在结构上比较完整、规范，自标题到结尾所涵盖的要素都比较齐全。其次，该公司所撰写的请柬内容适中，既不会因过短而无法构成对受邀者的吸引力，也不会因过长而显得过于拥挤，使受邀者失去阅读的耐心。如果想要使活动请柬更易于传播，就必须做好关于请柬内容的撰写工作，传播的前提是受邀者能够理解文书内容且会对其产生兴趣，这是活动请柬能够形成传播特质的重要前提。

不过，单是完成上述的基础事项还远远不够，因为让受邀者能够耐心看完请柬只是第一步，是否赴约的最终选择权依然掌握在受邀者的手中。即便是某些具有利益关系的合作伙伴，请柬撰写者也要给他们提供一个赴约的理由，或者说埋下几个诱人的关键点，而不要将对方赴约想象成是一件理所当然的事——更不要说在涉及某些行业内具有重要影响的人时，更要重视这方面的内容。

在该篇请柬中，撰写者在正文的开头先向受邀者表示了诚挚的问候及感谢，以情感渲染的方法先去"敲击"一下受邀者，试图以较快的速度将其打动。不过，在商业社会中，仅靠感情来与其他公司或个人建立友好关系可是非常不理智的，最重要的还是利益的衔接。

因此，撰写者仅以简单的语言代表公司表达感谢、尊敬之情，随后便将重点换了一个更有利的方向：着重概述了公司的经营使命、理念，并对公司的四周年进行了回顾，从中提炼出了对各个合作伙伴来说具有吸引力的内容，即公司取得的成绩、所获得的经济效益，以及在社会层面的影响力等。打感情牌只是增加邀请成功率的一种手段，而阐明公司自身的优势与地位才是活动请柬的核心。

说完了活动请柬的内容要点，再来探讨一下其在外观上有哪些需要被优化的地方。要知道，不论纸质请柬还是电子请柬，设计者都要对其进行相应的装饰。虽然当前的网络环境越来越畅通，但在某些比较庄重的活动场合中，仍然是以纸质请柬为主。这就像人们在用餐时先会对餐品的外形进行点评一样，有着美观、新颖外形的餐品往往能够在第一时间抓住人们的注意力，并且会使其加一些初始印象分。

设计活动请柬的要点有很多，最重要的就是要体现请柬自身的庄重、大方感。既不能过于朴素，与一张纯色纸张毫无差异，也不能过于花哨，让各种各样的不规则元素填满请柬。请柬的配色是设计工作中非常重要的一个步骤，因为颜色会产生强烈的视觉冲击感，也是第一时间能够被受邀者注意到的设计元素。设计师一方面要考虑到所应用的场合，另一方面这也是对设计师能力的考验。

一般来说，应用于商业活动中的请柬，不宜使用过于鲜艳的颜色。因为商业活动不是艺术展览，请柬可以不选择那些被经常使用的常规色系，但正常情况下也不能过于特殊化。不过，像红色这种热烈而张狂的颜色，在一定程度上也能抓住人们的视线，设计师可以适当调整红色的深浅度，或者是将其与其他颜色进行适当搭配。如果举办活动的时候恰好临近过节或是正好与某节日相撞，设计师也可以抓取能够彰显节日特点的颜色对请柬予以点缀，使其能够避免过于死板。

此外，不要忘记对请柬信封的设计，如果说请柬对于设计者会有一定的限制感，那么信封无疑能够提供给设计者更多自由发挥的空间。比方说使用蜡封的形式对信封进行封口，印章的形状可以做成公司的品牌标志，也可以做成具备庄严感的新颖形状。一个美观、简约的请柬信封，足以显示出公司的诚意。

综上所述，想要设计出一份带有传播特质的活动请柬，看似只需要侧重于两大方面即可，但实际上却有不少需要仔细斟酌的重要内容。无论如何，在设计请柬的过程中，足够认真的态度与正确的设计理念往往是促使请柬传播特质更明显的重要因素。

第 9 章

书信类公文：以真挚态度向外传递信息

书信类公文的存在历史比较悠久，某些公文如感谢信、慰问信等需要严格按照规定格式进行写作，而推荐信所涵盖的注意要点则更加丰富。想要写好书信类公文，就要静下心来思考，而不能抱着敷衍、急躁的心态，否则信函将很难发挥作用。无论如何，真挚的态度都是书信类公文的一大加分项，一定不要将其遮掩起来。

9.1 感谢信：团体感谢信与个人感谢信在行文上的差异

感谢信，顾名思义就是向那些曾经在事业或生活中为自己提供过帮助、帮自己解决问题渡过某些难关的人表示感谢，但撰写感谢信可不像我们与他人面对面交流时给出的口头致谢那么简单。虽然感谢的情感在文章中会格外显著，但同时要把控其所占据的比例。此外，如果感谢信的主体不同，那么撰写者在写作时也要注意对写法进行适当调整。

哪些场景中会用到感谢信呢？比方说某高三学生在教师的帮助下，成绩得到了显著提升，家长就会在高考结束后向学校或某教师发出感谢信；或者是某人在公共场所中不慎丢失了贵重物品，被其他行人或保安捡到并交还到指定地点，这种情况也是非常有必要写一封感谢信的。这里要注意一点，即虽然不同的主体会导致感谢信在行文上产生差异，但其基本结构一般都是相同的，只是在进行内容填充时会有所区别。

1. 个人感谢信

在撰写个人感谢信时，第一要注意在格式上的规范性、完整性，第二要注意对正文内容部分的详略控制，即要明确自己想写的重点是什么。我们可以按照其结构进行细节梳理。

1）标题

该信函在标题上有三种不同的写法，最简洁的一种就是直接将"感谢信"三个字标注上去。另一种常规写法的应用度在当前算是比较广泛，即加上相应的前缀，如"致××的感谢信"，但要注意加上适当的称谓。最后一种是主体比较完整的写法，如"××家长致××老师的感谢信"这一类型的标题。

2）称谓

既然是个人感谢信，那么就一定要给出适合个人的称谓，而不能用××团体、××公司这种明显与个人无关的、范围较大的称谓。比较常见的个人称谓，如××同学、××师傅等都可以，但要注意提前确定好对方的身份。

3）正文

个人感谢信在正文部分的表达讲求感情真挚、用词简单易懂即可，这是最基本的撰写要求。一般情况下，个人感谢信中需要涵盖以下三大部分的内容。

第一，撰写者要简明扼要地写清对方为自己提供的帮助是什么，以及具体的事件过程；第二，要给出适当、真诚的评价，要自然地与事件概述相结合，使信件接收人能够获得流畅的阅读感；第三，要在正文的末尾部分着重体现出自己的感谢之情。简而言之，这三大内容是个人感谢信中的必备要素，撰写者可以进行适当的调整，但尽量不要有所遗漏，否则感谢信将会显得比较空泛。

4）结语

个人感谢信与团体感谢信在结语部分没有什么明显差异，完全可以根据撰写者的个人习惯设定，或者直接选择常见的规范性用语。如果觉得"此致敬礼"显得有些疏离，可以换一种比较热情的说法，如"再次表示感谢"或"请接受我诚挚的谢意"等。

5）落款

个人感谢信并不意味着落款也一定要以个人名义，单位、集体都完全没有问题，如果有多个感谢者的话，也可以将其全部标注上去。

2. 团体感谢信

团体感谢信与个人感谢信的行文差异主要体现在标题与正文两大部分，此外在称谓上也要稍作调整。就标题而言，即便是团体也可以细分，某个单位与内部的某个部门都可以称之为团体，不要忽略细节问题，否则容易产生误会。常见的团体感谢信标题，如"致××医院领导、各位医护人员""致××爱心企业"等。如果是与社会大众有关的援助，如爱心募捐，就可以直接将社会爱心人士这类关键词填充到标题的适当位置中。

在正文部分，虽然团体感谢信一般也要用到个人感谢信中的三大主要内容，但二者在深度与广度方面的差异都很明显。虽然就本质来说，个人的帮助与团体的帮助不存在地位高低之分，都是非常值得被尊重的行为。但通常情况下，大多数涉及团体帮助的事件，规模与影响力都不会很小。

举个例子，某学生家庭原本就十分贫困，经过自己的努力考上大学后，家中却出现了意外变故，并且需要投入大半家财才能解决。这时，仅靠某一个人去提供支援，与社会大众纷纷出力或某些知名公司带头发起援助，这两种情况的性质并不相同。作为受帮助的对象，在撰写感谢信时所表露出的感情与感谢的范围、赞扬的精神自然也要提高一个层次。那么，如何实现这种效果呢？我们可以抓住以下几个要点，如图9-1所示。

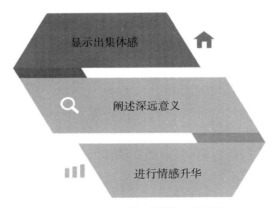

图 9-1　撰写团体感谢信时的要点

1）显示出集体感

撰写者要明确，之所以要撰写团体感谢信，自然是因为帮助自己的对象并不止一人。在这种情况下，如果突出感谢、赞扬某个人，使其在感谢信中所占比例过大且有明显的偏向，那么很容易使团体感谢信失去意义，并且会使其他的帮助者产生心理上的不平衡或不愉快之感。

当然，这并不是说要撰写者像切蛋糕一样将所有帮助者都按平均比例分配得当，而是要有重点、有逻辑感。比如感谢某医院的大夫，就要将相关大夫放在主体位置，将其他辅助医护人员及医院领导向后排，这样才能使团体感谢信更加合理。

2）阐述深远意义

团体感谢信所蕴含的意义要比个人感谢信更加深远，撰写者特别要关注对深度的挖掘。通常情况下，团体感谢信在正文的结尾处都会将意义扩大到城市或社会层面。例如，某贫困学生在接受了当地政府、领导的帮助后，才能有条件继续上学，感谢信在写作过程中首先要对政府、领导表示感谢，其次还要写到与国家层面有关的内容。无论如何，团体感谢信的意义不应该过于肤浅。

3）进行情感升华

感谢信中的情感主基调一定是感谢、认可，但在团体感谢信中，一般还要多一些赞扬，并且表示自己能够从中学习到某种精神，这就是一种情感上的升华。

此外，还要注意一点，即情感表达要适度，不宜过度渲染，否则容易给人以虚假之感。

无论是哪种形式的感谢信，都要保持情感的真挚性，行文过程也要处处讲求适度原则，不可过于极端化。

9.2 慰问信：写慰问信前一定要吃透具体内容不可套话连篇

慰问信是对某人或某集体传递慰问、安抚之情，信函中的情感色彩往往非常明显。相较于感谢信，慰问信在撰写时需要注意的事项要多上许多，这是因为二者的事件基调不同，相比之下应用到慰问信的场合有一些会更显沉重。因此，在撰写慰问信时，必须要掌握好正确的写作方法。

慰问这个概念，所蕴含的感情比较复杂，在不同的场景中有不同的意义。比方说在某地遭遇了重大的自然灾害后，当地领导在撰写慰问信时，所传递的情感主要是抚慰、关怀，这种就属于比较严肃、带有悲伤意味的场合；而在逢年过节时，上级发来的慰问信所体现的就是单纯的问候之意，不具备其他特殊的情感色彩，这种场合一般来说撰写难度也比较低。

根据上述内容，我们可以清晰地了解到在撰写慰问信之前，提前打探好相关情况、采集到充足资料的重要性。有一些类型的文书可以直接套用系统模板，或者是采取套话形式来进行撰写，但慰问信却完全不能走这种路线。

举个例子，如果某公司员工的家中出现了意外变故，而作为领导在没有弄清楚事故原因、过程、结果等要素的前提下就直接写了一封充斥着满满应酬感的慰问信，那么这封信将不会对员工起到丝毫的帮助作用。原因有二：第一，慰问信的本质是情感的传递，而非商业社会的交涉；第二，弄清楚事件起因再进行撰写工作，是个人尊重感的体现，这是慰问信的基本写作原则。

无论自己的立场是什么，即对方与自己的关系是否亲近、平日里的联络情况如何，都一定要注意上述两个方面。既然选择了撰写慰问信，态度就必须认真、严谨。此外，在慰问信的写作过程中，还有一些需要注意的地方，如图9-2所示。

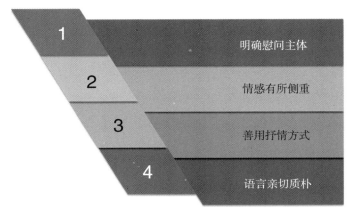

图 9-2　撰写慰问信的注意事项

1. 明确慰问主体

就像在送礼物的时候会以主体对象的性别、习惯等作为依据挑选适当的礼物一样，撰写慰问信也一定要提前确定好慰问的主体是谁，以免闹出笑话或是造成误会。

就慰问信这一文书类型而言，我们可以归纳出以下几个常见的主体：在某项工作中作出了巨大贡献，值得被鼓励的先进分子；自身或亲属遭遇意外事故的人员；逢年过节时作为某团体的一分子，或者某些身份比较特殊的人，如警察、医生等。不同的主体意味着慰问信的内容、感情风格也都有较大的区别，另外还有一点需要强调，即主体的规模大小。如果是某单独个体，在撰写时就可以更加专注一些；如果是某一群体，在撰写时就要思考得更加全面一些。

2. 情感有所侧重

该事项一般会承接上一条内容，即确定了慰问主体之后，就要根据该主体进一步定位信函所侧重的情感方向。就上述三类主体来说，我们可以根据其所在场景完成初步规划。

对行业先进者的慰问，需要使鼓励、赞扬及认可等这些普遍具备肯定性的情感占据主要位置；对于那些经受了巨大变故的人或受灾群众来说，慰问信就要体现出强烈的关怀感，使其能够感受到自己是被关注的；在节日场合中，撰写者需要通过文字去传递贴心的问候。每种情感虽然都带有关怀的意味，但其一关怀的程度不同，其二关怀的性质不同，需要清晰区分并有针对性地调节情感的侧重方向。

3. 善用抒情方式

在慰问信中，要善于利用抒情的方式进行慰问信的撰写，通常情况下可以采取直接抒情这一类型。特别是在感情色彩比较沉重的场合中，撰写者反倒不需要过分掩盖自己的关怀之意，而是要直白地表露出来。

不过，毕竟信函不是口头表达，直白并不等于要将自己所有想说的话都在未作调整的状态下放到正文中去，而也是要进行文字的整理与修正。一篇合格的慰问信，既要表示出来自慰问者的关怀，同时也要显得十分自然，如果是需要向外界公示的慰问信，则需更加严谨。

4. 语言亲切质朴

慰问信在用词上不同于那些公事公办的商业性公文，不要用撰写合同的方式去撰写慰问信。说得夸张一些，如果慰问信的语言带有较强距离感，且全文充斥着虽规范却毫无人情味的套话，那么对于被慰问对象来说，这样的效果还不如从一开始就不要写。

虽然慰问信一般是由上级向下级或群众发起的，但作为领导，切忌在慰问信中显示出双方的身份差距，而是要用亲切质朴的语言贴近对方，使其能够真切感受到安慰、激励等情绪。如果是对先进人员的慰问，可以适当在结尾处提出对其的一些希望，但同样不要显示出高高在上、强行分配任务的感觉。可以参考以下这篇关于地震灾区的慰问信：

××政府致××地震灾区的慰问信

××的同胞们：

惊悉××月××日××时××分××县（区）发生6.5级地震，造成重大人员伤亡和财产损失。在此，××人民政府代表全州××万各族干部群众向灾区人民和受伤人员表示深切的慰问，向在地震灾害中不幸遇难的同胞表示沉痛的哀悼。

地震无情人有情。××人民政府将认真贯彻上级党委、政府关于抗震救灾的指示，发扬"一方有难、八方支援"的传统美德，向灾区捐款××万元以尽一份绵薄之力，并派出××名消防官兵赶赴灾区参与救援，××人民愿与××人民同舟共济、共渡难关！

越是危急时刻，越是需要我们自强不息。我们坚信，有党中央、国务院的亲切关怀,有省委、省人民政府的坚强领导,××人民政府一定可以带领灾区人民,弘扬伟大的抗震救灾精神,团结一心、战胜困难!

我们衷心祝愿,灾区人民能够尽快恢复生产,早日重建美好家园!

××人民政府
20××年××月××日

5. 不宜过分沉重

在某些遭受飞来横祸或因自然灾害而导致相关人员出现大型事故的场景中,毫无疑问,虽然这些场景会令人感到悲痛,且会呈现出明显的消极意味,但慰问信却不能完全沿着这个方向进行撰写。

如果这样的话,我们可以想象到慰问信的内容也会十分悲伤、沉重。这就会使慰问信的性质发生改变,即不仅不能使受灾人员感受到精神上的抚慰,反倒会使其陷入越来越深的负面情绪中——不要将慰问信变成他们的负累。撰写者要控制好信函中呈现出的情绪火候,可以适当表示遗憾、同情,但要记住主基调还是要以鼓励、安慰为主,要使对方尽快从困境中走出来,并对其进行适当的祝愿。

9.3 公开信:4类不同用途公开信在写作技巧上的差别

公开信的主体结构与普通书信大致相同,而其具备的、有别于普通书信的最明显特点就在于公开性这一点。撰写者要明确,自己当前正在撰写的内容必须是可以公之于众、无须向外界遮掩的,那些友人间的私密书信或是涉及重大公司机密的信函,就不具备能够被公开的条件。

除上述信函不能被公开以外,某些信函即便没有涉及某些个人隐私、商业机密等,因其内容过于平淡、毫无亮点,也没有公示的意义。一般来说,像教育问题、先进的指导思想、具备鼓励宣传性质的内容等,都有必要使外界大众知晓,因此可以进行公示。当前,其主要有四种不同的类型,且每种类型都有着相应的写作技巧,我们需要分别进行展开分析,如图9-3所示。

第 9 章　书信类公文：以真挚态度向外传递信息

图 9-3　公开信的四大类型

1. 给予鼓励、问候

这类公开信是目前在社会中比较常见的类型，所应用的场景也比较多样化，虽然这类公开信的接收对象也可以是个人，但在大多数情况下以社会或集体居多。

像是逢年过节时，某些领导机构就会为内部员工或相关群众撰写一封公开信，这种用于节日的公开信一般以问候为主、以倡议或鼓励为辅。不过有些时候相关机构也会侧重于增加后者的比例，主要还是根据节日的性质进行比例设定，如青年节、建军节这类比较庄重一些的节日，公开信中的倡导性意见就会更多一些。

在某些城市准备开展某些活动时，也会向群众发出公开信，在这种时候，撰写者的目的就会出现变化。例如，扫黄打非、扫黑除恶等具有监督意义且规模较大的活动，政府就需要以公开信的形式使更多人知道这件事，并且鼓励人人都参与进来。如果想要达成这种效果，撰写者就要在公开信中罗列出如下内容要点。

首先，要说清发起该活动的意义，要让人民群众有一个积极参加活动的理由。

其次，要阐明参加活动的方法。

最后，因该类型公开信所涉及的活动大都比较正式，有些还具有一定风险性，撰写者为了鼓励群众参与，也要标注出能够为其提供的保护或奖励。

总而言之，一定要通过公开信使群众产生被激励之感。

2. 反映重大问题

当某些关系社会层面的问题开始显示出苗头或正在向严重趋势发展时，相关

247

机构或专业人员就会以公开信的形式将问题反映出来，使其呈现在社会大众的面前。而在撰写该类型的公开信时，撰写者可以参考以下几项写作技巧。

1）明确主旨方向

这里指的重大问题并不一定是消极意义上的，也有可能是某公司研发出了突破性的成果，或者社会中出现了某些争议度较大的事件等。针对不同的问题类型，撰写者也要明确自己想要传递给社会大众的是什么，是批评、警告，还是表扬或倡导？一篇公开信的主旨只能有一个，不存在对某一现象既肯定又否定的情况，这种并不适合放到公开信中。

2）客观还原问题

不论问题在积极层面还是消极层面，撰写者都要保持着客观的态度将问题还原出来，在这一环节不能掺杂任何的个人感情，那些自由发挥的观点需要留到对问题作出评价的阶段。撰写者需要让群众能够明白问题的真实情况，无论是好是坏都不能加以隐瞒，否则将很难发挥公开信的宣传作用。

3）树立正确思想

虽然说，并不是所有专家都需要秉承积极向上的思想，因为某些事件或问题的复杂性的确很强，不能用简单的思想观念看待。但是，撰写者必须考虑公开信涉及范围及其影响力。一般情况下，公开信都会起到一定的正向号召作用，即便是点评某一恶劣问题，也要将思想引到正确的路径中。

3. 进行私人联系

该类型的公开信并不是指与友人进行私下交流的、具备隐私性质的信件，而是可以被公开且具有一定的宣传意义，比较常见的适用场景主要是寻人。比方说向某些为自己提供了帮助但没有留下姓名的人撰写一封公开信，正文内容中要清晰阐述事件经过，并着重突出对方在事件中起到的作用、作出的贡献等，在结尾处还要表述出自己的真诚致谢。严格来说，这类公开信尽管也有寻人的目的，但实际上与感谢信的性质比较相似。

还有一种情况，即撰写者抱有迫切的寻人目的，如寻找与自己失散的亲朋好友这种事态较为紧急的场合。在这类公开信中，撰写者必须尽可能将自己想要寻找的人的资料填写齐全，且需要附上照片，但也要注意保持逻辑清晰，将所有目前已知的线索透露给社会大众。不过，如果要想将这类公开信发布给各个媒体，须经过一定的审核，主要是为了防范那些抱有不良心思的不法分子。

4. 需要作出澄清

需要发挥公开信澄清作用的场合，通常在娱乐圈偏多，有时也会涉及某些知名企业。众所周知，娱乐圈中的各类消息真假难辨，诬陷、造谣情况屡见不鲜，有些人为了维护自身的良好形象，就会借助团队撰写公开信进行澄清。

不过，发布公开信的前提是已经获得了相关部门的证实，而不能空口无凭随个人意愿进行撰写。用于该澄清途径中的公开信，需要有理有据、逻辑清晰。此外，这类公开信对时效性的要求很高，如果错过最佳的澄清时机，再发布公开信也就没有意义了。

9.4 证明信：证明信的一般格式与常见证明用语

证明信的主要任务就是用来为某件事或某个人的身份做证，通常用于行政机关居多，有些时候也可以用于社会团体的某些活动中。证明信就像一个缩小版的检验机构，能够帮助相关人员顺利解决职场或生活中的某些棘手问题，也可长期保存以使日后的行动更加方便。

1. 证明信的一般格式

取得了证明信的人员，就如同取得了一张具备真实性、说服力的凭证一样，这也是证明信最核心的特点。此外，证明信还具备较强的简洁性特点，如果没有特殊情况的话，基本上用一页纸就可以完成。证明信可以应用于多种场合中，但在格式上大体都会保持一致。

1）标题

证明信的标题一般还是比较容易撰写的，如果只是用于证明普通事项的话，直接在信函正上方写上简单的"证明信"三个字即可，有时"信"字都可以省略。如果涉及某些重大问题或特殊问题，撰写者也可在标题中进行标注，如"××实习证明""关于××问题的证明"等。但无论采取哪种形式，关键词"证明"二字都务必不能抛掉。

2）称谓

称谓可以是个人也可以是某个单位，需要在标题下另起一行顶格加冒号，这里要注意用词的准确性。

3）正文

在正文部分，开具证明信的人员需要对被证明的事情进行简述，一般要包括几个必备信息点，即被证明人或单位的名称、被证明事情的基本介绍、相关时间点等。用于正文部分的常见证明用语包括开头的"兹证明"，以及能够进一步加深证明力度的补充"我单位对所提供证明真实性负责"或"会承担相应的法律责任"等，这些用语都可以使证明信更具效力。

4）结尾

结尾处需要用到常见的证明用语，出现频率最高的就是"特此证明"，这四个字就能透露出证明信的权威感，也是目前最为通用的证明用语。此外，也可以使用常规的礼仪类表达方式来结尾，如"此致敬礼"等。

5）落款

落款处需要涵盖三大必备要素，即开具证明信的经办人或单位的名称、开具证明信的当天日期，以及具备法律效力的公章。证明信的凭证特征也需要依托这三点，少一项都会使其失去证明的效力。

2. 证明信的应用途径

上述是证明信的一般格式，我们再来总结一下证明信经常应用的途径有哪些，不同的途径也有不同的注意要点，通常会按人数划分为组织与个人两大种类，如图9-4所示。

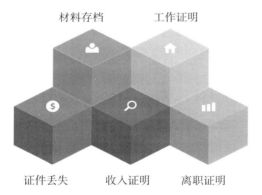

图9-4　证明信的应用途径

1）材料存档

当某些人因私人或工作原因需要对户口进行转移时，就会涉及档案的提取与调动这一事项，或者是工作单位出现变动时，也需要开具与材料存档有关的证明信。在该类途径中，信函正文要注明被证明者的基本信息，如姓名、身份

第 9 章 书信类公文：以真挚态度向外传递信息

证号等。

2）工作证明

开具工作证明信主要是为相关人员进行身份认证，即表明该人员是公司的一员，目前是正常的工作状态。在开具该类型证明信时，撰写者可以适当对内容进行调整。某些单位因担心被证明者会利用工作证明信去做一些有损公司形象，或者会对公司造成打击的不利事情，也会在用词上小心斟酌，如注明"本证明仅用于证明××，不作为××形式的担保文件"等，我们可以参考以下范例：

证明信

××公司：

兹证明××为我公司正式员工，自20××年××月××日在我公司工作，现于××部门任××职务，年薪××。经查，该名员工在任职期间认真负责、遵纪守法，无任何不良行为。

特此证明。

××公司（公章）
20××年××月××日

3）证件丢失

这里指的证件既包括身份证这类常规证件，也包括个人曾获得的相关证书。在某些单位中，如果员工想要晋升就必须提供相关证明，如在医院里，员工就需要提供学历学位证明、曾获取的奖项证明，以及相关从业资格证等。这些证件如果丢失且在短时间内无法补办或已没有渠道补办的话，就需要去相关单位开具证明信。

在这类场景中，如果丢失的是身份证、护照等证件，就需要先借助证明信将其注销。因此，证明信的撰写者需要注明这几项重要信息点，即被证明人的姓名、遗失的证件类型、证件号码或编号。此外，如果有临时需要的话，还可以与相关单位协调，在正文中写出"证件补办期间，可凭此证明继续从事××活动"等类似的话，以免耽误正事。

4）收入证明

开具收入证明主要用于向银行贷款或办理信用卡，收入证明是该场景中必须要提供的材料，这是个人经济能力的体现。一般情况下，收入证明需要呈现的主要信息点包括被证明者的所在单位、职务、任职时间、税后的实际收入等。

5）离职证明

离职证明也是当前在职场中被广泛应用的一种证明信类型，主要作用是证明某员工已经与上一家公司解除了劳动关系，目前是自由人的身份。有了这一凭证，不论是办理各种材料的转移还是去新公司应聘都是合乎规范的，可以参考下文范例：

离职证明

兹有××（姓名）同志于20××年××月××日至20××年××月××日期间在我公司担任××职务，在职期间，工作努力，无不良工作表现。现因××原因申请离职，并已正式办理离职等相关手续。此后其一切相关事宜均与我公司无关。

特此证明。

××公司（盖章）
20××年××月××日

上述只是比较常见的证明信应用途径，除这些以外还有许多其他的途径需要应用到证明信，如学生证明、募捐证明等。

在这里，还需要强调撰写证明信时的几个重要事项：第一，某些场景中可能会出现重名情况，保险起见还可以加上被证明人的身份证号等详细信息；第二，证明信并非随意就可以开具，必须经由法律承认、具备资格的部门或机构出具，所加盖的公章也必须具备法律效力，否则证明信将无法成为凭证；第三，证明人在开具证明信时，所标注的每一个信息点都必须准确无误，且一旦经过了签字、盖章等程序后，不得再随意进行修改、涂抹。

因此，在撰写证明信时要提前收集并确认相关资料，用词要精准、谨慎，不要在证明信中写出任何与所证明事项无关的内容。

9.5 推荐信:高教授对写好推荐信的10个建议

推荐信,即某个人为另一个人以信件为载体进行推荐内容的撰写,主要作用就是增加对方在某些关卡中能够成功通过的概率,一般为上级对下级、老师或教授对学生。虽然推荐信的适用性较为广泛,但还是最常出现于学术圈中,即学生想要去某单位实习或想要申请奖学金等,其在就业环境中的存在感也尤为明显。

一封合格或达到优质标准的推荐信,能够帮助被推荐者推开新世界的大门,但有两个前提:第一,要寻找到一个合适的推荐人;第二,推荐信中的各个细节点必须做到位。有时候即便推荐人的身份比较高,但推荐信的内容却并不达标,这种情况也会影响推荐信的应用效果。某学院的高教授具有较深厚的推荐信写作经验,我们可以对其提供的10个写作建议进行总结,如图9-5所示。

```
1. 保证格式准确
2. 写清推荐人信息
3. 阐明合作情况
4. 突出能力优势
5. 性格素养形容
3. 进行客观评估
7. 要有事实论证
8. 避免过于详细
9. 勿与材料矛盾
10. 表明推荐态度
```

图9-5 高教授在撰写推荐信上的10个建议

1. 保证格式准确

先不说推荐信的内容是否得当、表述是否准确,审查者在打开信封后第一眼看到的应该是推荐信的格式。其所关注的可不仅仅是规定格式中所涵盖的各结构部分是否完整,还包括整体的格式效果是否合格,如行距是否适当、该空的位置是否有空出、字号大小是否合理等。

一般情况下推荐信既可手写也能够印制,如果是前者的话,不论是英文还是中文都要注意书写的规范化、美观化，不能第一眼看过去呈现出一种混乱且无法被轻松分辨的书面效果。无论如何，一个排版简洁、格式正确的推荐信能有效增加审阅人的印象分。

2. 写清推荐人信息

推荐信尽管是以被推荐人为主体，但在开头也需要将推荐人或者说是撰写者的基本信息补充上去。但要注意直接概述即可，不要占用过多的篇幅，否则推荐信的性质就会发生改变。撰写者可以用两三句话来介绍自己，如在哪里担任什么职位、工作职责大致有哪些等，以便于引出后续的推荐内容。

3. 阐明合作情况

当撰写者将个人信息简单介绍完毕后，下一步需要衔接的就是自己与被推荐者的关系，以及具体的合作情况等。撰写者与被推荐者是什么关系就可以直接写上去，学术圈中比较常见的关系就是导师与学生，简单阐明即可。

在二者的合作情况方面，可以稍微详细一些，按照时间顺序从前到后捋一捋，即何时与被推荐者相识，以什么形式建立了合作？在与被推荐者逐渐熟悉的合作过程中，对方留给自己的是什么样的印象？诸如此类的内容，撰写者可以根据实际情况进行概述。

4. 突出能力优势

之所以在上文中提到，优质推荐信的重要前提之一是要有一个合适的推荐人，就是因为其能够在推荐信中良好体现出被推荐人的能力优势。既然是推荐信，那么必然要让信件审阅者看到被推荐人的长处，如此才能使其更容易达成目标。

如果是准备申请奖学金或出国留学等，撰写者就要侧重突出其在学习方面的能力。比方说对知识的领悟与运用能力、自我学习能力，或者是否具备较强的逻辑能力、在合作过程中能否体现出清晰的分析思路等。如果是职场人士，就自然要全面阐述其在工作方面有哪些优势，在相关行业有多久的从业经验、在团队中主要负责哪方面的工作、是否有考取相关从业资格证等。

5. 性格素养形容

相关机构的审阅者如果想要对一个人作出测评，那么一定不会只看其能力方面，同时还会兼顾其性格特点。试想一下，如果某个学生成绩单中的每一个数字都十分亮眼，但其不但在性格上有缺陷，如拒绝团队合作、经常会郁郁寡欢等，而且连品格都称不上良好。这样的学生，一般不具备能够通过的资格。

因此，撰写者还要对被推荐人的性格作出阐述，要用足够准确的词语概括其性格特点，不能使用容易产生歧义的词语。在这里还需注意一点，即要考虑到国内外文化的差异，如有些形容词在国内其实是积极意义，但在国外的某些国家中却意义相反。

6. 进行客观评估

这一条是撰写者综合了被推荐人的能力、性格信息后为其给出的评价，但一定要注意遵循客观评估的原则，要避免整篇皆是赞颂之词。不过，撰写者也要明确，在推荐信中的客观评价主要是扬长避短，而不是掩盖优点、毫不避讳缺点。对被推荐人的长处，撰写者可以适当美化，但一定要注意始终保持自己的客观的程度，否则推荐信会直接变成表扬信。

7. 要有事实论证

事实论证是为推荐信加分的重要因素，毕竟审阅者并没有与被推荐人近距离接触过，只通过撰写者夸赞被推荐人的内容进行资格评判无疑是具备较多不确定性的。

因此，为了避免使审阅者产生这种顾虑，撰写者就要以推荐人的身份将事实自然嵌入相应的段落中，比方说学生曾参加过哪些项目、发布了哪些学术论文，或者曾举办过哪些活动、获得了哪些奖项等。这些都可以作为有力的论证依据，但要挑选那些有意义、有价值且真实存在的事例。

8. 避免过于详细

虽然推荐信的主要作用是帮助被推荐者提高成功率，但这并不是说推荐信的篇幅越长越好。撰写者的描述需要点到为止，不应过于深入、详细，毕竟不论自己的身份是上司还是教授，对被推荐人的了解太过细致都不是什么符合常理的事情，反倒容易使信件透露出一种虚假夸大的感觉。

9. 勿与材料矛盾

在投递推荐信时，与信件一同邮寄的还有各类材料、证件，如成绩单、奖状、项目证明等。如果被推荐人在某方面比较弱势，存在一定的缺陷，这其实不是什么很大的问题，简单带过即可；但如果被推荐人明明未曾做过某件事、获得什么奖项，撰写者却选择伪造信息，就算只是一句话、一个词，都需要有相应的材料进行佐证。因此，撰写者务必要保证客观、求实的态度，否则容易使事态向不容乐观的方向发展。

10. 表明推荐态度

如果说撰写者在写正文的时候需要尽可能保持客观态度，那么在文章的收尾处，撰写者的态度就一定要明确起来。不要藏着掖着、委婉表述，而是要流露出强烈的推荐意愿，毕竟推荐信在一定程度上也带有竞争性质，只有意愿明显才更容易被选中。

9.6 求职信：如何写出提高成功率的求职信

虽然我们不能对当前的经济形势作出精准评价或对其进行精准预测，但毫无疑问，求职已经成为现阶段社会的热点问题，求职者的数量也变得越来越多。除了某些有着丰富经验且个人能力较优越的行业"大牛"们以外，多数普通求职者都会接触到求职信，目的是利用其去寻找一份合适的工作。不过，写求职信尽管并不算难，但将其写好、写出效果却并不简单，求职者需要掌握其中的窍门。

每一年的毕业季，都有大批离开校园的毕业生怀着忐忑的心情踏上寻找工作的征程。不可否认，在这一大群人里，有不少人的能力与同龄人相比其实很突出了。然而，他们在找工作时却因经验不足而并不十分顺利，其中很大一部分阻力就是来自漏洞百出的求职信。

1. 求职信的格式

求职信在某些场合中就是敲开职场第一道门的推动力，如果毕业生能够把握住这个机会，后续的路就会更顺畅一些。而对某些本就置身于职场中的人来说，他们对求职信的撰写或许并不陌生，但在写法上却并没有多用心。如果想要使自己的求职信成功率能够高于平均水平，首先要从求职信的格式入手。

1）标题

相比于其他类型的信函，在标题上可以采取长标题或复式标题的形式，求职信的标题相对来说比较简单，直接将"求职信"放上去即可，不需要补充任何多余的前缀。

2）称谓

求职信的存在往往要早于求职者的正式面试之前，因此在称谓这一部分，撰写者最好不要过于细致，可以写××公司××部门的××负责人或以同志相称。这样做的目的是避免因自己没有提前掌握到足够准确的资料而在称谓上产生误会，容易使初期印象分降低。

3）正文

正文在求职信中是核心一般的存在，有很大概率决定了求职者能否获得相关公司负责人的青睐、能否进入双方的面谈环节。在正文部分，撰写者需要适当增加其篇幅比例，根据自己的实际情况进行规划。但要注意扩充内容并不意味着要将许多无意义的话放上去，撰写者心里要有一把丈量尺，对自己所写的每一句话都要做到心中有数。

在正文部分，撰写者可以有一定的自我发挥空间，具体表现在内容和排版两个方面。就前者而言，虽然每个求职者的个人情况不同，但内容上也有几个通用的要点，即个人简介、获得求职信息的渠道、想要应聘的岗位，以及对自我进行的综合评价等，在正文结尾处要显示出自己的强烈意愿。

就排版来说，正文无疑需要分段，至于如何分、分几段，这些都可以由撰写者自行设定。无论如何，一定要保持简洁大方的视觉效果。

4）结尾

撰写者无须在结尾处耗费过多精力，只需用一些基本的礼仪类用语即可，像"此致敬礼"这类是最通用、最不易出现问题的。如果想选择其他的短语当然也可以，能够体现规范感即可，如"敬祝贵公司再创佳绩""工作顺利"等。

5）署名

署名时直接将自己的姓名全称写在信件右下方就好，还要在下方注明撰写日期，以年月日的规定形式为全篇画上一个句点。

2. 撰写求职信的重要事项

大多数人在撰写求职信时都会通过网络或其他形式去寻找其格式的参考模板，然后再去对框架进行填充。不过，一板一眼、不加变动的填充与足够灵活的填充并不能产生同样的效果，因为前者往往只了解到了求职信的基本撰写方法，却并没有深入。下面，我们就来分析一下在求职信的写作过程中有哪些不容忽视的重要事项，如图9-6所示。

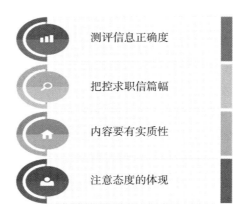

图 9-6 撰写求职信的重要事项

1）测评信息正确度

就像我们在写作文之前都需要先构思一下或提前打一个草稿一样，撰写求职信也不可能在没有任何准备的情况下就进入正式写作环节，那只会令自身的成功率直线下降。

求职者在撰写求职信之前，一定要提前打探好与目标公司有关的各类信息，如对方公开招募的岗位有哪些、所要求的用人条件和岗位职责都是什么。

如果再深远一些，可以对公司文化、精神等内容进行挖掘，并合理应用到正文中，这样能够使负责人感受到自己的诚意。反之，如果没有对信息进行充分调查，就有可能导致求职信中的内容完全不符合公司负责人的心理预期，从而处于竞争劣势。

2）把控求职信篇幅

求职信这一类型的信函与其他常规信函在篇幅上有较大的差异，像证明信、慰问信这类信函控制在一页左右即可。但如果求职信的篇幅过短，一方面会使负责人感觉该名求职者的个人经历可能不太丰富，另一方面也有一种不重视该求职机会的意味。

万事都要讲求适度，如果正文过长也会使负责人失去耐心，千万要避免将求职信当作流水账来写，动辄就是好几页的那种写法。那么，究竟该如何将篇幅控制在恰当范围内呢？其实很简单，关于字数多少本就没有绝对的规定，求职者只需在写作过程中带着这样一个问题：我所写的某句话或某项内容，对我的求职任务有帮助吗？能否增加负责人的好感度？这样做的目的是要尽量保证落在纸上的每一句话都是有意义的,篇幅自然而然就会变得合理化。

3)内容要有实质性

有许多求职者坚信,求职信一定要突出个人优势,使个人价值得到体现。这一点从本质上来说并没有问题,然而这里容易犯的错误就是内容过于空泛,不具有实质性。

一味夸大自己的优点,或者用大段文字表述自己对公司或相关职位的喜爱,这是负责人最不希望看到的内容。求职者要明白,哪些内容才是最能打动负责人的?答案是自己能够为公司带来怎样的经济效益、如何创造价值,个人的哪些经历、参与的哪些活动能够作为理论的支撑,这样才会提高求职信的成功率。

4)注意态度的体现

虽然从整体来看,求职者处于被动位置,但这并不代表求职者要为此过于放低自己的姿态,过度吹捧公司或是使用较多的商业性客套用语等都不是明智之举。这些行为并不会使负责人感受到你的谦逊,只会使自己更加不起眼。因此,要摆正自己的心态,不过于自满也无须自卑。

9.7 【案例】小区物业倡导防诈骗致业主公开信范例解析

近年来,虽然人们的防诈骗意识较过去增强了许多,但诈骗手段却也随着技术的进步变得更加多样化。为此,某小区物业一方面考虑到社区内的老年人较多,且新年将至,这一段时间非常容易出问题;另一方面保障社区的安全秩序本就是其自身的主要职责之一,在某天撰写了一封关于防诈骗的公开信。我们可以就该信函内容展开讨论:

物业致小区业主的公开信

尊敬的小区全体业主:

大家新年好!

在新春佳节到来之际,我们××物业全体员工向各位业主致以诚挚的节日问候,恭祝您身体健康、阖家幸福!并对您一直以来对我们工作上的支持表示衷心的感谢!

在这个喜庆的日子里,为了确保大家能够度过一个安全、快乐的新年,我们号召××区内的所有业主,务必要加强个人防范意识。针对小区里老年人容易陷入骗子设的局,物业温馨提示老年人应积极参与社会活动,不断更新自己的知识,并要掌握一些基础、必需的理财常识。子女在这段时期内应做好对家中老人的防骗教育,必要时可使用一些实际案例增强其防骗能力。同时,我们敬请您注意以下事项:

一、如老人遇到需要提取大量现金的事情,应提前与子女或信任的人进行沟通。

二、如遇到或发现诈骗事件,应立刻拨打"110"报警,并要尽可能详细地将嫌疑人的体貌特征反映给警方。

三、由于近期与电信诈骗有关的事件频发,为此我们整理了几类电信诈骗的常用手段(温馨提示各位业主要注意防范电话诈骗,如有问题可与物业人员进行联系)。

1."您的家人出事了"

手段:"您的家人遭遇了××事故,正在医院进行抢救,请将××元手术费用汇入××账户……"

提示:机主立刻拨打家人电话进行核实,如无法接通则应与相关医院进行联系,切不可盲目汇款。

2."您中奖了"

手段:以中奖为由头通知您拨打××咨询电话领取奖品。

提示:存在信用卡资料被盗取的风险,嫌疑人或会从中牟利,不可轻信。

……

最后,××物业再次祝您在新的一年里万事顺利、幸福安康!

××物业
20××年××月××日

该篇物业公开信与诈骗手段有关的内容篇幅较长,我们在其中选取了几项有代表性的内容。下面,我们就来分析一下该案例中的公开信具有哪些值得学习的地方,如图9-7所示。

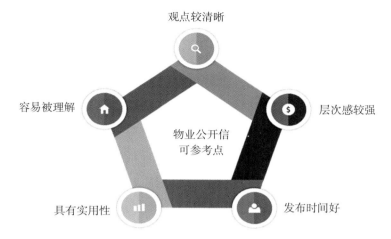

图 9-7　物业公开信中的可参考要点

1. 观点较清晰

在社区公开信的场景中，作为想要提醒业主防止受骗的物业方，必须在公开信中将自己的观点表述清晰，即撰写这封信的目的是什么、业主需要注意什么，以及自身的态度等。特别是最后一点，必须要明确阐述，要让业主感受到物业是可以被信任的，模棱两可的态度只会让业主更加迷惑。

2. 容易被理解

虽然物业发出公开信的目的是好的，但也不能因此而放低在写作用语方面的要求。

一方面，物业写信的一大前提是社区内的老年人比较多，虽然有许多老年人或许并不方便看公开信，但在用词上也要通俗明了一些，因此公开信中并没有出现难以理解的生僻字或专业用语。

另一方面，这里所说的"被理解"还关乎人们的阅读情绪，如果没有开篇的问候之语而是直接切入正题，给人的整体观感就会稍差一些。毕竟公开信并不是告示，在这个场景中更增加了一层劝诫、警示的意味，因此要软硬结合才更适当一些。

3. 层次感较强

公开信的层次感非常重要，而案例中的信函也显示出了良好的层次感。从开篇的问候到交代问题的缘由，再过渡到列举相关诈骗手段及解决方案，可以给社区业主一种顺畅的阅读体验。此外，物业公开信的分段也比较合理，按照相关内容的重要程度进行了详略得当的比例分配。

4. 具有实用性

物业撰写公开信的目的是降低业主受骗风险，因此如果只是单纯进行理论号召，公开信的应用效果将很难达到物业的预期效果。

因此，物业在概述了与防诈骗有关的基本知识后，就切入了实际的问题解决方案。利用较大篇幅总结了多个现实生活中频繁出现的诈骗手段，使业主能够有所参考，且物业还为每个例子都配备了相应的提示，以此增强公开信的实用性。

5. 发布时间好

公开信的发布时间其实也是一个非常重要的要素，在某些特殊场景中具有较强的时效性。就物业而言，由于春节将至，这一时间段非常容易出现诈骗事件。因此，物业选择了在春节前夕将公开信发布出去，这个时间点把握得就很合理，如果过早或过晚都会导致业主的防范意识得不到有效提升。

除上述内容以外，该篇公开信的基础结构也比较完整、规范，从标题到落款没有遗漏任何一个构成要素。朴实易懂的用语、饱含热情的问候、实用性强的内容，这些综合在一起就形成了一封合格的公开信。

心得笔记